DON BOSCO
VERLAG

Peter Dyckhoff

Über die Brücke gehen

Exerzitien im Alltag
nach Petrus von Alcántara

Don Bosco

Peter Dyckhoff, geboren 1937, Studium der Psychologie, Geschäftsführer eines mittelständischen Industriebetriebes, 1977: Studium der Theologie, Priester, Wallfahrtsseelsorger in Kevelaer, Gemeindepfarrer, langjähriger Leiter eines bischöflichen Bildungshauses im Bistum Hildesheim. Kurse und Publikationen zur christlichen Gebets- und Meditationspraxis.
Peter Dyckhoff, Schölling 37, 48308 Senden.

Die Deutsche Bibliothek – CIP-Einheitsaufnahme

Ein Titeldatensatz für diese Publikation ist bei Der Deutschen Bibliothek erhältlich.

1. Auflage 2001 / ISBN 3-7698-1321-9
© 2001 Don Bosco Verlag, München
Umschlag: Margret Russer
Umschlagmotiv: Römische Brücke von Alcántara
Foto: Faustino Bueno Pérez, Alcántara
Gesamtherstellung: Don Bosco Grafischer Betrieb, Ensdorf

Inhalt

Zweites Buch
Zum wahren Leben finden 230

Vorwort

◆ Möchtest du dich selbst besser kennen lernen?
◆ Möchtest du dir deiner Stärken, deiner Schwächen, aber auch deiner Grenzen bewusst werden?
◆ Möchtest du Einsicht in Vergängliches erhalten und einen besseren Einblick gewinnen in das Unvergängliche?

Teresa von Avila zeigte mir diesen Weg, indem sie mich zu ihrem geistlichen Lehrer und Berater, Petrus von Alcántara, einem spanischen Franziskaner, führte. Sein Buch *Tratado de la oración y meditación* empfahl sie nicht nur ihren Mitschwestern, sondern allen, die eine hervorragende Anleitung zum inneren Beten suchten.

Für Petrus von Alcántara (1499–1562) besteht der Einstieg in das innere Gebet in der Selbsterkenntnis und dann in der Betrachtung. Die Betrachtung – vom reinen Denken ausgehend – möchte unser Herz ansprechen, Ehrfurcht vor der Schöpfung und dem Schöpfer wecken und die Liebe zu ihm fördern. Wer die Freude am Beten verloren hat, hat die Chance, hier und jetzt neu zu beginnen: mit **Exerzitien im Alltag**.

Die einfache Gebetsschule des Petrus von Alcántara besteht aus drei aufeinander folgenden wesentlichen Schritten:

1. In den ersten sieben Tagen hast du die Möglichkeit, dich selbst besser kennen zu lernen.
2. In der zweiten Woche folgen sieben Betrachtungen über das Leben, das Leiden, den Tod und die Auferstehung Jesu Christi.
3. Anschließend übst du das innere Gebet, das in ein Schweigen vor Gott führt. Dieses Gebet wird dich auf Dauer begleiten.

In der ersten Woche werden dir wichtige Fragen gestellt, die für dich von existenzieller Bedeutung sind. Gehst du offen auf diese Fragen ein, erlebst du, wie dir deine Stärken, Schwächen und Grenzen klarer und bewusster werden. Du bist dadurch nicht nur in der Lage, mit dir selbst besser umzugehen, sondern du spürst, wie sich auch deine Beziehung zu anderen Menschen wesentlich verändert.

Du gewinnst Einsicht in Vergängliches und lernst, das Unvergängliche hiervon zu unterscheiden. Durch diese Erfahrung bist du in der Lage, dein Denken und Handeln anders zu gewichten, was nicht nur zu deiner eigenen Erfüllung führt, sondern auch deinen Mitmenschen helfen oder ihnen Impulse geben kann.

Es wird nach deinen Lebensentwürfen und deiner religiösen Haltung gefragt, nach deiner Einstellung zum

Tod und der Zeit danach. Du erkennst, wie wichtig es ist, dein relativ kurzes Leben auf der Grundlage und der Erfahrung des Bleibenden zu überdenken, neu einzurichten und auch zu genießen.

Allein ein Bedenken oder Überdenken des eigenen Lebens reicht jedoch nicht aus. Zunächst müssen alle ungeordneten Kräfte geordnet und all das entfernt werden, was dem Empfangen der göttlichen Gnade im Wege steht. Petrus von Alcántara gibt in seinem Exerzitienbuch hierzu wertvolle praktische Hilfen.

Möchten wir einen tieferen Glaubensweg gehen, geht dies nur von einer fest gegründeten und tragfähigen Lebensgrundlage aus. Nur auf dieser Basis können wir das Ziel unseres Lebens - unendlicher Frieden unserer Seele in Gott - nicht nur verstehen, sondern uns diesem Ziel auch wesentlich nähern. „Wesentlich" bedeutet, unser eigenes Wesen mit all seinen Stärken und Schwächen zu erkennen und gleichzeitig, sich dem Wesen Gottes, seiner unendlichen Liebe, zu öffnen.

In der zweiten Woche folgen sieben Betrachtungen über das Leben, das Leiden, den Tod und die Auferstehung Jesu Christi. Hier geht es ausschließlich um ein Erspüren und Einfühlen. Diese Betrachtungen sprechen also mehr dein Gefühl als deinen Intellekt an. Sie möchten im Wesentlichen dazu beitragen, dein Herz weit zu machen, dich auf Gott auszurichten und deinen Glauben zu vertiefen. Der Weg führt über das Leben Jesu, durch seinen Tod in die Auferstehung, in die du durch Jesus Christus mit hineingenommen bist. Durch ihn lernst du das Gebet der Hingabe, das dich mehr und mehr den Willen Gottes erkennen lässt. Es geht um das Loslassen des Ich, um ein Geschehenlassen und um ein neues Wahrnehmen.

Diese sieben Betrachtungen sprechen dein Innerstes an, stellen dir die Geheimnisse des Glaubens vor und überlassen dich dann deinem eigenen inneren Gebet, das umso wirkmächtiger und kraftvoller wird je weniger Worte und Gedanken du hegst. Die vorgegebenen Inhalte sind besonders für Anfänger auf dem geistlichen Weg richtungweisend. Du kannst dich, wenn Unsicherheiten oder Zweifel aufkommen, durch diese Vorgaben sicher leiten lassen. Aber auch für Fortgeschrittene ist es gut, sich von Zeit zu Zeit einige Fragen zu stellen, die sich aus den Betrachtungen ergeben und die Glaubensgeheimnisse neu in sich aufzunehmen. Diese Art und Weise des Vorgehens hat sich über Hunderte von Jahren besonders bei denen bewährt, die mit ihrem Glaubens- und Gebetsleben unzufrieden waren und nach tiefgreifenden geistlichen Wegen suchten.

Anschließend – also ab der dritten Woche – übst du auf der Grundlage der Betrachtung das innere Gebet, das dich in ein tiefes Schweigen vor Gott führen möchte. Petrus von Alcántara gibt in seinen *Exerzitien im Alltag* eine einfühlsame Überleitung von den religiösen Betrachtungen zum inneren Gebet, das dich auf Dauer begleiten wird. Alle Sorgen und Zweifel um das rechte Beten werden durch eine sensible Hinführung und klare praktische Anleitungen von dir genommen. So wird zum Beispiel die Frage, wie du mit Ablenkungen bei der Betrachtung und beim inneren Gebet umgehen solltest, sehr ausführlich beantwortet.

Auf dieser dritten Stufe lässt du die Betrachtung langsam ausklingen und du kommst wie von selbst in einen Bereich größerer Stille und damit zum inneren Gebet. Hier benötigst du keine Vorgaben und damit auch keine Texte mehr. Du lernst in der kurzen Anrufung Gottes dich seiner Führung zu überlassen. Dieses einfache Gebet, das „Gebet der Hingabe", geht unweigerlich in ein tiefes Schweigen vor Gott über. Wenn du alles ihm überlässt und somit zum Empfangenden wirst, bist du bereits auf dem rechten Weg zum inneren Gebet. Mit der Zeit der Übung und Verinnerlichung wirst du dich wie von selbst von allen Vorgaben lösen und deinen persönlichen, dir zugedachten Weg in die tiefe Innerlichkeit und damit in die Nähe Gottes finden und gehen.

Die acht Rückbesinnungen am Ende der *Exerzitien im Alltag* fassen nochmals die wesentlichen Schritte zusammen und möchten allen, die diese Schrift nur theoretisch aufgenommen haben, das praktische Gehen dieses einfachen geistlichen Weges und der damit verbundenen Erfahrungen nahe bringen.

Wie erreichte Petrus von Alcántara den Zugang zu den Menschen seiner Zeit?

Im 16. Jahrhundert war Spanien unter Kaiser Karl V. einer der mächtigsten Staaten Europas. Durch die Herrschaft über den gesamten amerikanischen Kontinent und die damit verbundene wirtschaftliche Ausbeutung fielen Spanien riesige Reichtümer zu, die sein „Goldenes Zeitalter" schufen. Die Kirche nahm in besonderer Weise an diesem materiellen Wachstum teil. In Folge eines immer größer werdenden Reichtums an Grund und Boden, der dem Klerus beträchtliche Einkünfte sicherte, konnte die Kirche ihre gesellschaftliche und politische Macht ausbauen. Sie übte eine unbestrittene Autorität über die Gläubigen aus. Die Sicherheit der sorgenfreien materiellen Existenz auch der geistlichen Würdenträger führte zum sittlichen Verfall der spanischen Kirche, der immer größere Ausmaße annahm. Nicht nur die Weltgeistlichen führten im „Goldenen Zeitalter" ein überaus komfortables, prunkvolles und zügelloses Leben – auch die Moral der Klosterorden war auf einen Tiefstand gesunken.

Und gerade in dieser Zeit des materiellen Überflusses erlebte die spanische Mystik ihre Hochkultur. Auf der untersten Stufe der Kirchenhierarchie fanden sich begnadete Priester, Ordensfrauen und Ordensmänner, die es vermochten, die nach außen gerichtete Religiosität in eine nach innen gerichtete zu wandeln. Zu ihnen gehörten vor allem Petrus von Alcántara, später Teresa von Avila und Johannes vom Kreuz. Petrus von Alcántara gelang es, durch die Radikalität seines eigenen Lebens der veräußerlichten Religion innere Werte entgegenzusetzen. Er stellte die Selbstbesinnung, die Seelenerforschung und strenge Exerzitien in den Mittelpunkt. Die Ausrichtung auf Christus und die Orientierung an der Bibel bildeten für ihn den zentralen Ausgangspunkt einer gelebten Innerlichkeit. Er legte keinen Wert auf Riten und Gebräuche der mittelalterlichen Religion, sondern betonte in seiner Lehre den mystischen Weg, die tiefe Beziehung und die Liebe des Einzelnen zu Gott. Dass er sich im „Goldenen Zeitalter" bei der Rückbesinnung auf den Sinn und das Wesen des eigentlichen Lebens des Öfteren radikaler Elemente bedienen musste, ist nur allzu verständlich. Petrus von Alcántara versuchte in seinen fesselnden Predigten und in seiner Schrift *Tratado de la oración y meditación* die Menschen aus ihrer Erstarrung wachzurütteln, indem er die Vergänglichkeit alles Irdischen immer wieder deutlich und die Unabänderlichkeit des Todes bewusst machte. So ist es zu erklären, dass die *Exerzitien im Alltag* gleich mit dieser „radikalen" Thematik beginnen. Um den Leser nicht in den ersten Tagen seines Exerzitiums mit Gedanken an den eigenen Tod abzuschrecken, setzten einige Herausgeber der oben genannten Schrift das zweite Buch im Werk des Petrus an die erste Stelle. In dieser Ausgabe der *Exerzitien im Alltag* wurde wieder auf die Urfassung zurückgegriffen.

Neben dem Kreuz besaß im Leben des Petrus von Alcántara der Totenkopf als Zeichen der Vergänglichkeit große Bedeutung. Daher fügten fast alle Maler, die Petrus porträtierten, ihren Gemälden den Totenkopf als Attribut hinzu – wie beispielsweise J. B. Tiépolo, Luis Tristán, Francisco Zurbarán, L. Giordano, Giuseppe M. Crespi, Claudio Coello, M. Pérez Holguin.

Durch seine strenge Askese, die Teresa von Avila nicht mit ihm teilte, erregte Petrus von Alcántara einerseits große Bewunderung und Anerkennung – andererseits machte er vielen gerade durch seine Strenge und Konsequenz den Zugang zu einer Erfahrungsmystik schwer.

Wenn auch Petrus durch körperliche Übungen und geistliche Exerzitien von sich selbst viel verlangte, so ging er doch mit seinen Schülern äußerst liebevoll, einfühlsam und behutsam um. Er machte jeden Schritt auf dem geistlichen Weg einsehbar und leicht nachvollziehbar. Bei Rückschritten oder mangelnder Erfahrung zeigte er unendliche Geduld, die noch heute in Spanien sprichwörtlich ist.

Über die Brücke gehen ...

Petrus von Alcántara wollte mit seinem Leben und seiner Lehre durch eine feste Brücke das eine Ufer mit dem anderen verbinden. Mit seiner Hinführung zur Betrachtung und zum inneren Gebet zeigt er diesen leicht gangbaren Weg, der die äußere Welt wie eine Brücke mit der verborgenen, inneren Welt verbindet, die einmal zur ewigen Welt werden wird.

Das Titelbild zeigt die Brücke von Alcántara, die über das Tajotal direkt nach Alcántara führt, in die Geburtsstadt von Petrus. Diese in den Jahren 98–103 erbaute monumentale sechsbogige römische Brücke aus mörtellos gefügten Granit-Quadern trägt in ihrer Mitte einen hohen Triumphbogen für Kaiser Trajan und gilt noch heute als das Wahrzeichen von Alcántara.

Erstes Buch
Betrachtung und inneres Gebet

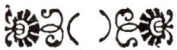

I. Kapitel

Die vielfältigen guten Auswirkungen
der Betrachtung und des inneren Gebetes

Wenn wir unseren persönlichen Weg des Gebetes und der Betrachtung noch nicht gefunden haben, können wir uns kaum vorstellen, welch großer Segen und Gewinn für unser ganzes Leben in der Übung des rechten Betens verborgen liegt. Daher soll zu Beginn dieser einfachen Gebetsschule von den guten Auswirkungen des Gebetes und der Betrachtung gesprochen werden. Alle, die die Freude am Beten verloren haben, sollen ermutigt werden, hier und jetzt neu zu beginnen.

Es ist ebenso notwendig, aufzuzeigen, was uns am rechten Beten hindert. Vom Tiefsten unserer Seele sind wir dazu bestimmt, eine beglückende Freiheit dauerhaft zu leben, um mit ihr und durch sie das Ziel unseres Daseins in dieser Welt besser und schneller zu erreichen. Unsere oft tief im Herzen verwurzelte Ich-Bezogenheit, das Nicht-loslassen-Können von Besitz und Gedanken sowie Gewohnheiten, die uns einengen und nicht zur Freiheit unseres Lebens beitragen, verhindern das Gehen eines geistlichen Weges, zu dem das Gebet und die Betrachtung gehören. Viele Menschen sind zu träge und durch die Routine des

Alltags unfähig geworden, sich geistlichen Dingen zuzuwenden oder gar anderen Menschen im religiösen
und praktischen Leben Hilfe zu sein.

Könnte man diese Blockaden beseitigen und die vielen Vorwände und „Entschuldigungen" entkräften,
die einen Weg in die Tiefe und damit zu einer gelebten
Religiosität nicht zulassen, wäre Wesentliches gewonnen: Der Sinn unseres Lebens und das Ziel, auf das
wir ausgerichtet sind, würden sich uns offenbaren.
Wir sähen die Notwendigkeit, einen religiösen Weg zu
gehen, der ohne Aufwand und Mühe beschritten werden könnte.

*Denn in meinem Inneren freue ich mich am Gesetz Gottes,
ich sehe aber ein anderes Gesetz in meinen Gliedern, das
mit dem Gesetz meiner Vernunft im Streit liegt und mich
gefangen hält im Gesetz der Sünde, von dem meine Glieder beherrscht werden. (Römerbrief 7,22–23)*

Dieses so genannte Gesetz der Sünde widerstrebt dem
Gesetz des Schöpfers. Die widergöttlichen Kräfte sind
Quellgrund und Ursache unseres Fehlverhaltens, wie
auch der Störungen in der gesamten Schöpfung. Die
einzigen Mittel, diese zerstörerischen Kräfte auszu-
schalten, sind das Gebet, die Betrachtung und ein entsprechend gestaltetes aktives Leben. Nur auf diese
Weise können wir eine Verbindung mit dem Urgrund
der Schöpfung suchen, mit Gott, dem Urheber alles Guten.

Gott-Verbundenheit setzt neben dem Willen und der Fähigkeit gut zu handeln das Gehen eines Gebetsweges voraus, der in die Nähe Gottes führt und uns für seine Liebe öffnet. Die Sehnsucht nach einer bleibenden Liebe, die letztlich nur Gott uns schenken kann, überwindet alle Schwierigkeiten, die sich am Beginn unseres geistlichen Weges einstellen können. Vorwände haben keinen Bestand mehr. Lassen wir uns von der liebenden Anziehung Gottes bewegen, nehmen wie von selbst Hindernisse und Schatten unserer Seele ab, die dem fließenden Licht der göttlichen Gnade entgegenstehen. Unsere Gefühlswelt wird bereichert, Intuitionen nehmen zu. Unser Denken wird klarer, unsere Entschiedenheit eindeutig.

Entsprechend gestaltet sich auch unser Tun und Handeln. Wir erleben, wie Heiliger Geist in uns atmet, unser Herz beeinflusst, stärkt und wandelt. Wir schöpfen neue Kraft und haben Mut, selbst gegen eigene Einwände, unser Leben geistlicher zu gestalten. Wir erkennen den tiefen Sinn der Religion und empfinden bei all unserem Tun große innere Freude. Dass andererseits Leben zerstörende Elemente gemieden und vergängliche Dinge nicht festgehalten werden, zeigt die tägliche Erfahrung vieler Menschen, die einen spirituellen Weg gingen und gehen. Das innere Gebet bewirkt, dass wir in unserem Tun und Lassen bedachtsam sind, weniger Fehler machen, uns klarer entscheiden können und uns vornehmen, unser Leben nach

höheren Werten und Kriterien zu ordnen. Die Früchte der guten Erfahrungen während des tiefen inneren Gebetes stehen uns auch außerhalb der Gebetszeit zur Verfügung. Mit den empfangenen Gnaden gehen wir behutsam und umsichtig um. Wir lernen unsere Kräfte dort einzusetzen, wo sie am notwendigsten gebraucht werden, und dienen somit der Schöpfungsordnung statt sie zu zerstören. Das Verlangen, dem Urgrund der Schöpfung, dem Schöpfer selbst, näher zu kommen, wächst von Gebet zu Gebet. Unsere größer werdende Liebe findet sowohl im Schweigen als auch im aktiven Leben ihre Erfüllung. Was uns früher schwer fiel, wird leicht. Unvermeidbare Schicksalsschläge lernen wir anzunehmen statt uns ständig gegen sie aufzulehnen. Aus der tiefen Erfahrung, dass ein fester Grund uns trägt, werden wir selbst tragfähiger und bereit, das uns Zugedachte – was auch immer es sein mag – zu bejahen. Darüber hinaus strömen uns Kräfte zu, die es erlauben uns engagiert für andere und damit für das Reich Gottes auf Erden einzusetzen. Die Gott-Verbundenheit, die sich uns auf Grund unseres Betens und Handelns schenkt, erneuert nicht nur unser gesamtes Leben, sondern erfüllt auch unsere Seele mit tiefem inneren Frieden.

Nachdem die Ziele des Weges vorgestellt wurden, wirst du mit Recht fragen, was du konkret tun kannst, um auf diesen Weg zu kommen. *Thomas von Aquin*

(13. Jahrhundert) würde dir antworten, dass du durch Gebet, Betrachtung und das Erwägen göttlicher Dinge zum Ziel gelangst. Es wird eine Wandlung eintreten zu größerer Innerlichkeit, wenn du bereit bist, regelmäßig zu beten, dich in tiefer Betrachtung übst und entsprechend deinen Erkenntnissen handelst. Die Empfehlung vieler Heiliger – besonders aber der Mystiker, die diesen Weg konsequent gegangen sind – besteht darin, das innere Gebet und die Betrachtung zu üben.

Die größere Gott-Verbundenheit, die sich uns dann schenkt, ist die Grundlage alles Guten, das durch uns Ausdruck finden möchte. Wir spüren den inneren Antrieb, unsere Intuitionen, Gefühle und Gedanken ins Werk zu setzen.

Die Kraft des Gebetes ist erstaunlich und unschätzbar wertvoll, denn sie befähigt uns, überlegt und mutig Dinge zu tun, die uns und anderen zum Heil werden. Zerstörerischen Elementen dagegen bieten wir die Stirn und erteilen ihnen entschieden eine Absage.

◆ Willst du Widerwärtigkeiten von dir halten oder sie erst gar nicht aufkommen lassen: Wende dich dem inneren Gebet zu.

◆ Möchtest du Versuchungen widerstehen und Durchhaltekraft gewinnen: Lass niemals ab vom inneren Gebet.

◆ Willst du ungezügelte Begierden und ungesunde Neigungen in den Griff bekommen: Bleibe dem inneren Gebet treu.

◆ Geht dein Wollen ungute Wege, und ist dein Eigenwille nicht im Einklang mit dem Willen Gottes: Lass dir Hilfe durch das innere Gebet schenken.

◆ Möchtest du dein Unterscheidungsvermögen stärken und den Ursachen böser Machenschaften auf die Spur kommen: Versäume nicht, dich zum inneren Gebet zurückzuziehen.

◆ Willst du Heiterkeit deiner Seele erlangen oder bewahren: Unterlasse nicht das innere Gebet.

◆ Möchtest du sinnerfüllte Arbeit leisten und tragfähig sein für Unabwendbares: Wende dich immer wieder dem inneren Gebet zu.

◆ Willst du im geistlichen Leben Fortschritte machen und tiefere Einsichten bekommen: So bete.

◆ Ist dir daran gelegen, keine oberflächlichen und schlechten Gedanken aufkommen zu lassen: Sei beständig im inneren Gebet.

◆ Möchtest du dunkle Schatten in deiner Seele ausleuchten und sie zu Licht werden lassen, gibt es kein besseres Mittel als das innere Gebet.

◆ Möchtest du Fortschritte machen auf dem Weg zu Gott und deine Innerlichkeit stärken und kräftigen: Nimm dir regelmäßig Zeit für das innere Gebet.

◆ Willst du alle schlechten Eigenschaften und Gewohnheiten aus deinem Inneren ausrotten und willst du, dass an ihrer Stelle Gutes entstehe und wachse: Zögere nicht länger. Beginne mit dem inneren Gebet.

Durch das innere Gebet wirst du die Kraft des Heiligen Geistes empfangen, die dein Herz erfüllt, dich in allem unterweist und dich das Rechte zur rechten Zeit tun lässt. Um bleibend eine Verbindung mit dem Urgrund der Schöpfung, mit Gott, einzugehen, um seine Nähe zu spüren und seine unendliche Liebe zu empfangen, ist es notwendig, das innere Gebet zu üben und es zu einem festen Bestandteil deines Lebens zu machen. Dieser Weg führt dich zu tieferen Einsichten und erhebt deine Seele in göttliche Bereiche, die du sonst niemals - weder durch bloßes Denken noch durch die Kraft deiner Vorstellung - erreichen kannst.

Du siehst also - und du kannst es in vielen Erfahrungsberichten nachlesen - wie groß die Kraft und die Wirkung des inneren Gebetes ist. Es ist nicht unbedingt notwendig, diese Zeugnisse in den heiligen Schriften oder bei unseren Mystikern und Heiligen nachzulesen. Du kannst die wunderbaren Auswirkungen des inneren Gebetes - und noch weit größere als die hier genannten - täglich bei den Menschen wahrnehmen, die diesen Gebetsweg gehen.

Gibt es etwas Kostbareres oder Wertvolleres als das innere Gebet? Dieses Buch möchte es dir nahe bringen und dich mit ihm auf einfache Weise vertraut machen. Die erste Aufgabe, die das innere Gebet leistet, besteht darin, alle Hindernisse zu beseitigen, die dem Fließen von Lebensenergie im Wege stehen. Die Mystik nennt diese erste Stufe „Weg der Reinigung". Die vielfältigen guten Auswirkungen des inneren Gebetes, die sich schon bald einstellen, wirst du erfahren:

- Schatten weichen – die Seele wird lichtvoller.
- Die Hoffnung, dass letztlich alles gut wird, breitet sich aus und führt zur Heiterkeit des Geistes.
- Innerlichkeit gewinnt an Tiefe und steht uns beständig zur Verfügung.
- Unser Herz empfängt ungeahnte Ruhe. Alle Hektik schwindet.
- Verbesserte Intuition führt zur Entschiedenheit, lässt uns klarer die Wahrheit erkennen und gewährt Einsichten in Verborgenes.
- Versucherische Situationen werden schneller durchschaut und überwunden.
- Traurigkeit und depressive Stimmungen sind nicht von langer Dauer.
- Wahrnehmung und Konzentration werden gestärkt.
- Lohnende und sinnvolle Ziele offenbaren sich in deinem Leben.

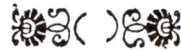

- Nachlässigkeit, Traurigkeit und schlechte Gewohnheiten schwinden.
- Die Sehnsucht, geistlich zu leben und im Glauben zu wachsen, nimmt zu.
- Du erfährst einen reichen Zustrom an Gnade und Freiheit des Geistes.
- Durch das innere Gebet werden uns die Himmel geöffnet und geheime Wahrheiten offenbart.
- Wir dürfen uns der Zuwendung Gottes sicher sein, in seiner Liebe wachsen und sie weiterschenken.

Das innere Gebet ist eine heilige Übung mit wunderbaren Auswirkungen auf unser Leben, auf das Leben anderer Menschen und auf die gesamte Schöpfung.

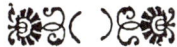

II. Kapitel
Verschiedene Möglichkeiten der Betrachtung –
Inhalt der Betrachtung

Die vielfältigen Auswirkungen des inneren Gebetes können sich nur zeigen, wenn regelmäßig gebetet wird. Der Einstieg erfolgt durch die Betrachtung. Die einzelnen Schritte der Betrachtung werden in den folgenden Kapiteln vorgestellt, damit wir sie einfach und leicht nachvollziehen können.

Die Betrachtung - vom reinen Denken ausgehend - möchte unser Herz berühren, Ehrfurcht vor der Schöpfung und dem Schöpfer wecken und die Liebe zu ihm fördern und vergrößern. Wir lernen die Gesetze der Natur noch feinfühliger zu beachten, um weniger Störungen zu verursachen. Die Gebote Gottes, die in unsere Seele eingeschrieben sind, werden uns bewusst und in unserem inneren wie auch äußeren Leben erfahren. Möchten wir durch Betrachtung und Gebet dieses hohe Ziel erreichen, muss auch der Inhalt der Betrachtung auf dieses Ziel ausgerichtet sein und uns auf dem schnellsten Weg dorthin führen.

Durch die Schöpfung - durch alles von Gott Geschaffene - können wir Verbindung zu ihm aufnehmen; ebenso durch die Heiligen Schriften und das Wort

Gottes. Demjenigen, der einen geistlichen Weg beginnen möchte, seien besonders die Geheimnisse des Glaubensbekenntnisses empfohlen, in dem sehr eindeutig, klar und kurz das Fundament unseres Christseins ausgedrückt ist. Es wird uns vor Augen gestellt, wie groß die Liebe Gottes zu uns Menschen ist und was uns erwartet, wenn wir uns für oder gegen das Gute entscheiden. Darüber hinaus betrachten wir die Wahrheiten, die unser Herz öffnen. Weiterhin stellt das Glaubensbekenntnis das Leben und Leiden unseres Herrn und Erlösers Jesu Christi dar, seinen Tod, die Überwindung des Todes und seine Auferstehung, in die wir bereits mit hinein genommen sind.

Diese Geheimnisse, die den gesamten christlichen Glauben umfassen, sollten zunächst einmal der Inhalt unserer Betrachtung sein und uns den Zugang zum inneren Beten eröffnen. Unabhängig von dieser Empfehlung jedoch kann jeder selbstverständlich auch andere Glaubensinhalte für seine Betrachtung wählen. Wichtig dabei ist, dass unser Inneres berührt wird, sich eine größere Selbsterkenntnis einstellt, unsere Sehnsucht nach religiösen Erkenntnissen wächst und wir eine umfassendere Liebe zur Schöpfung und zum Schöpfer entwickeln.

Um besonders die Anfänger auf den geistlichen Weg zu geleiten und sie in die Betrachtung und das innere

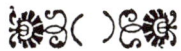

Gebet einzuführen, werden in den nächsten Kapiteln zwei Arten der Betrachtung vorgestellt.

Die sieben ersten Betrachtungen - jeweils dem Wochentag entsprechend - eignen sich besonders für den Morgen. Die folgenden sieben weiteren Betrachtungen sollten vornehmlich am Abend gehalten werden. Da wir dem Körper mehrmals am Tag Ruhepausen gönnen, ihn nähren und pflegen, ist es da nicht von gleicher oder sogar größerer Wichtigkeit, auch etwas für unsere Seele zu tun? Wie unserem Körper immer neu Energie zugeführt werden muss, so verlangt auch unsere Innerlichkeit nach geistlicher Nahrung. Durch die Betrachtung und das innere Gebet erfährt unsere Seele geistige Lebenskräfte, die erneuernden, erfrischenden und stärkenden Charakter haben.

Insofern ist es empfehlenswert und für den Beginnenden am besten, sich zweimal am Tag - morgens und abends - zum Gebet zurückzuziehen. Wer jedoch aus beruflichen, familiären oder gesundheitlichen Gründen nicht dazu kommt, sollte wenigstens einmal am Tag diese Übung ausführen. Dann ist es ratsam, mit den sieben ersten Betrachtungen zu beginnen und in der darauf folgenden Woche sich die sieben weiteren Betrachtungen vorzunehmen.

III. Kapitel
Die ersten sieben Betrachtungen
für die sieben Tage der Woche

Montag
Werde dir deiner Stärken, Schwächen
und Grenzen bewusst.

Eine wichtige Voraussetzung des geistlichen Weges –
der Betrachtung und des inneren Gebetes – besteht
darin, dass wir um uns wissen und unsere Stärken wie
auch unsere Schwächen erkennen. Eine weitere Erkenntnis wird sich dann wie von selbst einstellen: Die
wichtigsten und schönsten Ereignisse unseres Lebens
beruhen letztlich nicht auf eigener Leistung. Sie sind
ein Geschenk des Himmels. Liebe zu einem Menschen, zur Schöpfung und zu Gott kannst du nicht
von dir aus wecken oder wollen – du empfängst sie,
um sie zu bewahren, zu pflegen, wachsen zu lassen
und dann weiterzuschenken. Vielleicht erkennst du –
wenn du kurz die Stationen deines Lebens betrachtest
–, dass alles Gute und Wesentliche dir von selbst zuströmt. Den Sinn harter Schicksalsschläge jedoch erkennen wir vorerst noch nicht. Nicht selten sind wir
sprachlos und beginnen zu zweifeln. Doch davon werden wir später sprechen.

Erster Schritt

Rufe dir - wenn es dir möglich ist - dein vergangenes Leben ins Gedächtnis zurück. Denke an die Zeit, in der du Gott sehr fern warst und vielleicht Dinge gedacht und getan hast, die dir heute Leid tun und die du nicht noch einmal wiederholen würdest. Spüre nach, ob es Zeiten gab, in denen du dich Gott weniger verbunden fühltest als heute, einer neuen Zeit in deinem Leben, in der du dich mit dieser Schule des Gebetes beschäftigen möchtest. Erinnere dich - ohne lange darin zu verweilen - an die Situationen und Augenblicke, in denen du ich-bezogen gehandelt und andere verletzt hast. Ab wann und warum ist es dir lieb geworden, Gedanken an Gott aufkommen zu lassen, ihn anzuerkennen und dich nach ihm auszurichten?

Zweiter Schritt

Erinnere dich, was in deinem Leben nicht gut war. Gehe hierzu - wenn es dir eine Hilfe ist - die Zehn Gebote durch und bedenke, wie du in Gedanken, Worten und Werken gefehlt hast. Verlasse nun dein kleines Ich und versuche deine Gedanken auf Gott auszurichten. Nimm das Gefühl auf, das du beim Schwinden dieser Gedanken in dir wahrnimmst. Bleibe in diesem Gefühl und lasse die Gedanken, die von selbst kommen, einfach an dir vorüberziehen.

Erinnere dich im nächsten Schritt an das Gute, das Liebevolle und die Unterstützung, die du in deinem Leben von anderen Menschen und damit letztlich von Gott erfahren hast. Hast du diese liebevollen Zuwendungen als selbstverständlich hingenommen und bist über sie hinweg gegangen oder kamen Dankbarkeit und Wertschätzung gegenüber anderen Menschen in dir auf? Hast du gespürt, dass sich hinter allem der Geber des unendlich Guten verbirgt?

Gehe mit deiner Erinnerung zurück in die Zeit deiner Kindheit. Denke darüber nach, was dir damals wichtig erschien, was dir Freude bereitete und worunter du eventuell gelitten hast. Betrachte nun unter dem gleichen Aspekt deine Jugend. Frage dich dann, wie und womit du vornehmlich die Zeit deines reiferen Alters zugebracht hast – ja, betrachte die Zeit deines gesamten Lebens.

Worauf hattest du deine Sinne gerichtet? Gingen deine Gedanken einzig und allein in die Weite zu vergänglichen Dingen oder auch in die Tiefe, so dass du den Sinn und Zweck deines Lebens ausloten konntest? Hast du die dir verliehenen Fähigkeiten so eingesetzt, dass sie Heil brachten und dir zum seelischen Fortschritt dienten? Oder hast du das Angebot des Schöpfers, der dir in allem entgegenkommen möchte, ausgeschlagen und von dir gewiesen?

Beantworte dir selbst folgende Fragen:

- Worauf hattest du vornehmlich dein Augenmerk gerichtet – auf Materielles, Immaterielles, Geistiges oder Zwischenmenschliches?
- War es dir angenehm, etwas Schlechtes über andere zu hören? Hast du dich eventuell an diesem Reden beteiligt statt zu schweigen oder gar den anderen in Schutz zu nehmen?
- Konntest du Maßhalten im Essen, Trinken, bei Vergnügungen aller Art und in deiner Sexualität?
- Sahst du in den Sakramenten ein Heilsmittel, das uns immer wieder mit Gott versöhnen möchte? Inwieweit hast du dieses uns entgegenkommende Angebot der Liebe Gottes ausgeschlagen oder nicht wahrhaben wollen?
- Warst du fähig, anderen wie auch Gott gegenüber deinen Dank und deine Liebe auszudrücken?
- Hörtest du – besonders in rauen Zeiten – auf die leise Stimme deines Gewissens? Hast du gute und eindeutig in dir sprechende Intuitionen zugelassen und sie verwirklicht?
- Wie bist du mit deiner Gesundheit und den natürlichen Lebenskräften umgegangen? Hast du sie missachtet oder gar verschleudert, ohne sie für ein höheres Ziel einzusetzen?
- Bist du mit den dir anvertrauten materiellen Werten verantwortungsvoll umgegangen und hast andere daran teilhaben lassen?
- In was hast du – außerhalb deiner beruflichen und

menschlichen Pflichten – deine kostbare Lebenszeit investiert?

- Wie hast du dich verhalten, wenn dir Glück zuteil wurde und sich dir Gelegenheiten zu einem „guten Leben" boten?
- Wie weit reichte deine Sorge für die dir am nächsten Stehenden und die dir von Gott anvertrauten Menschen?
- Was hast du unter dem Wort „Barmherzigkeit" verstanden? Hatte diese Art der Liebe einen konkreten Platz in deinem Leben?

Denke nun nach deinem Blick in die Vergangenheit über Zukünftiges nach:

- Was wirst du antworten, wenn du am Ende dieses Lebens gefragt wirst, was das Wichtigste auf dieser Welt für dich war?
- Kannst du dir vorstellen, wovon du nach deinem irdischen Tod leben wirst – dann, wenn du über keine zeitlichen und materiellen Güter mehr verfügst?

Dritter Schritt
Gehe nun in die Gegenwart und betrachte vom augenblicklichen Standpunkt aus dein Leben. Du möchtest durch die Betrachtung der Glaubensgeheimnisse und durch das innere Gebet deinem Leben eine andere Richtung geben und deinen Glauben vertiefen, um

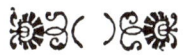

eine noch intensivere Verbindung mit dem Schöpfer einzugehen. Stelle dir deinen Alltag vor und überlege in Ruhe, was der Erfüllung dieses Wunsches im Wege steht. Wahrscheinlich wirst du feststellen, dass dein Denken und Fühlen, dein Tun und Lassen von bestimmten Hindernissen begleitet werden, die dein Leben in ungewünschte Bahnen lenken.

Lass in dem nun folgenden Schritt einige Fragen auf dich wirken und versuche, sie zu beantworten:

- Beziehst du die Existenz Gottes in deinen Alltag ein? Bist du dir seiner unendlichen Liebe zu dir bewusst und bereit, sie zu empfangen?
- Gibt es in deinem Tagesablauf ein Innehalten, eine Zeit, in der du dich Gott ganz zur Verfügung stellst?
- Kannst du Gefühle der Dankbarkeit zulassen? Kannst du sie anderen und Gott gegenüber ausdrücken?
- Nimmst du dir Zeit, auf deine innere Stimme zu hören und sie zu prüfen? Setzt du sie in bestimmten Situationen auch gegen deinen eigenen Willen durch?
- Gibt es im Ablauf deines Tages oder deiner Woche einen Gottesdienst, auf den du dich vorbereitest? Ist er dir ein Herzensanliegen oder bestimmen dich äußere Gründe?

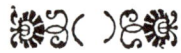

Die weiteren Fragen, die du dir bei dieser Betrachtung stellen solltest, beziehen sich auf dich selbst und auf die Menschen, die dir am nächsten stehen. Während du dir Gedanken darüber machst, ordnest und klärst du deine Innerlichkeit.

- Gehörst du zu den Menschen, die anderen gegenüber sehr streng, hart und kritisch sind und gegen sich selbst sanft, nachgiebig und unfähig, Kritik anzunehmen?
- Gerade wenn du willensstark bist, solltest du nicht versuchen, immer und überall deinen Eigenwillen durchzusetzen. Stehen dein Wille, deine eigene Ehre und deine eigene Sinnlichkeit im Mittelpunkt deines Lebens?
- Fühlst du dich durch einige der folgenden Haltungen oder Eigenschaften angesprochen? Wenn Ja, denke darüber nach:
  - Neigung zur Unwahrheit oder Verschleierung der Wahrheit
  - Eitelkeit, Ehrgeiz
  - Zorn und Jähzorn
  - Freude, wenn andere Fehler machen
  - Wankelmütigkeit, Leichtsinn und Unruhe
  - Egoismus, Aufdringlichkeit und Beherrschen anderer
  - Machthunger und Arbeitswut
  - Oberflächlichkeit

- Unbeständigkeit, geringes Durchhaltevermögen
- Unüberlegtheit in Worten, Unbesonnenheit im Tun und Lassen
- Unzuverlässigkeit, fehlende Standfestigkeit
- Vernachlässigung der Hinwendung zu anderen Menschen und zu Gott

Vierter Schritt

Du hast dir dein Verhalten – in besonderer Weise dein Fehlverhalten – vor Augen geführt. Du hast dabei Vergangenes und Gegenwärtiges nacheinander betrachtet. Nun frage dich in diesem nächsten wichtigen Schritt, was dich am stärksten belastet hat oder noch belastet. Lege das Ungute, das du verursacht hast, in Gedanken in eine Wagschale. Die andere Schale fülle mit dem, von dem du glaubst, dass es gut war: deine Leistungen und all das, womit du anderen Freude bereitet hast. Denke an die Liebe, die durch dich in die Welt gekommen ist und an alles Wesentliche, das durch dich verursacht wurde und Bestand hat. In deiner Aufzählung sei jedoch eher bescheiden.

Nimm dich nun ein wenig zurück und versuche, als objektiver Beobachter auf die Waage zu schauen. Welche der beiden Schalen hat ein Übergewicht? Oder halten sie sich in der Schwebe? Um auf jeden Fall die Schale, die deine Sündenlast trägt, zu entlasten, stelle dir folgende drei Fragen:

1. Gegen wen richtete sich dein Fehlverhalten?
   War es gegen dich selbst gerichtet, gegen deinen Nächsten, gegen andere Geschöpfe oder gegen die Natur? Wie dem auch sei: Letztlich hast du dich mit der von dir ausgehenden Störung oder gar Beleidigung gegen den Schöpfer gewendet. Trotzdem nimmt er dich in seiner unendlichen Güte wieder auf und ist bereit – wenn du es möchtest – dir zu vergeben. Wie solltest du ihm da nicht dankbar sein?

2. Warum hast du so gedacht und gehandelt, dass es zu diesem Fehlverhalten kam? Was war die Veranlassung, und welche Macht hat dich getrieben?
   Oft führt ein unbedeutender Beweggrund dazu, mit unlauteren Mitteln zu versuchen, unser so genanntes Ansehen aufrecht zu erhalten, den ersten Platz einzunehmen oder gar durch Unwahrheit uns ins rechte Licht zu rücken. Oft ist es auch nur ein „kleines" Vergnügen, das uns antreibt, dessen schlimme Folgen wir aber nicht bedenken. Ein geringer Vorteil gegenüber anderen kann uns zu schlechten Handlungen motivieren. Häufig gibt es keinen eigentlichen Anlass zu sündigen. Es ist dann lediglich die Gewohnheit, die uns gefangen hält und uns antreibt, wieder und wieder Falsches zu tun.

3. Wie kam es dazu, dass du Dinge in Gang gesetzt und getan hast, die im Gegensatz zu allem Guten stehen, was der Schöpfer in unsere Natur gelegt hat?

◆ Geschah es aus Leichtsinnigkeit?

◆ Wolltest du anderen deinen Mut oder deine Kühnheit beweisen?

◆ Warum hat dein Gewissen dich vorher nicht gewarnt?

◆ War ungezügelte Sinnlichkeit im Spiel? Konntest du dich nicht zurückhalten?

◆ Hat dich falsche Sicherheit dies tun lassen?

◆ Hast du Gott aus deinen Augen und deinem Herz verloren als du sündigtest?

◆ Bist du in den Sog anderer geraten und hast die Übersicht verloren?

◆ Mussten andere Menschen unter deinem Fehlverhalten leiden?

◆ Glaubst du, dich vor Gott mit deinem Tun verbergen zu können?

◆ Welche Verantwortung hast du dir, anderen Menschen, der gesamten Schöpfung und Gott gegenüber?

◆ Bist du überzeugt, dass es einen gerechten Ausgleich für alles gibt, das durch dein Denken und Handeln in diese Welt kam?

◆ Weißt du, ob nicht andere Menschen etwas ertragen und aushalten müssen, das dir zum Heil wird? Wie bringst du es fertig, ihnen durch dein Verhalten noch größere Last aufzubürden?

◆ Ist durch dich aus geringer Veranlassung oder niederen Beweggründen eine Störung in die Atmo-

sphäre gelangt? Sie ist nicht zurückzuholen und nicht auszulöschen. Sie muss - so schmerzlich es auch sein mag - von dir und anderen ausgehalten werden.

Werde durch diese Betrachtung feinfühliger und lerne, das Rechte zur rechten Zeit zu tun oder gar zu schweigen. Erkenne bevor du handelst all das, was Glück bringt, und all das, was Unglück bringt. Handle aus klarer Überzeugung und innerer Sicherheit, so dass kein weiteres Leid durch dich in die Welt kommt. Es wäre gut, du würdest in dieser Betrachtung noch etwas verweilen und dir vorstellen, dass wir nicht alles tun und lassen können, was wir wollen. Hinter allem und in allem steht eine höhere Macht, vor der wir uns zu verantworten haben. Im Alleingang vermögen wir - ohne göttliche Unterstützung und Hilfe - recht wenig oder gar nichts zu vollbringen.

Sei dir bewusst, wie begrenzt unser Denkvermögen und unsere Handlungsspanne letztlich sind. Das, was wirklich zählt und Bestand hat und haben wird, ist die von Gott ausgehende Gnade, ohne die wir nicht atmen und leben könnten. Vom Urheber der Gnade, von Gott, geht dieser Lebensstrom aus, der alles Sein in der Schöpfung - auch dich - durchflutet. Von ihm wird alles Leben einberufen wie auch abberufen. Er hauchte dir Leben ein und rief dich in diese Welt. Er ist es, der dich mit seiner Gnade begleitet und dich zur Mitwirkung ruft. Er wird es sein, der dir die Gnade des ewigen Lebens schenkt.

Nimm dir Zeit und erwäge den Gedanken, dass nicht du der Herr des Lebens bist, sondern dass ein anderer dich führt und begleitet. Welchen Verdienst kannst du dir selbst zuschreiben? Betrachte diesen Punkt sorgfältig und genau. Wenn du einsiehst, wie begrenzt dein Fühlen, Denken, Sprechen und Handeln sind, wirst du nicht anders können als alles Vorhergehende und Darüberhinausgehende Gott zuzuschreiben. Wichtig bei dieser Betrachtung ist, dich selbst richtig einzuschätzen und klar zu sehen, wer du bist. Vielleicht bekommst du nun eine Ahnung von dem, wer und wie Gott ist.

Welch wunderbare feste Hoffnung und welch unerschütterliches Vertrauen darfst du auf ihn setzen. Lerne dich selbst als Teil Gottes anzunehmen, und liebe dich nicht um deiner selbst willen. Seine Gnade wird sich dann in dir ungehindert mit deinem Wollen verbinden und dich auf sicherem Weg zu deinem Heil führen.

Fünfter Schritt

Am Ende dieser Betrachtung für den Montag stelle dich so wie du bist - mit allem Unguten und mit allem Guten - vor den Schöpfer und bitte ihn, dich anzunehmen und dir zu vergeben. Bitte ihn, dir zu helfen, standfester zu werden, damit du nicht wie ein Schilfrohr im Wind hin und her schwankst – von allen Seiten beeinflussbar. Nimm Verbindung auf mit dem Herrn des Himmels und der Erde, damit er dich aufrichte und du dich wieder behaupten kannst und wesentlich wirst. Freue dich, der du vielleicht für Vieles und Wunderbares in deinem Leben nicht mehr zugänglich warst, dass du von ihm zu neuem Leben erweckt wurdest.

Danke ihm insbesondere:

- Du hast Wandlung erfahren und darfst die Schöpfung mit neuen Augen sehen.
- Gott ist dir zugewandt und die Himmel sind für dich offen.
- Du bist liebenswerter geworden und Wahrheit leuchtet aus deinen Augen.
- Du fühlst dich als Teil der gesamten Schöpfung und ihre Kräfte sind dir zugetan.
- Das Brot der Erde und das Brot des Himmels darfst du genießen. Die Luft, die du atmest, schenkt dir Gesundheit und die Kraft Heiligen Geistes atmet in dir.
- Durch deine Aufrichtigkeit und durch dein wahres Bekenntnis gewährt dir Gott unendliche Güte und Barmherzigkeit.

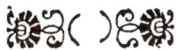

Dienstag
Du gewinnst Einsicht in Vergängliches und lernst,
Unvergängliches hiervon zu unterscheiden.

Ein neuer Tag hat für dich begonnen. Erkenne durch diese Betrachtung, wie vergänglich die irdischen Güter sind, und gewinne Einsicht in die gebrechlichen Grundlagen unseres vergänglichen Lebens. Nimm das Unvergängliche in dir wahr und lerne auf dieser Grundlage, das Kommen und Gehen, das Leben und den Tod sowie das Empfangen und Abgeben bejahend zu ertragen.

Erster Schritt
Stelle dir die Zeit als Muschel vor. In dieser Muschel ist eine Perle eingeschlossen – die Perle „Ewigkeit". Die Muschel vergeht nach kurzer Zeit, die Perle jedoch besteht in Ewigkeit.
Betrachte rückblickend die Zeit deines Lebens. Selbst wenn dir manche Lebensabschnitte endlos lang erschienen, so waren sie doch sehr kurz.
Unser Leben währt siebzig Jahre,
und wenn es hoch kommt, sind es achtzig.
Das Beste daran ist nur Mühsal und Beschwer,
rasch geht es vobei, wir fliegen dahin. (Psalm 90,10)

Rechnest du von deiner Lebenszeit deine Kindheit ab und noch dazu die Zeit, die du im Schlaf zugebracht hast, so muss dir die Zeit deines Lebens noch kürzer erscheinen als du glaubtest. Vergleichst du nun diese Zeit mit der Ewigkeit des künftigen Lebens, wirst du einsehen, dass sie weniger war als ein Augenblick. Ziehe hieraus den Schluss, wie töricht und sinnlos es ist, sich ausschließlich an diese Welt und ihre so schnell vergänglichen Freuden zu klammern. Dies bedeutet nicht, unser relativ kurzes Leben nicht zu genießen – dies kannst du durchaus, jedoch nur auf der Grundlage und der Erfahrung des Bleibenden, das heißt des ewigen Lebens.

Zweiter Schritt

Nachdem du die Kürze irdischen Lebens betrachtet hast, bedenke nun, wie ungewiss dein Leben sein kann. Wie viele Menschen auf dieser Welt erreichen ein hohes Alter? Es sind wenige. Und bedenke, dass viele Kinder bereits bei der Geburt oder kurz danach sterben. Wie viele Menschen werden im besten und blühenden Lebensalter durch Armut, Krankheit oder Unfälle aus dem Leben gerissen ... In seinen Mahnungen im Hinblick auf das Ende sagt Jesus: *Seid also wachsam! Denn ihr wisst nicht, wann der Hausherr kommt, ob am Abend oder um Mitternacht, ob beim Hahnenschrei oder erst am Morgen.* (Markus 13,35)

Führe dir diese Unberechenbarkeit nochmals vor Augen. Lass dich vom plötzlichen Tod der Menschen berühren, mit denen du verwandt bist oder die du gut kanntest. Erinnere dich an Menschen, die in hohem Ansehen standen, ein entsprechendes Amt bekleideten und in unterschiedlichen Lebensaltern plötzlich vom unerbittlichen Tod überrascht wurden. Ihre großen Pläne, Hoffnungen und Gedanken wurden jäh unterbrochen und zunichte gemacht.

Dritter Schritt
Betrachte die Schwachheit, Anfälligkeit und Gebrechlichkeit unseres Lebens. Es ist zerbrechlicher als Glas. Viele bekannte und unbekannte Ursachen können uns rasch aber auch schleichend das Leben nehmen:
- materielle Armut und Verluste
- schleichende Krankheiten
- eigene Kurzschlusshandlungen
- anhaltende Depressionen und Trauer
- ein seelischer Schock
- seelische Dauerbelastungen
- Durst und Hunger
- der Biss von einem giftigen Tier
- ein Unfall
- eine Blutvergiftung
- heftiges Fieber
- brennende Sonnenhitze
- ein Schluck kaltes Wasser
- verpestete Luft
- ein Schritt zu viel.

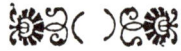

Täglich machst du die Erfahrung, dass Menschen jeden Alters – vorbereitet wie auch unvorbereitet – aus diesem Leben abberufen werden.

Vierter Schritt

Betrachte die Unbeständigkeit und Veränderlichkeit dieses Lebens. Nichts und niemand bleibt über längere Zeit im gleichen Zustand. Alles verändert sich und ist in Bewegung. Schau zum Beispiel auf die Gesundheit deines Körpers. Sei dankbar, wenn sie dir geschenkt ist – sie ist jedoch nicht unbedingt von immerwährender Dauer.

Bedenke ferner die Unbeständigkeit deines Gemütes und deiner inneren Verfassung, ebenso die deiner Gedanken, die kommen und gehen. Manchmal bist du aufgewühlt wie ein von Windstürmen zerzaustes Meer. Dann wiederum tritt Ruhe ein. Gefühle können dich überfluten und dann wieder verebben. Du kannst von einer Leidenschaft hin und her gerissen sein. Geistige Höhenflüge bereichern dich; auf der anderen Seite musst du Durststrecken auf dich nehmen. Auch deine Gedanken sind ständig in Bewegung. Sie können dich anspornen und dir Erfüllung schenken, dich jedoch auch quälen oder schier zur Verzweiflung bringen. Ebenso kannst du in deinem Herzen sanfte Ruhe fühlen – dann wieder von Sehnsucht und großer Unruhe hin- und hergerissen werden.

Betrachte das Glück, wie es kommt und geht – einem Rad gleich, das ständig in Bewegung ist, das vorwärts und rückwärts rollt, so dass keine Speiche an ihrem Platz bleibt. Betrachte dein Glück:

- ein sorgenfreies Privatleben
- Erfolg im Beruf
- anhaltende Gesundheit
- Eigentum und Wohlstand
- ein harmonisches Familienleben.

Glück kannst du niemals festhalten oder erzwingen. Es schenkt sich dir, kann dir jedoch auch wieder genommen werden.

Unser Leben ist immer in Bewegung und verändert sich ständig. Es liegt einzig und allein an dir, ob du aus dieser Bewegung Fortschritte oder Rückschritte machst. Frage dich, was bleibt, wenn du die Tatsache betrachtest, dass sich täglich dein Leben in dieser Welt mehr und mehr verzehrt. Vergleiche es mit einer Kerze, die umso mehr Substanz verliert je heller sie leuchtet – bis sie ausbrennt und ganz verlöscht. Vergleiche dein Leben in dieser Welt mit einer Blume, die am Morgen wunderschön aufblüht, am Mittag welkt und bei Sonnenuntergang verdorrt.

Alles Sterbliche ist wie Gras,
und all seine Schönheit ist wie die Blume auf dem Feld.
Das Gras verdorrt, die Blume verwelkt,
wenn der Atem des Herrn darüberweht.

Wahrhaftig, Gras ist das Volk.
Das Gras verdorrt, die Blume verwelkt,
doch das Wort unseres Gottes bleibt in Ewigkeit.
(Jesaja 40,6b–8)

Johannes Chrysostomus (4. Jahrhundert) spricht in seiner „Homilie auf den Namen Abraham" von der Unbeständigkeit der irdischen Dinge:
Ist ein Rad ununterbrochen in Drehung, so kann man keinen Teil seines Randes sehen, denn durch die Beständigkeit der Drehung ist immerfort das Obere zu unterst und umgekehrt. Ebenso wälzt sich beständig das Schicksal unseres Lebens und das Obere kommt nach unten. So geht es beim Reichtum, bei der Herrschaft und allen anderen Gütern dieses Lebens. Niemals bleiben die Dinge im selben Zustand, sondern sie ahmen beständig die Ströme der Flüsse nach, die niemals stehen bleiben. Was kann es Ungewisseres geben als diese Dinge, die immer umgewandelt werden und fortfliegen, ehe sie in die Erscheinung getreten sind; die von dannen laufen, ehe sie recht angekommen sind? Darum sprach auch der Prophet Amos, als er von Vergnügungen, von Reichtum und ähnlichen Dingen sprach und jene Leute, die danach verlangen, als wären es bleibende Dinge, geißeln wollte: „Sie haben das für Dinge gehalten, die stehen, und nicht für solche, die fliehen."

Fünfter Schritt

Betrachte, wie trügerisch und enttäuschend das Leben sein kann, wenn man einzig und allein auf Vergängliches seine Hoffnung und sein Vertrauen setzt. Vieles, was hässlich und verabscheuenswert ist, durchschauen wir vorerst nicht und halten es daher sogar noch für schön und liebenswert. Oft sind wir derart fasziniert und angetan von einer Sache, dass wir sie in völlig falschem Licht sehen. Was sich anfangs als wertvoll und liebenswert herausstellt, offenbart sich später oft als das Gegenteil, unter dem wir dann sehr leiden.

Bei manchen Plänen und Handlungen gehen wir häufig davon aus, dass unser irdisches Leben niemals zu Ende gehen könnte – obwohl es doch in einen begrenzten Zeitraum eingeschlossen ist. Statt das Elend und die Schmerzen, die in der Welt herrschen, sich des Öfteren vor Augen zu führen, leben manche Menschen so, als gäbe es sie nicht. Wenn sie selbst jedoch eines Tages davon betroffen werden, sind sie furchtbar aufgebracht, enttäuscht und hoffnungslos.

Andere scheuen zur Durchsetzung ihres Fanatismus keine Gefahr und kein noch so kühnes Unternehmen, um ein – meist vordergründiges – Ziel zu erreichen. Dass sie auf diesem Weg bleibende Werte zerstören und Türen zuschlagen, die sie weiter geführt hätten, wird ihnen erst später, oft unter großen Schmerzen, klar. Wenn das Glück auf Kosten anderer gesucht und vielleicht auch kurzfristig gefunden wird, hat es keinen Bestand. Nicht wieder gutzumachende, bleibende Schäden, Risse im Lebensfundament, Hoffnungslosigkeit und große Enttäuschungen sind unweigerlich die Folgen.

Sechster Schritt

Bedenke, dass für sehr viele Menschen in dieser Welt das Leben zu einem Tal der Tränen geworden ist und es sie unendliche Mühen kostet, ein Existenzminimum zu erreichen – sowohl materiell als auch geistig. Bedenke zudem, wie viele Menschen körperlich und geistig unheilbar krank sind – bereits tot mitten im Leben.

Nutze die dir verbleibende kurze Zeit und knüpfe, wann immer du es kannst, für dich und stellvertretend auch für die, die es nicht vermögen, eine Verbindung zum ewigen Leben.

Der Kirchenvater *Eusebius Hieronymus* († 419) schreibt in einem Brief vom Sommer 396 an seinen Freund, den Mönch Heliodor, da dieser seinen jungen Neffen Nepotian durch ein tödliches Fieber verlor:

Der mächtige König Xerxes, der Berge abtrug und Meere überbrückte, soll, als er von einem erhöhten Orte aus die unendliche Menschenmenge und sein gewaltiges Heer

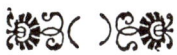

überblickte, geweint haben, weil nach hundert Jahren keiner von denen, die er vor sich sah, am Leben sein würde. Könnten wir auch eine solche Warte besteigen, von der aus wir die ganze Erde zu unseren Füßen liegen sähen! Dann wollte ich dir die Ruinen des ganzen Erdkreises zeigen, auf dem Volk gegen Volk und Reich gegen Reich angeht. Die einen werden gequält, andere getötet, von Fluten verschlungen oder in die Sklaverei verschleppt. Hier Hochzeitsjubel, dort Totenklage. Der eine kommt zur Welt, der andere stirbt. Der eine schwimmt im Überfluss, der andere muss betteln. Nicht bloß des Xerxes' Heer, alle Menschen, die jetzt auf der Erde leben, werden binnen kurzem verschwunden sein. Die menschliche Sprache scheitert an der Größe der Ereignisse und alle Worte bleiben weit hinter der Wirklichkeit zurück.

Nimm noch einmal die Vergänglichkeit dieser Welt in dich auf, die großen Anstrengungen, unter denen viele Menschen ihr Leben fristen müssen und alle Arten schwerer Krankheiten. Schau ebenfalls auf die Leidenschaften und begierigen Gedanken vieler, die glauben, die Welt gehöre ihnen. Schau auf die Gefahren, die jedem Beruf innewohnen, und auf die Gefahren, die jedem Menschen in jedem Alter drohen.
Vielleicht kannst du nach diesen Betrachtungen ein größeres Herz für die Leiden und das Elend dieser Welt bekommen und dich für eine bessere Welt einsetzen?

- Genieße die Schönheiten im Kommen und Gehen dieser Weltzeit.
- Erfreue dich an den bildenden Künsten, der Literatur und der Musik.
- Sei dankbar für die Früchte der Natur und der menschlichen Arbeit.
- Wisse deine Gesundheit und die deiner Familie hoch zu schätzen.

Sei dir aber immer der Veränderlichkeit dieser Welt bewusst. Denke daran, wie kurz dein Leben ist, und versäume es nie, durch Betrachtung und Gebet tiefere Erkenntnisse und größere Innerlichkeit zu erlangen. Versäume es nie, ihm, dem immer seienden, ewigen Gott Zeit zu schenken und einen Raum in deinem Inneren zu bereiten.

Siebter Schritt

Am Ende jeden Lebens steht der Tod. Es gibt nur wenig Menschen, die ihn nicht fürchten. Der Tod bringt etwas Endgültiges für den Körper mit sich und eine große Veränderung für die Seele. Der Leib wird von allen Dingen dieser Welt abgeschnitten, während die Seele sich nur langsam von ihm trennt. Sie setzt nun ihren Weg allein fort – erst einmal nicht wissend, was sie erwartet.

Den Tod vor Augen wirst du erkennen, wie kurz für dich der Aufenthalt auf dieser Welt war. Wer nicht

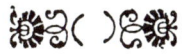

durch das Leben selbst und durch das innere Gebet
eingeübt im Loslassen ist, wird während des Sterbens,
das uns allem Gewohnten und Liebgewordenen entreißt, harte Kämpfe ausstehen müssen. Es gibt jedoch
auch Menschen, die am Ende ihres Lebens dem Tod
dankbar begegnen. Es sind diejenigen, die durch ein
erfülltes Leben gereift sind und spüren, dass nun ein
neues Leben auf sie wartet. Für sie erfüllt sich mit dem
Tod eine tiefe Sehnsucht, denn nach ihrem Glauben
und Wissen beginnen sie nun, ewig zu leben.

Worte reichen nicht aus, um das auszudrücken, was
viele Sterbende an körperlichen Schmerzen und seeli-
schem Leid auszuhalten haben. Daher bedeutet der
Tod für Menschen, die unheilbar krank sind und
keine Hoffnung auf Besserung haben, ab einer bestimmten Schwelle Erlösung.

Mittwoch
Das Sterben, der Tod und die Zeit danach

Nimm an diesem Tag die Betrachtung über das Sterben und den Tod noch einmal auf. Da keiner vom Tod – dieser größten und schwersten Veränderung in unserem irdischen Leben – verschont wird, gehört er zur Wirklichkeit unseres Lebens. Viele Menschen ängstigen sich bereits beim Gedanken an ihren Tod, fliehen und verdrängen ihn. Umso wichtiger und notwendiger ist es, sich rechtzeitig mit ihm auseinanderzusetzen. Du wirst, wenn du den Tod in dein Leben einbeziehst, zu einer wesentlich tieferen Wahrheit und Weisheit gelangen. Du wirst dein Leben ordnen und andere Prioritäten setzen. Du weißt die dir geschenkte kostbare Lebenszeit noch besser zu nutzen, indem du dem Guten, der Liebe und damit Gott einen größeren Raum in dir bereitest. Du lernst, tiefer und bewusster aus dieser Quelle zu leben.

Erster Schritt
Sei dir darüber im Klaren, dass du die Stunde, in der der Tod dich aus dieser Welt ruft, nicht weißt und nicht vorher bestimmen kannst. Du kennst weder den Tag noch die Stunde; du kennst weder den Ort noch den Zustand, in dem der Tod dich antreffen wird. Du weißt nur mit Sicherheit, dass du einmal sterben wirst – die Zeit und die näheren Umstände deines Todes

bleiben dir jedoch unbekannt. Nicht selten ereilt der Tod den Menschen gerade dann, wenn dieser am wenigsten an ihn denkt und er sich ihm noch weit entfernt glaubt.

Zweiter Schritt
Im Tod vollzieht sich nicht nur eine Trennung von deinem gegenwärtigen Umfeld und den Menschen, die du liebst, sondern die Seele trennt sich auch von deinem Körper, mit dem sie ein Leben lang eine Einheit bildete. Vorübergehend wirst du das Empfinden haben, aus allem, was dir lieb und wert wurde, verjagt zu werden. Auch wirst du - bevor du jenseits des Todes neu zu „atmen" beginnst - erst einmal der Luft beraubt, die du seit deinem Eintritt in diese Welt geatmet hast. Bevor dein inneres Auge das Licht der kommenden Welt erblickt, wirst du durch ein Exil wandern. Hier bist du getrennt von den Dingen, an die du dein Herz gehängt hast - schmerzlich getrennt von den dir lieb gewordenen Menschen, von Vater und Mutter, deinen Kindern, von deinen Freunden und Bekannten. Du weißt vorerst nicht, wohin dich dein neuer Weg führt.
Während sich in dir die Trennung von dieser Welt vollzieht, leidest du vorübergehend an Mangel von Luft, Licht und Liebe. Zwei Bilder sollen dir diesen Vorgang der Trennung noch einmal verdeutlichen:

- Zwei Ochsen haben über viele Jahre im gleichen Gespann und unter gleichem Joch gearbeitet. Wenn nun ein Tier vom anderen getrennt wird, so gibt dieses durch lautes Brüllen seinen Trennungsschmerz zu erkennen.
- Wenn ein Mensch, den wir lieben oder dem wir sehr verbunden sind, von uns geht, entsteht durch seinen Tod ein Bruch. Stelle dir zwei aneinander geleimte Bretter vor, die auseinander gerissen werden. Der Bruch wird niemals an der Leimstelle erfolgen, sondern im Holz, im Verlauf einer Maserung. Das bedeutet, der durch die Trennung entstandene Schmerz ist auf beiden Seiten. Keiner kann mehr so weiterleben, wie er es durch die gemeinsame Liebe gewohnt war.

Was wird mit unserer Seele geschehen und wie wird sie sich fühlen, wenn sie sich im Tod vom Körper trennt? Wirst du sehen und miterleben, was mit deinem Körper geschieht? Wirst du bei der Beerdigung gegenwärtig sein oder ist deine Seele bereits der Erde und allem, was auf ihr geschieht, entrückt? Wie wird nach dem Tod der Zustand deiner Seele sein? In welche Richtung wandert sie, und was wird mit ihr geschehen?

Das aktive Leben wird diese Fragen nicht zulassen wollen; für den Sterbenden jedoch werden sie zur unabwendbaren Wirklichkeit. Scheue dich nicht, den

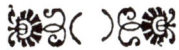

Gedanken an deinen Tod und diese Fragen zum Inhalt deiner Betrachtung zu machen.

Im oder gleich nach dem Tod wird dein gesamtes Leben an dir vorüberziehen. Dir werden in einer sehr kurzen Zeit deine Fehler und Sünden bewusst wie auch das, was in deinem Leben gut oder besonders gut war. Dieses Abwägen und Rechenschaft ablegen, was ohne dein bewusstes Zutun geschieht, löst bei allen, die diesen Weg gehen müssen, zunächst Betroffenheit aus.

Als der weise Altvater Arsenios, Mönch und Einsiedler (5. Jahrhundert), mit neunzig Jahren im Sterben lag, bemerkten die Brüder, dass er weinte. Da sprachen sie zu ihm: „Wahrhaftig, Vater, auch du fürchtest dich?" Er antwortete ihnen: „In Wahrheit, die Furcht, die jetzt in dieser Stunde in mir ist, ist in mir, seit ich Mönch geworden bin." Und so entschlief er.
(Weisung der Väter, 78)

Im Tod kommt uns unser gesamtes Leben mit seinen Licht- und Schattenseiten ins Gedächtnis zurück. Das, was uns im Leben großes Vergnügen bereitete, kann uns jetzt - im Licht der Wahrheit - mit umgekehrten Vorzeichen erscheinen. Diese Tatsache ist zunächst unfassbar; sie löst Angst, Schmerz und dann großes Bedauern aus. Einiges, was uns zu Lebzeiten als Freude erschien, wird nun herb und bitter.

Schau nicht nach dem Wein,
wie er rötlich schimmert,
wie er funkelt im Becher:
Er trinkt sich so leicht!
Zuletzt beißt er wie eine Schlange,
verspritzt Gift gleich einer Viper.
(Sprichwörter 23,31–32)

Vieles hat durch Schönheit unsere Sinne angelockt. Wir sind dem Vordergründigen verfallen – unfähig für tiefere Einsichten. Spätestens im Tod – wenn dein Leben an dir vorüberzieht – wirst du erkennen, dass der „goldene" Becher vergoldet und innen bereits verrostet war. Das lieblich schmeckende Getränk, das du in vollen Zügen genossen hast, war von Gift durchsetzt. Es hat sich in deinem Inneren abgelagert und wird dir nun offenbar und damit zur Qual.

Für eine Seele, die weit von Gott entfernt ist, wird dieser Zwischenzustand Verwirrung, Unruhe und Angst auslösen. Sie sieht, dass sie in der diesseitigen Welt große Fehler gemacht hat, einem entsetzlichen Irrtum anheim gefallen und unheilvolle Wege gegangen ist. Sie weiß nicht, was sie im nächsten Augenblick erwartet und wie es weitergeht.
Täuscht euch nicht: Gott lässt keinen Spott mit sich treiben; was der Mensch sät, wird er ernten. Wer im Vertrauen auf das Fleisch sät, wird vom Fleisch Verderben

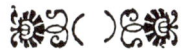

ernten; wer aber im Vertrauen auf den Geist sät, wird vom Geist ewiges Leben ernten. Lasst uns nicht müde werden, das Gute zu tun; denn wenn wir darin nicht nachlassen, werden wir ernten, sobald die Zeit dafür gekommen ist. (Galaterbrief 6,7–9)

Johannes beschreibt das neue Jerusalem, die heilige Stadt, wie sie von Gott her aus dem Himmel herabkam, erfüllt von der Herrlichkeit Gottes:
Sie glänzte wie ein kostbarer Edelstein. Die Stadt braucht weder Sonne noch Mond, die ihr leuchten. Denn die Herrlichkeit Gottes erleuchtet sie. Aber nichts Unreines wird hineinkommen, keiner, der Greuel verübt hat und lügt. (Offenbarung 21,11a.23.27a)

Dritter Schritt

Um dich auf den Abschied von dieser Welt vorzubereiten, der plötzlich und unerwartet erfolgen kann, um die Angst zu verlieren und selbst im Tod noch Erfüllung zu finden, stehen dir große Gnadenmittel zur Verfügung. Sie drängen sich dir nicht auf – du musst den Wunsch haben, sie zu empfangen: die Versöhnung mit dir, mit anderen Menschen – und letztlich, soweit es dir möglich ist, die Versöhnung mit Gott. Aus dem Empfang des Abendmahles oder der Kommunion strömen dir, wenn du dich öffnest, heilende Kräfte zu. Die Krankensalbung verleiht dir Stärke und Gnade zur Reise, die du jetzt oder später antrittst.

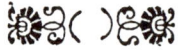

Es liegt an dir, rechtzeitig Sorge zu treffen und dich entsprechend vorzubereiten, damit dir dein Sterben und die Schwere des Todes erleichtert werden. Viele Menschen überdenken erst spät ihr Leben. Und wenn sie feststellen, dass vieles nicht gut, ja, vielleicht sogar schlecht war, was von ihnen ausging, bekommen sie große Angst und Schrecken überfällt sie. Sie gäben alles dafür, wenn ihr Leben ein wenig verlängert würde, um einiges wieder gut zu machen. Sie nehmen sich fest vor, ihr Leben zu ändern und es in den Dienst Gottes zu stellen.

Bedenke jedoch, wie schwer es ist, erst im Sterben seine Gedanken und seine Innerlichkeit auf Gott auszurichten. Wenn zu früheren Zeiten keine Einübung erfolgte, fällt es besonders schwer, jetzt erst damit zu beginnen – erst recht, wenn körperliche und seelische Schmerzen die Überhand gewinnen. Um den Tod zu bewältigen, bedarf es meist einer großen inneren und äußeren Anstrengung – sowohl des Sterbenden selbst als auch derjenigen, die ihn begleiten.
Die mittelalterlichen Aufzeichnungen über das Sterben („Ars moriendi") berichten von fünf Phasen bei der Annahme des eigenen Todes und von fünf Phasen beim Vollzug des Sterbens.

1. Der Kranke verneint das Sterben und will die Gegebenheit des kommenden Todes nicht wahrhaben.

Er sträubt sich gegen alles und gerät dadurch in schmerzhafte Isolation.

2. Er lehnt sich gegen sein Schicksal auf und wird zornig. Dies zeigt sich in aggressivem Verhalten gegenüber seinen Angehörigen.

3. Der Kranke verhandelt mit dem Schicksal und seinem Glauben. Er versucht, mit der Hilfe von Ärzten, Heilpraktikern und durch religiöse Gelübde dem drohenden Schicksal zu entrinnen oder es hinauszuzögern.

4. Er fällt in Traurigkeit, fühlt sich grenzenlos einsam und wünscht, mit einem vertrauten Menschen über sein Leben zu sprechen. Er sucht Verständnis und hat das große Bedürfnis nach menschlicher Nähe.

5. Der Kranke ist bereit, seinen Tod anzunehmen und bejaht die unabwendbare Wirklichkeit.

Die fünf Phasen des Sterbens hängen ab von der Art und dem Verlauf der tödlichen Krankheit.

1. Die Kräfte des Kranken schwinden. Er ist schmerzfrei, kann sich jedoch nicht mehr bewegen und keine zusammenhängenden Sätze sprechen. Es sprechen nur noch die Augen, die von Gesicht zu Gesicht wandern. Sie wollen einerseits Abschied nehmen, dann aber auch wieder festhalten.

2. Diese Phase wird vom Sterbenden intensiv erlebt – von den Umstehenden dagegen kaum wahrgenom-

men. Das Gefühl für Zeit und Raum schwindet. Gegenwart ist Augenblick. Der Übergang ins Zeitlose kündigt sich an. Ewiges Leben bricht ein in die Gegenwart und umgekehrt. Die Seele löst sich vom Körper und der Todesweg führt weiter – ohne Raum- und Zeitgefühl.

3. Der Gesichtssinn des Sterbenden vergeht. Der Blick wird leer und immer starrer. Er schließt die Augen und hält sie für immer geschlossen. In seinem Inneren dämmert jedoch das „klare Licht" – neben der Dunkelheit und dem Abgrund wird es hell.
   Muss ich auch wandern in finsterer Schlucht,
   ich fürchte kein Unheil, denn du bist bei mir.
   (Psalm 23,4)
   Diese Phase der Umwandlung, in der das Bewusstsein schwindet, kann länger dauern und durch starke Todeskämpfe begleitet werden.

4. Die Atmung wird schwächer und setzt schließlich völlig aus. Das Herz schlägt unregelmäßig und pendelt langsam bis es stehen bleibt. Der Sterbende erlebt diese Übergangsphase wie ein „Fallenlassen", ein Sinken und gleichzeitig ein Hinaufgetragen-Werden. Er ist jetzt außer sich und breitet sich in unerhörte Räume aus. Angst und Bedrängnis sind ihm fremd.

5. Nach dem Aussetzen der Atmung und der Herztätigkeit ist der Tod jedoch noch nicht eingetreten. Für Worte ist der Sterbende immer noch erreich-

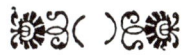

bar. Er hört und nimmt alles wahr. Was er hier hört, nimmt er mit hinüber in die Welt seines neuen Daseins. Befreiende Gebete aus dem Herzen und liebe Abschiedsworte werden ihm nun große Hilfe sein. Jede Bewegung und jedes Geräusch tut dem Sterbenden weh und hindert ihn, sich in die innere Ruhe fallen zu lassen. Jedes Geräusch, das noch mit der Welt zu tun hat, lenkt ihn ab und erschwert ihm den Übergang in das „klare Licht".

Während des Übergangs entspannen sich die Gesichtszüge. Das Gesicht des Toten drückt Frieden aus. Nun hat der Tod als großer Bildhauer des Körpers seine Arbeit vollendet.

Vierter Schritt

Wie wird es weitergehen? Körper und Seele gehen nun zwei getrennte Wege. Dir nahe stehende Menschen werden deinen Körper zu Grabe tragen und dich beerdigen. Sie werden über dich und von dir reden, aber auch für dein Seelenheil beten und deiner liebevoll gedenken. Bei den meisten Menschen jedoch wird sich über die Erinnerung schnell ewige Vergessenheit legen.

Doch welchen Weg wird deine Seele gehen? Welche Zukunft steht dir nach diesem irdischen Leben bevor? Wie können wir etwas darüber aussagen, da doch niemand „von dort" zurückgekehrt ist? Auserwählte Menschen haben unter besonderen Umständen die

Todesgrenze überschreiten können und sind wieder zurückgekehrt. Wie das Leben vor dem Tod bei uns Menschen unterschiedlich ist, so unterschiedlich ist auch unsere Zukunft nach dem Tod. Nicht alle müssen Bitternis des Todes schmecken. Für viele gibt es einen bruchlosen Übergang vom inneren Licht ins Licht – kein Auslöschen, sondern Befreiung und Verwandlung.

Amen, amen, ich sage euch: Wenn jemand an meinem Wort festhält, wird er auf ewig den Tod nicht schauen. (Johannes 8,51)

Der Weg führt jedoch für die meisten durch die Bitternis des Todes, der in seiner ganzen Tiefe erfahren und durchlitten wird. Die Seele muss Zwischenstationen aushalten, wenn ihr Weg noch nicht geradlinig ins Licht führt. Sie ist jetzt einem Geschehen ausgeliefert, welches sie nicht beeinflussen kann. Je mehr sie sich aus Angst an das vergangene irdische Leben klammert, desto mehr muss sie leiden. Von der jenseitigen Welt kommt ihr jedoch das rettende Licht, Christus, entgegen. Er möchte unsere Seele mit seiner Lichtherrlichkeit bekleiden. Da alle unsere vergangenen Gedanken und Taten an unserer Seele hängen, fällt es ihr dann besonders schwer, dem Licht entgegenzugehen, wenn Untaten überwiegen. Wie eine schwere Last ziehen sie die Seele vom Licht ab. Unsere Seele muss daher in oft schmerzhaften Reinigungs- und

Läuterungsprozessen von allem entkleidet werden, was sie beschwert.

Wir wissen: Wenn unser irdisches Zelt abgebrochen wird, dann haben wir eine Wohnung von Gott, ein nicht von Menschenhand errichtetes ewiges Haus im Himmel. Im gegenwärtigen Zustand seufzen wir und sehnen uns danach, mit dem himmlischen Haus überkleidet zu werden. So bekleidet, werden wir nicht nackt erscheinen. So lange wir nämlich in diesem Zelt leben, seufzen wir unter schwerem Druck, weil wir nicht entkleidet, sondern überkleidet werden möchten, damit so das Sterbliche vom Leben verschlungen werde. Denn wir alle müssen vor dem Richterstuhl Christi offenbar werden, damit jeder seinen Lohn empfängt für das Gute oder Böse, das er im irdischen Leben getan hat. (2. Korintherbrief 5,1–4.10)

Donnerstag

Amen, amen, ich sage euch:
Wer mein Wort hört und dem glaubt,
der mich gesandt hat, hat das ewige Leben;
er kommt nicht ins Gericht,
sondern ist aus dem Tod ins Leben hinübergegangen.
(Johannes 5,24)

Ob es viele oder wenig Menschen sind, die ohne „Gericht" aus dem Tod ins ewige Leben hinübergehen, wissen wir nicht. Doch wissen wir – oder ahnen es zumindest –, dass es eine ausgleichende Gerechtigkeit gibt. Wenn du das Leid in dieser Welt betrachtest und die körperlichen und seelischen Schmerzen vieler Menschen, solltest du dir folgende Fragen stellen:

◆ Warum hat gerade dieser oder jener Mensch ein so schweres Schicksal?
◆ Gibt es bereits in der Welt, in der wir leben, einen gerechten Ausgleich?
◆ Helfe ich durch das mir auferlegte Leid, das Leid anderer, das der Welt und des gesamten Kosmos erträglicher zu machen?
◆ Welchen tieferen Sinn haben Schmerzen, Leiden und der Tod?
◆ Erwartet mich für die Untaten in meinem Leben der Ausgleich bereits in dieser Welt oder erst nach meinem Tod?

- Muss ich in der Zeit des Übergangs in das ewige Leben Läuterungsprozesse durchmachen?
- Wird es ein letztes Gericht geben mit endgültigen Entscheidungen?

Vieles bleibt für uns trotz eindeutiger Aussagen in den Heiligen Schriften unklar. Die Betrachtung der letzten Dinge an diesem Donnerstag wird dir – soweit es überhaupt möglich ist – helfen, dein Leben neu zu überdenken, andere Schwerpunkte zu setzen, dich engagierter dem Guten zuzuwenden und eine tiefere Verbindung zum Schöpfer zu finden.

Erster Schritt

Es muss einen Tag geben, an dem alles Ungeklärte geklärt wird, an dem alle Kriege und Streitigkeiten ein Ende haben – einen Tag, der sowohl die gesamte Vergangenheit als auch die Gegenwart umfasst. An diesem Tag kommen alle Prozesse zum Stillstand und jedes Leben wird im Anblick alles Geschaffenen offenbar. Ob dieser Tag erst am Ende des Schöpfungsprozesses steht, wissen wir nicht – ebenso wenig wissen wir, ob wir dann für immer in die Ewigkeit eintauchen oder ob es eine neue Schöpfung gibt, die uns neue Chancen der Bewährung bietet. Wie wird sich die durch Untaten und Sünden der Menschen angesammelte dunkle Kraft entladen, damit es zum Ausgleich kommt? Was ist und wird vergeben, und was müssen

wir selbst austragen, damit durch uns Schatten aufgehoben und Dunkles in Licht gewandelt wird?

Diese Betrachtung wirft viele Fragen auf, die unser menschlicher Verstand nicht beantworten kann. Und trotzdem wird es gut sein, diese Fragen auf unserem Gebets- und Glaubensweg zu stellen. Wir laufen dann weniger Gefahr, unser Herz an vergängliche Güter zu hängen und sie oder gar Menschen als unser ständiges Eigentum zu betrachten.

Zweiter Schritt

Jedem Ereignis gehen bestimmte Zeichen voraus. Sie möchten uns – vorausgesetzt, wir sind fähig sie wahrzunehmen – auf das unausweichlich Kommende vorbereiten. Die Zeichen möchten uns vor einem Schock, vor Kurzschlusshandlungen und vor übergroßer Angst bewahren, so dass wir in dem Augenblick, in dem das Ereignis eintritt, nicht ins Bodenlose versinken.

Ein Volk wird sich gegen das andere erheben und ein Reich gegen das andere. Es wird gewaltige Erdbeben und an vielen Orten Seuchen und Hungersnöte geben; schreckliche Dinge werden geschehen und am Himmel wird man gewaltige Zeichen sehen. Und doch wird euch kein Haar gekrümmt werden. Wenn ihr standhaft bleibt, werdet ihr das Leben gewinnen.

Es werden Zeichen sichtbar werden an Sonne, Mond und Sternen und auf der Erde werden die Völker bestürzt und

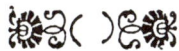

ratlos sein über das Toben und Donnern des Meeres. Nehmt euch in Acht, dass Rausch und Trunkenheit und die Sorgen des Alltags euch nicht verwirren und dass jener Tag euch nicht plötzlich überrascht, so wie man in eine Falle gerät; denn er wird über alle Bewohner der ganzen Erde hereinbrechen. Wacht und betet allezeit, damit ihr allem, was geschehen wird, entrinnen und vor den Menschensohn hintreten könnt.
(Lukas 21,10–11.18–19.25.34–36)

Dritter Schritt
Wir wollen euch über die Verstorbenen nicht in Unkenntnis lassen, damit ihr nicht trauert wie die anderen, die keine Hoffnung haben. Wenn Jesus – und das ist unser Glaube – gestorben und auferstanden ist, dann wird Gott durch Jesus auch die Verstorbenen zusammen mit ihm zur Herrlichkeit führen. Denn der Herr selbst wird vom Himmel herabkommen, wenn der Befehl ergeht, der Erzengel ruft und die Posaune Gottes erschallt.
(1. Thessalonicherbrief 4,13–14.16)

Es wird dieser Tag kommen, an dem die Schöpfung, und damit auch wir, befreit sind von der Sklaverei in der Vergänglichkeit. Jesus Christus hat jede Herrschaft und jede Gewalt zunichte gemacht. Solltest du dich daher nicht auf dieses Fest freuen? Die Hoffnung, dieses einst miterleben zu dürfen, gibt Trost und Hilfe in allen Widerwärtigkeiten, die du auszuhalten hast.

Vierter Schritt

Auf dem Weg dorthin wirst du Rechenschaft ablegen
müssen über dein gesamtes Leben.
Herr, höre mein Gebet, vernimm mein Flehen;
in deiner Treue erhöre mich, in deiner Gerechtigkeit!
Geh mit deinem Knecht nicht ins Gericht;
denn keiner, der lebt, ist gerecht vor dir.
(Psalm 143,1–2)

Wer wir auch sind, und was wir auch immer getan
oder nicht getan haben: Vor Gott sind und bleiben wir
letztlich fehlbare Menschen. Wir sind auf seine Güte
und seine Vergebung angewiesen. Stell dir vor, Christus spräche zu deiner Seele. Fühle dich in die Fragen
ein und versuche sie in Offenheit dir selbst gegenüber
zu beantworten.

- „Seit Anbeginn der Welt habe ich dich geliebt
  und bin dir immer nahe. Warum hast du mich verlassen und bist dem nachgejagt, das keinen Bestand
  hat?"
- „Das Bild des Ewigen ist deiner Seele eingeprägt.
  Warum hast du dich trotzdem dunklen Kräften
  und dem Widergöttlichen zugewendet, statt die
  Herrlichkeit Gottes in dir zum Leuchten zu bringen?"
- „Unzählige Male hattest du in deinem Leben die
  Möglichkeit, umzukehren und dich dem Wahren

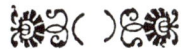

zuzuwenden. Immer wieder habe ich dich bei deinem Namen gerufen. Warum hast du mein Rufen überhört und bist weitergegangen?"

◆ „Du siehst die Wundmale an meinen Händen, meinen Füßen und an meiner Seite. Sie schließen sich erst, wenn die letzte Seele Erlösung gefunden hat. Meine Hände sind ebenso geöffnet, weil ich mich dir und allen Menschen ganz aushändige. Durch deinen Egoismus und fehlende Nächstenliebe hast auch du mich erneut ans Kreuz genagelt. Warum hast du so gehandelt? Hast du die Stimme deines Gewissens und deiner Seele unterdrückt? Hast du sie verdrängt, um besser vor anderen und der Welt dazustehen?"

◆ „Wozu hast du das kostbare Gut in dir verwendet – die kostbare Perle, die ein Geschenk des Himmels an dich war und ist?"

◆ „Dein Schöpfer und Erlöser wartet auf dich. Doch du hast ihn nicht sehen wollen und bist Irrtümern verfallen. Wiederholt habe ich dich gerufen – jedoch du hast nicht gehört. Ich habe an die Tür deines Herzens geklopft und auf ein Zeichen von dir gewartet. Du hast mir nicht geöffnet. Meine Hände habe ich nach dir ausgestreckt; du hast sie nicht ergriffen. Ich wollte dir Rat geben und dich vor Unheil schützen, damit dein Weg leichter zu gehen sei ... Wenn er zu steil hinaufführte oder zu abschüssig war, habe ich dir meine Hände gereicht, um dich sicher zu geleiten ... Immer und in jeder Gefahr bin ich dir nah."

Was konnte ich noch für meinen Weinberg tun, das ich nicht für ihn tat? Warum hoffte ich denn auf süße Trauben? Warum brachte er nur saure Beeren?
(Jesaja 5,4)

Lass dir Zeit und gehe wegen der existenziellen Bedeutung die Fragen und deine Antworten noch einmal gewissenhaft, ehrlich und in aller Ruhe durch. Frage dich auch, was diejenigen antworten würden, die die Existenz Gottes und seine Gesetze leugnen und dafür die Gesetze der Welt in ihrem Leben an die erste Stelle rücken.

Wie viele Menschen haben ihre Ohren für die Stimme Gottes verschlossen! Wie viele Menschen ignorieren seine Eingebungen, widersetzen sich den Geboten Gottes und sind in allem grenzenlos undankbar! Wie werden sich diejenigen in Bedrängnis oder Not verhalten, die nur ihren eigenen Willen, ihre Vorteile und ihr Vergnügen als Richtschnur oder gar Gesetz in ihrem Leben befolgt haben?

Wie wird der Weg der Menschen sein, die sich rücksichtslos alles erlaubt haben und erlauben und so leben, als gäbe es keinen Gott?

Was wollt ihr tun, wenn die Strafe naht, wenn das Unwetter von fern heraufzieht? Zu wem wollt ihr flüchten, um Hilfe zu finden, wo euren Reichtum verstecken? Ihr werdet

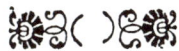

euch unter Gefangenen am Boden krümmen.
(Jesaja 10,3–4 a)

Fünfter Schritt

In seiner grenzenlosen Gerechtigkeit wird der Herr einen großen Unterschied machen zwischen denen, die ihn fürchten, und denen, die ihn verworfen haben.
Dann wird der König denen auf der rechten Seite sagen: Kommt her, die ihr von meinem Vater gesegnet seid, nehmt das Reich in Besitz, das seit der Erschaffung der Welt für euch bestimmt ist. (Matthäus 25,34)
Gegen die anderen richtet sich der Zorn des Herrn, gewaltig drohend, zieht er heran. *Seine Lippen sind voll grollendem Zorn, seine Zunge ist wie ein verzehrendes Feuer. Der Herr lässt seine mächtige Stimme erschallen, und man sieht, wie sein Arm herabzuckt mit zornigem Grollen und verzehrendem Feuer, mit Sturm, Gewitter und Hagel.*
(Jesaja 30,27.30)

Sind die Gottlosen für immer verloren oder erfahren auch sie am Ende Rettung?
Denn, so spricht der Herr, der Heilige Israels: Nur in Umkehr und Ruhe liegt eure Rettung, nur Stille und Vertrauen verleihen euch Kraft.
(Jesaja 30,15)

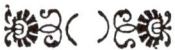

Freitag
Was uns erwarten könnte.

Wir sollten einige Möglichkeiten bedenken, die uns erwarten könnten, wenn widergöttliches Denken und Handeln zum Hauptinhalt unseres Lebens geworden sind. Der Sinn besteht nicht darin, dich zu erschrekken, sondern dir eine größere Standfestigkeit im Guten zu ermöglichen. Die Basis, von der aus du dich zu Gott erhebst, muss fest gegründet sein.

Erster Schritt
Du, mein Herr und mein Gott!
Um deines Namens willen sei mir barmherzig.
Vergiss meinen herausfordernden Stolz.
Schau auf mich, der sich zu dir erheben möchte.
Erkenne an mir, was dein ist,
und entferne alles, was fremd ist an mir.
Hab Erbarmen, Herr,
solange noch die Zeit des Erbarmens währt,
damit ich nicht – wenn die Zeit gekommen ist –
von dir verstoßen werde.

Von dem fern bleiben zu müssen, was Gott denjenigen bereitet hat, die ihn lieben, bedeutet große Qual. Erschrick nicht bei diesen Gedanken – sie bieten Schutz gegen die Sünde, sind Ansporn, dich dem Guten zuzuwenden und Böses zu meiden. Wenn du

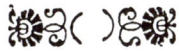

daran denkst, einmal Rechenschaft über die unnützen Worte ablegen zu müssen, wird dir das Schweigen nicht schwer fallen.

Wird es nicht besser sein, sich von anderen, erfreulichen und aufbauenden Inhalten leiten zu lassen als von schrecklichen und widerwärtigen Vorstellungen?

Viele sind es, die Gott in den Tagen des Glücks nicht folgen wollten. Viele sind es, die die erbarmende Liebe Gottes nicht erkennen oder die sich aus Oberflächlichkeit in Unwichtigem verlieren. In der Unermesslichkeit seiner unbegrenzten Güte wird Gott eher Hilfe gewähren als durch Härte zu schrecken. Viele Menschen sind jedoch nicht einmal bereit, das Entgegenkommen Gottes wahrzunehmen oder gar seine Hilfe anzunehmen. Immer wieder wird uns Menschen in dieser Welt das Leben geboten. Wenn wir es allerdings nicht annehmen, werden wir es später dort gewaltsam suchen müssen, wo es nicht zu finden ist. An diesem Ort, an dem wir wie benommen und verstört sein werden, werden wir an schmerzhaften Empfindungen und einem Mangel am Wesentlichen leiden. Die Augen sind dort voller „Tränen", wo der seelische Tod ersehnt, jedoch nicht gegeben wird.
Es ist ein wahn-sinniger Zustand der Läuterung, in dem der Quäler nicht müde wird und der Gequälte nicht sterben kann.

Schmerzhafte Empfindungen: Alle, die durch Missbrauch sowohl der äußeren als auch der inneren Sinne andere Geschöpfe, die Schöpfung und den Schöpfer selbst beleidigten, werden über eben diese Sinne Leiden in einer Art Wiedergutmachung auf sich nehmen müssen.

- Durch die Augen: sich am Leid und Elend anderer ergötzen, dem wollüstig zuschauen, was der Intimsphäre sich liebender Menschen vorbehalten ist.
- Durch die Ohren: Menschen belauschen und sich an gehörten Indiskretionen und Verleumdungen freuen.
- Durch die Zunge: Unreines Geschwätz begierig an andere weitergeben, seine Zunge nicht im Zaume halten können und schlecht über andere reden.
- Durch den Geschmack: Unmäßiger Konsum in Essen und Trinken kann einen Menschen unheilvoll beherrschen, krank machen und völlig ruinieren.
- Durch das Gefühl: Jeder Begierde nachgeben. Süchte und ungezügelte Sexualität bedeuten, von einer Fremdmacht und damit von widergöttlichen Kräften abhängig zu sein.

Sie sind die Rebellen gegen das Licht;
sie nehmen seine Wege nicht wahr,
bleiben nicht auf seinen Pfaden.
Im Finstern bricht er ein in die Häuser;

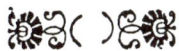

tagsüber verstecken sie sich;
sie wollen nichts wissen vom Licht.
Dürre und Hitze raffen das Schneewasser weg,
die Unterwelt den Sünder. (Ijob 24,13.16.19)

Haben so genannte innere Sinne schlechte Gedanken und Eindrücke gespeichert, müssen diese - ebenso wie die äußeren Sinne - einen langen Reinigungsprozess aushalten.

- ◆ Der Vorstellung sind dunkle Bilder und schreckliche Szenen tief eingegraben.
- ◆ Der Verstand ist durchdrungen von Furcht vor Kommendem.
- ◆ Das Gedächtnis ist besetzt durch Erinnerung an unheilvolle Taten.
- ◆ Der Wille ist auf widergöttliche Ziele ausgerichtet und wird von ihnen beherrscht.

Sich nicht auf Gott ausrichten und ihn nicht lieben zu können, bedeutet somit für den inneren Menschen entsetzliche Qual. Er fühlt sich durch das, was sein Inneres belastet und regiert, wie von einer Fremdmacht beherrscht und unfrei.
Alles, was deine Hand, solange du Kraft hast, zu tun vorfindet, das tu! Denn es gibt weder Tun noch Rechnen noch Können noch Wissen in der Unterwelt, zu der du unterwegs bist. (Kohelet 9,10)

Jeder erscheint so in der kommenden Welt, wie er von der Erde scheidet. Vieles belastet die Seele nach dem Tod, wenn in diesem Leben kein Ausgleich und keine Versöhnung erfolgten.

Das Werk eines jeden wird offenbar werden; jener Tag wird es sichtbar machen, weil es im Feuer offenbart wird. Das Feuer wird prüfen, was das Werk eines jeden taugt. (1. Korintherbrief 3,13)

Zweiter Schritt

Leiden durch Mangel am Wesentlichen: Wenn wir dessen beraubt sind, was wir eigentlich sein sollten – Kinder Gottes –, so bedeutet dies außerordentlich große Qual. Die Seele, die das Ebenbild Gottes in sich trägt, hat das tiefe Verlangen, Gott für immer schauen zu dürfen. Ist sie jedoch noch nicht geläutert und somit ihrem Endziel noch fern, brennt und leidet sie vor Sehnsucht. Zu wissen oder gar zu schauen, wie es sein könnte, und gleichzeitig feststellen zu müssen, dass kein Weg und kein Mittel dorthin führen, löst für die Seele einen Schock aus. Äußerst schmerzhaft und qualvoll wird sie sich dieses Verlustes bewusst. Ihr wird erschreckend klar, dass sie von sich aus rein gar nichts tun kann und einzig und allein auf das Erbarmen und die Liebe Gottes angewiesen ist. Die Distanz der Seele von Gott, dem Urgrund der Liebe, bedeutet für sie härteste Strafe.

Abraham erwiderte: Mein Kind, denk daran, dass du schon zu Lebzeiten deinen Anteil am Guten erhalten hast, Lazarus aber nur Schlechtes. Jetzt wird er dafür getröstet, du aber musst leiden. Außerdem ist zwischen uns und euch ein tiefer, unüberwindlicher Abgrund, so dass niemand von hier zu euch oder von dort zu uns kommen kann, selbst wenn er wollte. (Lukas 16,25–26)

Dritter Schritt

Es erhebt sich die berechtigte Frage: Gibt es einen Ausschluss von Gott für immer? Gibt es wirklich einen Ort, zu dem die Seelen in Ewigkeit verdammt sind? Würden Leiden ewig andauern, wäre dies unerträglich und grausam. Der Gedanke jedoch, dass das Leiden einmal ein Ende haben wird, lässt sie erträglicher erscheinen, denn alles, was von einer bestimmten Zeit begrenzt ist, kann niemals so hart und unerträglich sein wie immerwährender körperlicher und seelischer Schmerz. Vielleicht reichen bereits allein der Gedanke und die Vorstellung aus, dass es ein endloses Leiden geben könnte, ohne Linderung, Trost und Hoffnung, um uns von schweren Untaten und Sünden abzuhalten. Das Bild einer nie endenden Verbannung ohne Hoffnung darauf, zurückgerufen zu werden, löst bei vielen Menschen – spätestens in ihrer Sterbestunde – den sehnlichsten Wunsch aus: zu Gott zurückzukehren und das Angebot der Versöhnung anzunehmen.

Der Vorstellung von einem Ort ewiger Verdammnis und damit der Gottferne sind keine Grenzen gesetzt. Kann es wirklich widergöttliche Mächte bis in alle Ewigkeit geben oder findet am Ende doch Erlösung und Befreiung aller statt?

Ist es denkbar, dass es einen grenzenlosen Hass Gott gegenüber gibt? Nahezu unvorstellbar schreckliche Bilder kann man aneinanderreihen. Hierzu gehören Verwünschungen

- gegen Gott, dass er die Seele erschaffen und nun zu einem ewigen Tod ohne Tod verdammt habe,
- gegen seine Weisheit, die das Widergöttliche offenbar werden lasse,
- gegen Gottes Gerechtigkeit, die ewig strafe,
- gegen das Kreuz, das keine Erlösung gebracht habe,
- gegen die Mutter des Herrn, die eigentliche Fürsprecherin aller, dass sie sich grausam und unbarmherzig erwiesen habe,
- gegen alle, die den Weg der Wahrheit und des Lebens gegangen sind und Frieden in Gott gefunden haben.

Können das Gedanken und Worte sein, die die Ausgestoßenen wechselweise Tag und Nacht von sich geben? Kann der gütige und barmherzige Gott derartige Lästerungen und Verwünschungen für immer zulassen? Kann Gott, aus dem alles Sein hervorgeht, und

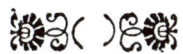

der aus Liebe zu uns Menschen seinen Sohn zur Erlösung in die Welt sandte, uns für immer verstoßen?

Die Antworten auf diese offenen Fragen gibt die Heilige Schrift:

Seid gewiss: Ich bin bei euch alle Tage bis zur Vollendung der Welt. (Matthäus 28,20b)

Der Vater antwortete ihm: Mein Kind, du bist immer bei mir, und alles, was mein ist, ist auch dein. Aber jetzt müssen wir uns doch freuen und ein Fest feiern; denn dein Bruder war tot und lebt wieder; er war verloren und ist wiedergefunden worden. (Lukas 15,31–32)

Jetzt wird Gericht gehalten über diese Welt; jetzt wird der Herrscher dieser Welt hinausgeworfen werden. Und ich, wenn ich über die Erde erhöht bin, werde alle zu mir ziehen. (Johannes 12,31–32)

Euer Herz lasse sich nicht verwirren. Glaubt an Gott und glaubt an mich! Im Haus meines Vaters gibt es viele Wohnungen. Wenn es nicht so wäre, hätte ich euch dann gesagt: Ich gehe, um einen Platz für euch vorzubereiten? Wenn ich gegangen bin und einen Platz für euch vorbereitet habe, komme ich wieder und werde euch zu mir holen, damit auch ihr dort seid, wo ich bin. (Johannes 14,1–3)

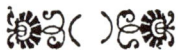

Samstag
Das Ziel deines Lebensweges:
unendlicher Frieden deiner Seele in Gott

An diesem Tag betrachte die Herrlichkeit der kommenden Welt, die bereits in unserer Welt transparent wird. Der Inhalt der heutigen Betrachtung möchte dir Kraft geben, das Beste aus deinem Leben zu machen und dann mit deinem Schicksal zufrieden zu sein. Sie möchte dir inmitten deines Alltags Freude bereiten, dich von falschem Tun abhalten und dir berechtigte Hoffnung geben auf Frieden und Ruhe deiner Seele. Gerate nicht in Verwirrung, wenn du vorübergehend körperliche oder seelische Schmerzen ertragen musst. Zweifle nicht an Gottes Gerechtigkeit, wenn du andere in dieser Welt glücklich siehst während du leidest. Zweifle nicht an Gottes Gerechtigkeit, wenn sie sich freuen und es dir übel ergeht. Sorge dich nicht, wenn du wenig oder gar nichts besitzt, sondern freue dich auf das, was kommen wird. Ertrage auf deinem Weg nicht zu umgehende Widerwärtigkeiten. Vergegenwärtige dir das Jenseits, wenn du glaubst, diese Welt nicht mehr ertragen zu können oder dich ein dunkler Gedanke gefangen hält.

Die Betrachtung an diesem Samstag ist in fünf Schritte unterteilt:
1. Die Herrlichkeit des Reiches Gottes

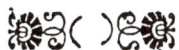

2. Die Gemeinschaft der Heiligen
3. Die Anschauung Gottes
4. Die Verklärung des Leibes
5. Die Vollendung der Schöpfung

Erster Schritt: Die Herrlichkeit des Reiches Gottes

Wenn du bei Nacht zu den Sternen aufschaust und dir das gesamte Universum vorstellst, wirst du immer wieder staunen über das Ausmaß alles Geschaffenen. Welches Staunen und welche Bewunderung gebührt dann erst dem, der dies alles aus sich hervorgebracht hat! Sowohl die Schönheit des Kosmos als auch die Energie und Intelligenz, die ihn steuert, vermagst du nicht in Worten auszudrücken. Um wie viel wunderbarer und herrlicher mag dann erst das Reich Gottes erscheinen, das unseren Augen noch verborgen ist! Warum suchst du es dann draußen in eitlen und ungesunden Dingen statt in dir selbst? Das Reich Gottes und seine Herrlichkeit sind bereits in uns *(Lukas 17,21)*, doch viele Menschen vernachlässigen oder ignorieren es und klammern sich an die äußere vergängliche Welt. Dem Reich Gottes, das in seiner ganzen Herrlichkeit in uns gegenwärtig ist, öffnen sie sich nicht. Wir haben die außerordentliche Fähigkeit bekommen, die Existenz und Schönheit des Reiches Gottes bedingt in dieser Welt wahrzunehmen. Unsere Seele, die auf die Ewigkeit hin erschaffen ist, kann Momente des Ewigen erfassen. Wenn sie jedoch das

Ewige in seiner unendlichen Fülle erfasst, leben wir nicht mehr in dieser Welt, sondern wohnen bereits in der jenseitigen.

Zweiter Schritt: Die Gemeinschaft der Heiligen

Deine Seele, die sich vom Körper getrennt hat, eilt in Liebe und Verlangen auf ihr Ziel zu, das ihr seit Anbeginn der Welt eingestiftet ist. Nicht allein die Engel, die Seligen und die Heiligen, nein, auch ihr Herr und Schöpfer erwartet dich. Es erwartet dich Gott der Vater, Gott der Sohn und Gott der Heilige Geist. Es erwartet dich jene glückselige Gemeinschaft der Heiligen, zu denen auch du einmal gehören wirst.

Danach sah ich: eine große Schar aus allen Nationen und Stämmen, Völkern und Sprachen; niemand konnte sie zählen. (Offenbarung 7,9a)

Sooft dich die Vergänglichkeit und die Schmerzen dieser Welt bedrücken, sooft du ein Tal der Tränen durchschreiten musst, versetze dich im Geist in die Gemeinschaft der Heiligen und beginne zu sein, was du in Zukunft sein wirst. Sieh in der Betrachtung des himmlischen Reiches deinen Trost, vergiss dabei die dich quälende Schwere, das heißt, vergiss dabei dich selbst.

Wenn doch nur viele Menschen diesem Rat folgen würden: unermessliches Staunen würde über sie

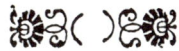

kommen und unerwartetes Heil würde sich ihnen schenken. Alle Kräfte des Himmels möchten uns unterstützen und uns anheben: die Kreise der Engel bis zu den Cherubim und Seraphim, die große Zahl der Heiligen, die Apostel und die Propheten – alle, die in die Welt des Guten und des Lichtes aufgenommen sind.

Dritter Schritt: Die Anschauung Gottes

Immer bist du eingeladen, dich deinem Schöpfer zuzuwenden, dem Höchsten. Bist du durch Betrachtung und inneres Gebet darin geübt, wird deine Seele, wenn sie ihren Weg allein weitergeht, große Fortschritte machen. Sie wird aufmerken und die unendliche Freude jenes höchsten Gutes wahrnehmen, das die Freude und das Licht aller Güter in sich enthält. Wenn die Seele dieses höchste Gut genießt, empfängt sie, was sie empfangen möchte – was sie nicht wünscht, wird nicht geschehen. Dem Verstand ist jeder Irrtum genommen, dem Verlangen jeder Schmerz und dem Gedächtnis jede Furcht. Auf diesem Weg, der die Anschauung Gottes zum Ziel hat, waltet wunderbare Milde, vollendete Wonne und ewige Sicherheit.

Einen geringen Teil des höchsten Gutes, das Worte nicht mehr beschreiben können, strahlte König Salomo aus. Die Königin von Saba verlangte es danach, ihn einmal sehen und hören zu dürfen.

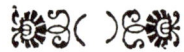

Als nun die Königin von Saba die ganze Weisheit Salomos erkannte ..., da stockte ihr der Atem. Glücklich sind deine Männer, glücklich sind diese deine Diener, die allezeit vor dir stehen und deine Weisheit hören.
(1. Buch der Könige 10,4–5.8)

Wie wird es erst deiner Seele ergehen, wenn sie die höchste und ewige Weisheit schauen darf, jene unendliche Güte und Liebe? Wie sehr, glaubst du, freuen sich diejenigen, die den Spiegel der Ewigkeit unaufhörlich schauen, in dem alles Vergangene, Gegenwärtige und Zukünftige, was zur höchsten Glückseligkeit gehört, in voller Offenheit zu sehen ist? Alles werden wir erkennen, was in den Geschöpfen möglich ist, wenn wir zu dem erhabenen Licht des Vaters aller Lichter gelangt sind. Im vierten Dialog schreibt *Gregor der Große* (6. Jahrhundert): *Was gibt es, was jene nicht wissen könnten, die den Allwissenden sehen?* (Kap. 33).

Was wir hier auf Erden von der Wahrheit erkennen, ist nur ein geringer Teil von dem, was wir wissen werden. Du wirst schauen und Überfluss haben und dein Herz wird staunen und weit werden *(vgl. Jesaja 60,5)*.

Du wirst dich selbst schauen; du wirst erfahren, wie und wer du bist, und wirst in der vollkommenen Betrachtung Einblick haben in alles Geschaffene.

Vierter Schritt: Die Verklärung des Leibes

Da wir als Individuen in der kommenden Welt weiterleben werden, ist es sehr wahrscheinlich, dass wir auch dort einen Körper unser Eigen nennen dürfen. Er wird - seiner neuen Umgebung angepasst - feinstofflich sein, in der Bewegung so schnell wie ein Lichtstrahl, klar wie Kristall und unfähig zu leiden.

Die Verständigen werden strahlen, wie der Himmel strahlt; und die Männer, die viele zum rechten Tun geführt haben, werden immer und ewig wie die Sterne leuchten. Du, Daniel, halte diese Worte geheim und versiegle das Buch bis zur Zeit des Endes! (Daniel 12,3-4a)

Wenn schon die Sonne unsere Welt mit ihrem Glanz erfreut und erleuchtet - welche Strahlkraft wird dann erst von denjenigen ausgehen, die im Licht des Vaters erscheinen!

Dann werden die Gerechten im Reich ihres Vaters wie die Sonne leuchten. (Matthäus 13,43)

Fünfter Schritt: Die Vollendung der Schöpfung

Worte vermögen die Herrlichkeit nicht auszudrücken, die von allem Geschaffenen in der Vollendung ausgeht. Nur einen Bruchteil können wir uns vorstellen:

- Licht ohne Schatten
- Freiheit ohne Zwang
- Gesundheit ohne Schwäche

- ◆ Schönheit ohne Hässlichkeit
- ◆ Unsterblichkeit ohne Vergänglichkeit
- ◆ Überfluss ohne Mangel
- ◆ Ruhe ohne Störung
- ◆ Sicherheit ohne Furcht
- ◆ Weisheit ohne Irrtum und Fehler
- ◆ Freude ohne Trauer
- ◆ Ehre ohne Widerspruch
- ◆ Lob ohne Tadel

In seinem Werk „Vom Gottesstaat" schreibt *Augustinus* (4. Jahrhundert):

Und reines Lob wird dort sein, wo lobt, der nicht irren und nicht schmeicheln kann; und reine Ehre, die keinem Würdigen versagt und keinem Minderwürdigen gegeben wird; denn auch kein Minderwürdiger wird danach greifen, wo nur der Würdige ist und sein darf; und reiner Friede, wo keiner, nicht von sich und nicht von anderen, Feindliches erfährt. Der Lohn der Tugend wird Gott selbst sein, der die Tugend gab und ihr zum Lohn sich selbst versprochen hat, den reinsten, den es geben kann, und größten Lohn. Denn da er durch den Mund des Propheten sagt: „Ich werde ihr Gott sein und sie mein Volk", ist es nicht, als ob er sagte: Ich bin es, was sie sättigt, ich bin den Menschen alles, wonach sie rechtmäßigerweise verlangen: Leben, Gesundheit, Nahrung, Reichtum, Ruhm, Ehre, Friede und alles Gut? Und so auch nur ist zu verstehen, was der Apostel sagt: „Auf dass Gott alles sei in allem." Und er wird unsrer

Sehnsucht Ende sein, der ohne Ende dort geschaut wird, ohne Überdruss dort geliebt wird, ohne Müdigkeit gepriesen wird. Diese Gnadengabe, diese Richtung des Herzens, diese Tätigkeit wird sicher, ebenso gut wie das ewige Leben selbst, allen gemeinsam sein. (XXII, 30)

Die Vollendung der Schöpfung ist die neue Welt Gottes. Hier wird es keine Tränen mehr geben, und auch der Tod wird nicht mehr sein, ebenso keine Trauer, kein Leid und keine Schmerzen. Was früher war, ist vergangen. Alles ist erfüllt von der Herrlichkeit Gottes, die alles erleuchtet. Nacht wird es daher nicht mehr geben und nichts, was den Zorn Gottes auslösen könnte.

Die ewige Erfüllung in der Vollendung ist das Endziel jeglicher Bewegung. Hier wird die Sehnsucht unserer Seele zur Ruhe kommen. Einmal wird auch für dich dieser Tag da sein, an dem du alle Sterblichkeit überwunden hast und du ganz und gar vom höchsten Gut durchdrungen bist – von der Liebe Gottes.

Sonntag
Gnadengaben Gottes sind unverdiente Geschenke.

Betrachte an diesem Tag all das, was du nicht aus eigener Leistung hervorgebracht hast. Betrachte die Gaben, die dir unverdienterweise als Geschenke des Himmels zugekommen sind und zukommen:

1. Die Existenz deines körperlichen, geistigen und seelischen Lebens
2. Die Erhaltung und die Sorge für dein Leben
3. Das Angebot der Erlösung und Befreiung durch Jesus Christus
4. Die Zeichen auf deinem Weg, die dich zu geistig-seelischem Fortschritt ermutigen
5. Die Liebeszuwendungen des Schöpfers, die nur dir allein zufließen

Erster Schritt: Die Existenz deines körperlichen, geistigen und seelischen Lebens
Gab es vor deinem Eintritt in diese Welt bereits eine andere, vielleicht nur seelische Existenz für dich? Wie beantwortest du diese Frage?
Wie dem auch sei: Der Schöpfer hat dich ins Leben gerufen und dich mit vielen Fähigkeiten und Gaben ausgerüstet. Er gab dir große Chancen der Bewährung mit auf den Weg. Im Urstand bildeten Körper, Geist und Seele eine Einheit. Selbst dann, wenn du durch falsche Entscheidungen diese Einheit gestört hast, ver-

leiht er dir immer neu seine harmonie- und einheitstiftende Gnade.

Betrachte dankbar deinen Körper, der dich bis hierher getragen hat: sein wunderbares Funktionieren von Kopf bis Fuß, die Arbeit der inneren Organe, seine Bewegungen und das Wahrnehmen durch die Sinne.
Betrachte dankbar deinen Geist: dein Denken und Verstehen, deine Konzentration und dein Gedächtnis, deinen Willen, deine Sprache und viele weitere ausgezeichnete Eigenschaften und Kräfte.
Und dann erst einmal deine Seele ... Mit ihr gab dir der Schöpfer alles zugleich. Deine Seele besitzt im höchsten Grad die Fähigkeit zur Vollkommenheit. Gott, der Vater, der dich mit einem solchen Geschenk begabte, hat dir damit alles auf einmal gegeben.

Zweiter Schritt: Die Erhaltung und die Sorge für dein Leben
Bedenke, dass dein ganzes Sein und Wesen von der göttlichen Vorsehung abhängt, ohne die du nicht einen einzigen Augenblick bestehen oder auch nur einen Schritt gehen kannst. Dir zur Freude und um dein Leben zu erhalten, stellte er dir die gesamte Schöpfung zur Verfügung: die Erde, die dich trägt, dich ernährt und von der du ein Teil bist, die Luft und die Vögel, die Meere und die Fische, die übrigen Tiere und die Pflanzen, und sogar die Engel, die dich beschüt-

zen. Die tägliche Ernährung und die frische Grünkraft versetzen dich in die Lage, dein Leben gesund zu erhalten. Betrachte die angenehmen Seiten deines Lebens, die du genießt, und bedenke, dass alles Gaben Gottes sind.

Viele Menschen müssen oft ihr Leben lang körperliche Schmerzen und seelische Leiden ertragen. Mach dir dieses bewusst und sei unendlich dankbar, wenn du in deiner jetzigen Lebensphase frei davon bist. Sei dem dankbar, der dich erhält, und dir nur das zumutet, was du tragen kannst.

Dritter Schritt: Das Angebot der Erlösung und Befreiung durch Jesus Christus

Gott ist Mensch geworden in Jesus Christus, um uns den Weg zu bereiten, um die Lebenslast mit uns zu teilen und um uns mit Gott, unserem Vater, zu verbinden. Bis in das schwerste Leiden hinein, das er selbst auf sich genommen hat, kommt uns Gott in seinem Sohn entgegen. Er möchte uns da begegnen und stärken, wo wir gerade stehen – am Wendepunkt unseres Lebens, in der Routine des Alltags, in schwerem Leid. Er möchte aber auch die Freude und Heiterkeit mit uns teilen und uns Hoffnung geben, wenn Freude und Heiterkeit wieder schwinden. Das Leid in dieser Welt ist und bleibt ein großes Geheimnis, welches wir vorerst nur selten einsehen können.

Der Menschensohn ist gekommen, um zu suchen und zu retten, was verloren ist. (Lukas 19,10)

Betrachtest du rückblickend dein Leben, wird dir vieles aufgehen, an dem du die unschätzbare Liebe Gottes offenkundig erkennst. Er hat dich vor Sünden bewahrt – und als du doch sündigtest, hat er dich nicht von sich gewiesen. Als du in deiner Bosheit verharrtest, verharrte er in seiner Liebe. Er hat dich erlöst, als du verloren warst, und dich aus vielen Gefahren befreit. Als du falsche Wege gingst, führte er dich zurück. Als du unwissend warst, belehrte er dich. Als du der Verzweiflung nahe warst, stärkte er dich. Als du zu Boden fielst, richtete er dich auf. Er gab dir die Kraft, auszuhalten und dich zu bessern.

Wir wollen staunen und jubeln, wir wollen lieben, loben und anbeten, weil wir durch den Tod unseres Erlösers vom Tod zum Leben, aus der Finsternis zum Licht, aus der Verbannung ins Vaterhaus, aus dem Verderben zur Unversehrtheit, aus dem Elend in die Herrlichkeit, aus der Trauer in die Freude berufen sind.
(Augustinus, 208. Rede)

Vierter Schritt: Die Zeichen auf deinem Weg, die dich zu geistig-seelischem Fortschritt ermutigen

Denke an die Menschen, die den Glauben in dir weckten. Vielleicht waren es deine Eltern, deine Lehrer, Freunde oder gar Fremde, die durch ihr Glaubenszeugnis dir Vorbild waren. Vielleicht bist du aus einer gefährlichen Lebenssituation gerettet worden oder du hast durch eine übergroße Freude und aus Dankbarkeit eine tiefe Verbindung zum Schöpfer aufgenommen. Denke an deine Taufe, durch die du in die christliche Gemeinschaft aufgenommen wurdest, und an die anderen Sakramente, die du zu deinem Heil empfangen hast und weiterhin empfangen kannst.

Wie oft hat dich der barmherzige Gott wieder aufgerichtet, nachdem du gefallen warst? Siehst du die vielen Zeichen auf deinem Lebensweg, die dich vor Fehlentscheidungen bewahren und dich zu geistig-seelischem Fortschritt ermutigen wollen? Hat nicht der unendlich gute Gott immer wieder auf dich gewartet und den Faden deines Lebens – wenn er zu zerreißen drohte – neu geknüpft? Wie oft hat er dich aus der Dunkelheit in sein wunderbares Licht gerufen und dir deine Augen geöffnet? Er bewahrte dich vor Unheil und verlieh dir die Kraft, nicht mehr in alte Fehler oder schlechte Gewohnheiten zurückzufallen. Seine liebende Fürsorge – wir können sie Engel nennen – lässt uns den rechten Weg gehen, der weder zu abschüssig noch zu steil sein darf.

Der Engel des Herrn sagte zu ihm (Bileam): Warum hast du deinen Esel dreimal geschlagen? Ich bin dir feindlich in den Weg getreten, weil mir der Weg, den du gehst, zu abschüssig ist. (Numeri 22,32)

Fünfter Schritt: Die Liebeszuwendungen
des Schöpfers, die nur dir allein zufließen

Neben den Gnadengaben, über die in den vier vorherigen Punkten gesprochen wurde, erhält jeder Mensch zusätzlich besondere Liebeszuwendungen Gottes, die nur für ihn allein bestimmt sind. Diese geheimen Zuwendungen sind nur denen bekannt, die sie empfangen. Dir strömen darüber hinaus weitere Gnaden zu, die so geheim und verborgen sind, dass sie dir vorerst nicht bekannt werden. Sie sind nur dem bekannt, der sie dir verleiht.

Hättest du es nicht oftmals verdient, als du überheblich, undankbar oder träge warst, dass dir der Schöpfer seine Liebe entzieht? Doch er tat es nicht, sondern sah dir langmütig und geduldig zu. Wie oft hat er dich durch seine besondere Vorsehung vor großem Unglück bewahrt, dich aus verführerischen Situationen errettet und alle Bemühungen des Feindes vereitelt, der dich zu Fall bringen wollte?

Simon, Simon, der Satan hat verlangt, dass er euch wie Weizen sieben darf. Ich aber habe für dich gebetet, dass dein Glaube nicht erlischt. (Lukas 22,31–32a)

Wie viel Gutes geschieht dir, ohne dass du Kenntnis davon nimmst? Vieles, was der Schöpfer dir – und nur dir allein – zuströmen lässt, nimmst du nicht einmal wahr. Anderes dagegen – wenn es dein tägliches Leben betrifft und augenfällig ist – begreifst du.

Ihm, der dein Leben beschützt und dich vor und in Gefahren rettet, ihm, der unendlich gut zu dir ist, gebührt großer Dank. Diesen Dank kannst du auf verschiedene Weise ausdrücken: durch dein Gebet, durch Geduld anderen gegenüber, durch Freude, die anstreckend ist, durch deine Arbeit, durch Hinwendung zu schwachen und kranken Menschen, durch Hilfsbereitschaft und Liebe.

IV. Kapitel

Die Betrachtungen stehen am Anfang
eines besseren Lebens –
Hinführung zu den nächsten sieben Betrachtungen

Die sieben ersten Betrachtungen werden allen empfohlen, die am Anfang ihres geistlichen Weges stehen, um sich besser kennen zu lernen. Steht dir ein geistlicher Begleiter zur Seite, wirst du noch schneller Fortschritte zu einem besseren Leben machen.

Beginne mit diesen Betrachtungen möglichst morgens – falls es dir dein Alltag erlaubt. Die sieben anderen Betrachtungen, die folgen, sind für den Nachmittag oder Abend. Hast du dich für einige Tage oder Wochen in die Stille oder gar in ein Kloster zurückgezogen, wird es dir leicht fallen, deine Morgen- und Abend-Betrachtung zu halten. Genauso solltest du bei Exerzitien im Alltag verfahren.

Erlauben es dir deine familiären Pflichten und beruflichen Aufgaben jedoch nicht, zweimal am Tag in die Stille zu gehen, versuche wenigstens einmal täglich eine Betrachtung. Wie anfangs empfohlen, kannst du mit den sieben ersten Betrachtungen beginnen und in der darauf folgenden Woche dir die sieben weiteren Betrachtungen vornehmen. Um zum inneren Gebet und zum tiefen Schweigen zu gelangen, solltest du diesen Rhythmus einige Wochen oder – wenn möglich – sogar Monate durchhalten.

Die vorgegebenen Inhalte sind besonders für Anfänger auf dem geistlichen Weg richtungweisend. Werden die Stufen für sie zu steil oder kommen Zweifel auf, können sie sich am Geländer festhalten, das heißt sich durch die Vorgaben leiten lassen.

Der Fortgeschrittene hingegen hat oftmals vieles bereits verinnerlicht und das nicht zu ihm Gehörende ausgetragen. Ihm ist es leichter vergönnt, sofort das innere Gebet aufzunehmen, in das sich tiefes Schweigen schenkt. Doch wird es auch für ihn gut sein, sich von Zeit zu Zeit einige Fragen aus den Betrachtungen zu stellen und die Glaubensgeheimnisse neu zu überdenken und zu betrachten.

Diese vorliegenden Betrachtungen erheben nicht den Anspruch, allein gültig zu sein. Alles, was dein Herz weit macht und auf Gott ausrichtet, dient dem geistlichen Fortschritt. Benötigst du jedoch Unterstützung, Korrektur und Vertiefung, nimm diese Betrachtungen zu Hilfe. Sie sprechen zuerst dein Innerstes an, stellen dir die Geheimnisse des Glaubens vor und überlassen dich dann deinem eigenen inneren Gebet, das umso wirkmächtiger und kraftvoller wird, je weniger Worte und Gedanken du hegst.

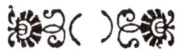

Diese Art und Weise des Vorgehens hat sich über Hunderte von Jahren besonders bei denen bewährt, die mit ihrem Glaubens- und Gebetsleben unzufrieden waren und nach tiefgreifenderen geistlichen Wegen suchten. Dieses Buch ist aus der Gotteserfahrung für die Gotteserfahrung geschrieben. Es möchte vor allem den Anfängern Begleiter sein, damit sie sich nicht in einem Neuland fremd fühlen, des Weges unkundig sind, nicht auf Abwege geraten, nicht im Ungewissen umherirren und sich bald dieses oder jenes vornehmen und es aus Unkenntnis wieder verwerfen. So möchte dieser geistliche Begleiter gleichsam zu den ersten Stufen eines besseren Lebens führen. Er möchte Grundlage sein für ein vertieftes Glaubensleben, das nur aus der persönlichen Erfahrung heraus Bestand hat und Nährboden für das ewige Leben ist.

Die folgenden, zweiten sieben Betrachtungen – für die Wochentage Montag bis Sonntag – haben das Leben, das Leiden und die Auferstehung Jesu Christi zum Inhalt. Jede Betrachtung solltest du wiederum unter sieben Gesichtspunkten sehen.

1. Gott, der unendlich gute und barmherzige Vater, sandte seinen Sohn in die Welt, um uns aufzurichten und zu erlösen. Dieses liebende Entgegenkommen Gottes in menschlicher Gestalt gibt es in keiner Weltreligion, außer im Christentum.

2. Bittere körperliche und seelische Schmerzen hielten Christus nicht davon ab, bis in die Passion und in den Tod am Kreuz zu gehen, um uns im Leid und im Tod nahe zu sein.

3. Unsere Verfehlungen und Sünden stehen im Gegensatz zur Liebe des Erlösers. Sie verursachen Störungen in der gesamten Schöpfung.

4. Obgleich wir oftmals das Liebesangebot des Schöpfers durch unser Verhalten ausschlagen, wendet er sich in seiner übergroßen Barmherzigkeit uns immer wieder erneut zu. Haben wir da nicht Grund, dankbar zu sein?

5. Die Liebe Gottes zu seiner Schöpfung ist grenzenlos. *„Die Sehnsucht Gottes ist der Mensch"* (*Augustinus*) – er möchte seine Liebe an alle verschenken. Wie groß ist deine Gegenliebe?

6. Die Liebe Gottes zu uns ist ein Mysterium. Er möchte, dass wir uns suchend und staunend auf den Weg zu diesem Geheimnis machen, das er uns nach und nach offenbart.

7. Der Weg führt über Jesus Christus, der selbst der Weg, die Wahrheit und das Leben ist. Sein Leben und seine Lehre sind für uns richtungweisend. Die tiefe Betrachtung ist bereits der Beginn des Weges, Christus nachzufolgen.

In dieser zweiten Reihe der Betrachtungen ist im Gegensatz zu den Betrachtungen der ersten Reihe nicht mehr ein Nachdenken über uns selbst gefragt, sondern lediglich ein Erspüren und Einfühlen. Es geht hier weniger um unsere Leistung als um ein Geschehenlassen und Wahrnehmen. Vielleicht spüren wir beim Loslassen unserer eigenen Lebensentwürfe und unseres Willens etwas von der grenzenlosen Liebe, die uns durch Christus berühren und wandeln möchte. Diese seine unendliche Liebe zu uns Menschen endet nicht im Angesicht seines Todes am Kreuz.

Wie eng, kleinmütig und begrenzt erscheint dagegen unsere Liebesfähigkeit, die oft erlischt oder in ihr Gegenteil umschlägt, wenn wir Schmerzen zu ertragen haben oder durch andere verletzt werden. Durch dein Fehlverhalten und deine Sünden wird der Einklang in dir zwischen Körper, Geist und Seele gestört – ebenso deine zwischenmenschlichen Beziehungen und vor allem deine Verbundenheit mit dem Schöpfer selbst. Nachdem du durch die ersten Betrachtungen und sicherlich auch durch Gespräche mit deinem geistlichen Begleiter mehr Klarheit in dir geschaffen hast, erkennst du deutlicher deine Schwächen und Fehler. Wenn sie dir bewusst geworden sind, kannst du sowohl anders mit ihnen umgehen als auch etwas gegen sie tun. Nur auf diese Weise gelangst du in tiefere Dimensionen deines Seins, in denen du das unendlich liebende Entgegenkommen Gottes in seinem Sohn Jesus Christus wirkmächtiger erfahren kannst. Aus einer solchen Tiefe, die oft durch Leid entstanden ist,

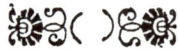

kannst du aufrichtiger um die Zuwendung seiner Barmherzigkeit bitten.

Geht nicht vom Leben Jesu, von seinem Leiden, seinem Tod am Kreuz und von seiner Auferstehung eine unendlich große Liebe aus, die er der ganzen Welt und allen Geschöpfen offenbart? Gott, unser Schöpfer und Vater, hat aus den unendlichen Möglichkeiten eine uns angemessene ausgewählt, um uns zu erlösen: Er ist in Jesus Christus Mensch geworden, in allem uns gleich, außer in der Sünde. Dieses Entgegenkommen Gottes geschieht aus Liebe zu seiner Schöpfung. Er möchte heilen, was verwundet ist, das geknickte Rohr wieder aufrichten, uns den geradlinigen Weg weisen und unsere Schuld vergeben, wenn wir inständig darum bitten. Er möchte uns seine Gnade schenken und uns befähigen, auch die unabwendbar dunklen Abschnitte unseres Lebens zu bestehen. Er möchte uns durch sein Leben und Leiden in dieser Welt auf die Unvollkommenheit und die Erlösungsbedürftigkeit eines jeden Menschen hinweisen. Gleichzeitig bietet er uns Wege zur Erlösung und zur Vollkommenheit an, damit wir weder Rückschritte machen noch in unserer Entwicklung stehen bleiben, sondern uns auf ihn und das ewige Leben zubewegen.

Wenn du das Leben Jesu betrachtest, vergegenwärtige dir seine Haltung und seine Eigenschaften, die unvor-

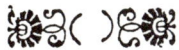

stellbar über die Verhaltensweisen hinausragen, die dem vorbildlichsten Menschen zugesprochen werden: gütig, geduldig, sanftmütig, direkt, gerecht, treu, barmherzig, mutig, wahrhaftig, vergebend, demütig, bescheiden, hingebend, dem Willen des Vaters entsprechend – besonders den Armen und den am Rande Stehenden zugewandt. Selbst wenn wir nicht in der Lage sind, ihm nachzufolgen oder ihm gleich zu werden, so hat doch bereits die Betrachtung des Lebens Jesu eine außerordentlich heilsame Wirkung auf uns.

Nicht mehr ich lebe, sondern Christus lebt in mir. So weit ich aber jetzt noch in dieser Welt lebe, lebe ich im Glauben an den Sohn Gottes, der mich geliebt und sich für mich hingegeben hat. (Galaterbrief 2,20)

Erinnere dich an schwere Zeiten, die du in deinem Leben durchmachen musstest: körperliche und seelische Belastungen, Krankheiten, Einsamkeit, Schicksalsschläge, Misserfolge im Beruf, bittere Folgen einer Fehlentscheidung, Verleumdungen und Lügen, die über dich verbreitet wurden, existenzbedrohende psychische Krisen ...

Frage dich: Hat dich in diesen Zeiten dein Glaube getragen, hat er dir geholfen, mit dir selbst und der Situation fertig zu werden? Konntest du dich einfühlen in das Leben und Leiden Jesu Christi? Ist er dir zum Freund und Begleiter geworden? Hast du gespürt,

dass er dir gerade in Krisen und Bedrängnissen nahe
war?

Scheue dich nicht, diese Fragen mit Nein zu beantworten, wenn es der Wahrheit entspricht. Fühle dich des-
wegen nicht ungeliebt oder verstoßen. Versperre dir
ebenfalls nicht den Zugang zum Glauben durch Ab-
lehnung, neutrales oder passives Verhalten.
Nimm dir Zeit und schenke sie dem Schöpfer mit der
Bitte, er möge dein Inneres bewegen. Halte auch dann
mit diesem Gebet der Hingabe durch, wenn du vorerst
keine innere Bewegung wahrnimmst oder keine Liebe
zum Schöpfer spürst. Unglaubliches wird glaubhaft
und Unmögliches möglich. Selbst wenn du vieles
nicht einsehen und glauben kannst, wenn du vieles
nicht erfahren kannst, so wird doch Wunderbares mit
dir geschehen – vorausgesetzt, du hast Geduld und
öffnest dich. Du darfst sicher sein: Die Liebe Gottes
hat dich längst ergriffen bevor du sie im Geringsten
wahrnimmst.

Betrachte in den Vorstufen zum inneren Gebet und
dem des Schweigens nicht nur das äußere Leben und
Leiden Jesu, sondern vor allem – so weit es uns durch
die Heiligen Schriften zugänglich ist – das, was ihn innerlich berührt, bewegt und ängstigt. Das eigentliche
Leben Jesu vollzieht sich im Verborgenen, in seiner
Seele. Die Intensität seiner Liebe und die seelischen

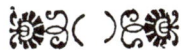

Qualen, die er auf sich nimmt, können mit Worten nicht ausgedrückt werden.

Diese Hinführung zur zweiten Reihe der Betrachtungen möchte dir einen besseren Einstieg ermöglichen und dich ermutigen, durchzuhalten – selbst dann, wenn Zweifel aufkommen oder Glaubenserfahrungen noch ausbleiben.

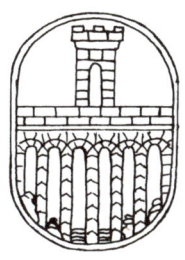

V. Kapitel

Die nächsten sieben Betrachtungen
für die sieben Tage der Woche:
Leben, Leiden, Auferstehung und
Himmelfahrt Jesu Christi

Beginne jede Betrachtung mit „Im Namen des Vaters und des Sohnes und des Heiligen Geistes. Amen" und mache ein Kreuzzeichen.

Montag
Die Fußwaschung und Einsetzung
des Sakramentes der Liebe

Erster Schritt

Im dreizehnten Kapitel berichtet der Evangelist *Johannes* von der Fußwaschung. Die Stunde Jesu ist bereits gekommen, als er seinen Jüngern die Füße wäscht und anschließend das Abschiedsmahl mit ihnen einnimmt. Die „Stunde Jesu" bedeutet das Hinübergehen aus dieser Welt zum Vater und „Liebe bis zum Ende". Diese für Jesus so entscheidende Stunde schließt seinen Tod am Kreuz und seine Auferstehung ein. Als Zeichen höchster Freiheit tut Jesus den niedrigsten Dienst an seinen Jüngern, indem er ihnen die Füße

wäscht. In diesem Liebesdienst, den Jesus seinen Jüngern erweist – und damit im übertragenen Sinn auch uns – kommt sein totales Engagement für uns Menschen, seine letzte Hingabe und sein Lebenseinsatz bis zum Tod zum Ausdruck. Die Weigerung des Simon-Petrus, sich von Jesus die Füße waschen zu lassen, entspringt einerseits seiner hohen Achtung vor Jesus, andererseits begreift dieser Jünger nicht die auf einen tieferen Sinn angelegten Worte Jesu – ja, er versteht sie sogar falsch. Auch die anderen Jünger sind noch voll Unverständnis, da ihnen erst der Heilige Geist den Sinn des Tuns und des Todesweges Jesu erschließen wird.

Zweiter Schritt
Fühle dich bei der Fußwaschung in das Geschehen ein und versuche, den tieferen Sinn zu ergründen. Frage dich nach dem Symbolcharakter dieser Handlung. Gibt es auch in deinem Leben ein totales Engagement?

Jesus macht in der Fußwaschung seine Hingabe an die Menschen kraft seiner Liebe anschaulich und wirksam. Diese liebende Hingabe bis zum Tod am Kreuz und darüber hinaus ist die größte und herrlichste Tat seiner Erlösung. Die Jünger verstanden im Abendmahlssaal die Erniedrigung ihres Meisters noch nicht, der ihnen ein Beispiel demütigen Dienens geben wollte. Erst später gingen ihnen die Augen auf. Sie erkannten aus dem Tun ihres Meisters und Herrn, dass auch sie die Verpflichtung zu ähnlichen Diensten haben.

Ein totales Engagement wird nur derjenige dauerhaft aufrecht erhalten können, der wie Jesus Christus in Freiheit und Souveränität handelt. Der Grund dieser Freiheit liegt in der Verbundenheit mit Gott, dem Vater. Er ist die Quelle unerschöpflicher, alles vermögender Kraft. Diese Kraft, die dem Betrachter von außen her unbegreiflich und sinnlos scheinen mag, führt in eine andere, geheimnisvolle Dimension, in der einzig und allein Liebe waltet.

Aus diesem Gottesbewusstsein handelt Christus, der von Gott ausgegangen ist, ohne jedoch Gott zu verlassen oder uns aus dem Herzen zu verlieren als er zu Gott zurückkehrte.

Dritter Schritt

In seinem „Hymnus über die Fußwaschung" schreibt der syrische Diakon und Dichter *Cyrillonas* (4. Jahrhundert):

Unser Herr führte die Zwölf in das Haus, um ihnen die Füße zu waschen. Er wies ihnen als Erbe ihre Plätze an und erhob sich dann, um ihnen als Freund zu dienen. Er goss das wohltuende Wasser ein, trug das Becken, nahm das Tuch und gürtete es um seine Lenden.

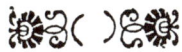

Da vergoss ich, der ich anwesend war, viele Tränen und mein Geist war verwirrt. Mein Angesicht verhüllte ich und wandte ab meinen Blick. Ich eilte hinaus, denn ich konnte es nicht ansehen, wie er sich niederbeugte. Deshalb verließ ich das Haus und rief laut: „Weshalb geschieht dies? Das Geschöpf sitzt vor seinem Schöpfer und lässt sich von ihm die Füße waschen?"'

Ich befragte die Propheten: „Ich bitte euch, mich auf kurze Zeit ruhig anzuhören. Meine Augen haben Staunen Erregendes gesehen, das ich vor euch allen darstellen will. Mein Sinn ist verwirrt und mein Geist voll Bestürzung. Der, den ihr verkündet habt als Feuer und Geist, als allmächtige Flamme, als Unsichtbaren gleich dem schwer zu schauenden Seienden, von dem ihr verkündet habt, dass kein Mensch in der Welt ihn erblicken und am Leben bleiben könne, der, von dem ihr gesagt habt, dass aus Furcht vor ihm die Engel sich das Angesicht mit ihren Flügeln verhüllen, der, von dem ihr erzählt habt, dass ihn Daniel als den Alten der Tage auf dem Thron sah, der, von dem ihr gelehrt habt, dass sein Blick die Welt erschreckt und die Schöpfung erbeben macht – eben derselbe ist zum Diener geworden, trägt das Becken, wäscht Fischern die Füße und trocknet sie mit dem Tuch ab, ja, er tut das Gleiche sogar an seinem Verräter."

„Schweige, o Mann, und sprech nicht weiter! Eine frohe Botschaft hast du uns verkündet. Wenn dies wirklich so geschehen ist, wird der ganzen Welt Hoffnung und Heil zuteil. Schon lange harren wir darauf, dies zu hören. Wir

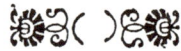

sind froh, denn die Worte unserer Bücher haben sich als wahr erwiesen. Gehe nun und sei unbesorgt. Danke und preise Gott und trauere nicht länger!"

Vierter Schritt: Die Einsetzung des Sakramentes der Liebe

Der Alte Bund, den Gott auf dem Sinai mit seinem Volk geschlossen hat, ist hinfällig geworden, da Gottes Volk die Treue brach. Durch Jesus gilt die neue Weissagung, die der Prophet *Jeremia* nach dem Untergang des ersten Bundes in Aussicht stellte.

Seht, es werden Tage kommen – Spruch des Herrn –, in denen ich mit dem Haus Israel und dem Haus Juda einen neuen Bund schließen werde, nicht wie der Bund war, den ich mit ihren Vätern geschlossen habe, als ich sie bei der Hand nahm, um sie aus Ägypten herauszuführen. Diesen meinen Bund haben sie gebrochen, obwohl ich ihr Gebieter war – Spruch des Herrn. Denn das wird der Bund sein, den ich nach diesen Tagen mit dem Haus Israel schließe – Spruch des Herrn: Ich lege mein Gesetz in sie hinein und schreibe es auf ihr Herz. Ich werde ihr Gott sein, und sie werden mein Volk sein. Keiner wird mehr den anderen belehren, man wird nicht zueinander sagen: Erkennt den Herrn!, sondern sie alle, klein und groß, werden mich erkennen – Spruch des Herrn. Denn ich verzeihe ihnen die Schuld, an ihre Sünde denke ich nicht mehr.
(Jeremia 31,31–34)

Wenn Jesus im Abendmahlssaal vom Blut des Neuen Bundes spricht, weist er auf diese Worte des Propheten Jeremia hin, die das Ende aller Herrschaft von Menschen über Menschen im Namen Gottes bedeuten. Friede wird im Herzen eines jeden Menschen sein, und niemand wird gehindert, wenn er sich auf den geistlichen Weg begibt – auf die Suche nach Gott.

Und er nahm das Brot, sprach das Dankgebet, brach das Brot und reichte es ihnen mit den Worten: Das ist mein Leib, der für euch hingegeben wird. Tut dies zu meinem Gedächtnis! Ebenso nahm er nach dem Mahl den Kelch und sagte: Dieser Kelch ist der Neue Bund in meinem Blut, das für euch vergossen wird. (Lukas 22,19–20)
Im Tod Jesu wird sein Leib hingegeben und sein Blut vergossen. Seine Heilstat und seine Heilsgabe sind gegenwärtig, wenn wir das Gedächtnismahl feiern. Brot und Wein sind zu Leib und Blut Christi geworden. Diese Gaben liebender Hingabe werden allen gereicht, die danach verlangen, damit sie immer neu und immer tiefer die geistliche Verbundenheit mit Gott erfahren. Jesus schenkt im Sakrament der Liebe Anteil an sich selbst, wie es inniger nicht denkbar ist. „Ich bin das Brot", „ich bin der Wein" – sind Worte, die auf einen tiefen verborgenen Sinn deuten, auf Bleibendes, auf Ewiges, für das es keine Worte gibt.
Ist der Kelch des Segens, über den wir den Segen sprechen, nicht Teilhabe am Blut Christi? Ist das Brot, das wir bre-

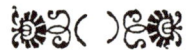

chen, nicht Teilhabe am Leib Christi?
(1. Korintherbrief 10,16)

Fünfter Schritt
Im Wortgottesdienst führt die Betrachtung zum inneren Gebet. Das innere Gebet führt zum Schweigen, in das hinein sich das Mahl der Liebe, die Eucharistie, schenkt. Dieses Sakrament der Liebe ist der Schlüssel zu verborgenen Räumen unserer Sehnsucht.
Bereite dich und empfange das Brot des Lebens und den Kelch des Heiles. Du wirst das gegenwärtige Leben – wenn es schwer für dich geworden ist – besser ertragen und durchhalten können. Du wirst eine noch größere Freude an deinem Leben gewinnen, da durch dich das Licht des Jenseitigen bereits in dieser Welt transparent wird.

Jesus Christus, vor aller Ewigkeit auserwählt und vom Vater gesegnet, wurde durch den Tod am Kreuz gebrochen und als Brot der Welt hingegeben. Wenn wir in der Eucharistiefeier das Brot nehmen, es segnen, es brechen und es mit den Worten „der Leib Christi" mit anderen teilen, beten wir darum, dass der Wille Gottes an uns geschehe und wir unser Leben mit der Lehre Christi in Einklang bringen.

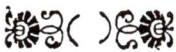

Dienstag
Das Gebet Jesu im Garten Getsemani und seine Gefangennahme

Wir wissen sehr wenig darüber, wie Jesus gebetet oder meditiert hat. Er zog sich immer wieder zum Gebet zurück, um allein zu sein. In allen entscheidenden Situationen seines Lebens betete er. Sein Gebet hat aber auch für uns große Bedeutung, wenn es um Entscheidendes in unserem Leben geht. Jesus betete, bevor er den Jüngern die Christus-Frage stellte „Für wen haltet ihr den Menschensohn?" – und das Leidensgeheimnis erstmals enthüllte. Und während er betete, geschah seine Verklärung auf dem Berg Tabor. Das Beten Jesu löste den inständigen Wunsch der Jünger aus: *Herr, lehre uns beten! (Lukas 11,1)*, auf den die Übergabe des Herrengebetes folgte – das Vaterunser. Jesus lädt also seine Jünger nicht ein, sich an seinem Gebet zu beteiligen, sondern weist sie an, ihren eigenen Gebetsweg zu gehen.

Erster Schritt
Ging Jesus in die Einsamkeit, um zu beten, nahm er normalerweise seine Jünger nicht mit. Zweimal jedoch durften ihn Petrus, Jakobus und Johannes, die Jünger, die ihm besonders nahe standen, mit in seine Gebetsstunden begleiten. Während der Verklärung auf dem Berg Tabor veränderte sich ihre betende Ge-

meinschaft. Das andere Ereignis, bei dem die Lieblingsjünger zugegen waren, war das Gebet Jesu im Garten Getsemani.

Seiner Gewohnheit entsprechend ging Jesus mit den Jüngern über den Kidronbach zum Ölberg. Judas, der ihn verriet und auslieferte, kannte den Ort, da Jesus dort oft mit seinen Jüngern zusammengekommen war. Im Ölberggarten erschauerte Jesus und begann zu verzagen. Er sagte zu Petrus, Jakobus und Johannes: *Meine Seele ist zu Tode betrübt. Bleibt hier und wacht mit mir (Matthäus 26,38).* Jesus ging ein Stück voraus – etwa einen Steinwurf weit – warf sich auf die Erde nieder und betete: *Mein Vater, wenn es möglich ist, so gehe dieser Kelch an mir vorüber. Aber nicht wie ich will, sondern wie du willst (Matthäus 26,39).* Die Angst Jesu verstärkte sich. Er betete noch inständiger mit den gleichen Worten, die er dreimal wiederholte. Ein Engel erschien ihm vom Himmel und stärkte ihn. Sein Schweiß war wie Blutstropfen, die auf die Erde niederrannen. Als Jesus sich vom Gebet erhob und zu den Jüngern zurückkam, fand er sie schlafend.

Auf diesem, seinem letzten Weg in Freiheit hatte er sich von seinen Lieblingsjüngern erhofft, dass sie ihn durch ihre Gegenwart und ihr Gebet mittragen und stärken. Die Müdigkeit nach äußerster seelischer Anstrengung hatte sich jedoch der Jünger bemächtigt. Sie wussten weder etwas von der großen Bedeutung dieser Nacht noch was sie ihnen bringen würde.

Es ist drückend heiß. Ein Chamsin, ein trockener Wüstenwind, fegt über Jerusalem. Jesus schreit – geschüttelt von Todesangst – zu seinem Vater. Er weiß, dass er verloren ist, dass sein Weg nach Jerusalem Opfergang ist, und dass er das Leben bis zum Tod auf sich nehmen muss. Gerade Jesus, der keinen Menschen ausstoßen konnte, ist in dieser Nacht selbst ein Ausgestoßener. Bebend vor Angst sieht er seiner Auslieferung und Hinrichtung entgegen.

Der seelische Schmerz jedoch ist noch tiefer. Die Erschütterung, die ihn ergriffen hat, besteht darin, dass nicht der Himmel ihn verlassen hat, sondern die Menschen. In dieser Stunde ist die Kluft zwischen Jesus und den Jüngern unendlich größer als sonst. Da Jesus weiß, was im Menschenherzen vorgeht (*Johannes 2,25*), erlebt er diese Nacht umso dunkler und furchtbarer. Er versteht, was Menschen tun, und kann es nicht ändern. Er sieht, was in ihnen vorgeht, und kann nichts verhindern. Man kann diesen Bericht nicht lesen und betrachten, ohne selbst zutiefst berührt zu sein. Hier bangt ein Mensch um sein Leben und leidet entsetzliche seelische Schmerzen, da ihn seine Freunde verlassen haben und sogar verraten werden. Die Verbundenheit mit seinem Vater jedoch ermöglicht ihm die Hingabe an den göttlichen Willen, gibt ihm Vertrauen und Stärke, die ihn bis zum Ende aushalten lassen.

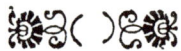

Die Stunde kommt, und sie ist schon da, in der ihr versprengt werdet, jeder in sein Haus, und mich werdet ihr allein lassen. Aber ich bin nicht allein, denn der Vater ist bei mir. (Johannes 16,32)

Zweiter Schritt

Jesus ging immer wieder an einsame Orte, um mit seinem Vater allein zu sein und zu beten. Wenn im Leben Jesu diese einsamen Gebetsstunden wichtig und für ihn als Mensch notwendig waren, um in der Kraft und Liebe des Heiligen Geistes zu bleiben, zeigt das, wie unverzichtbar das Gebet erst recht für uns ist. Auch in unserem Leben muss das Viele dem Einen, dem Notwendigen, weichen: die Verbundenheit mit Gott, dem Vater.

Das Anliegen Jesu war und ist es, uns zum Gebet und damit zu größerer Verbundenheit mit Gott zu führen. Er wollte, dass auch wir – wie er selbst im Gebet am Ölberg – unseren Glauben fest auf Gott richten, um alle Angst zu verlieren. Im Augenblick der äußersten Herausforderung im Leben Jesu sprach er die dritte Vaterunser-Bitte und wiederholte einige Male, dass nicht unser, sondern der Wille Gottes geschehen möge.

Möchtest du wissen, wie du am einfachsten und besten beten sollst: Aus dem Gebet Jesu am Ölberg ergeben sich mögliche Antworten.

- Bete regelmäßig.
- Wähle – wenn es dir möglich ist – den gleichen Ort zum Beten.
- Achte darauf, täglich zur gleichen Zeit zu beten.
- Es ist ratsam, Kontakt mit dem Boden aufzunehmen, bevor du mit deinem Gebet beginnst.
- Viele mündliche Gebete können einem Gebetswort oder *einem* Stoßgebet weichen, das du verinnerlichst und oftmals wiederholst.

Als Mensch benötigte Jesus das vertiefte innerliche Gebet. Er brauchte es für sich selbst und gab es uns als Leitbild. Die einsamen leid- und angstvollen Stunden Jesu im Garten Getsemani zeigen, dass die Angst überwunden werden kann, die uns immer wieder hindert, wirklich zu sein. Wir stellen uns unumgänglichen Lebenssituationen, fliehen nicht vor der Wahrheit, nehmen Unvermeidliches an und sind offen für himmlische Kräfte. Einmal wird es diese Angst nicht mehr geben, die uns von Gott, von uns selbst und von anderen Menschen trennt.

Dritter Schritt
Nachdem Jesus sein einsames Gebet im Ölberggarten beendet hatte, kehrte er zu den Jüngern zurück und fragte sie: *Schlaft ihr immer noch und ruht euch aus? Die Stunde ist gekommen; jetzt wird der Menschensohn den Sündern ausgeliefert. Steht auf, wir wollen gehen! Seht,*

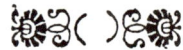

der Verräter, der mich ausliefert, ist da.
(Matthäus 26,45–46)

Was mag in dem Mann aus Judäa, *Judas Iskariot*, vorgegangen sein? Voller Begeisterung hatte er sich Jesus angeschlossen und war ihm gefolgt. Welches Motiv bewegte Judas, auf seinen besten Freund zuzugehen und ihm gar noch einen Kuss zu geben – das Zeichen für Frieden und Freundschaft? Hatte ihn das Geld, die dreißig Silberstücke, gelockt, seinen Herrn und Meister zu verkaufen? Oder könnte es noch einen anderen Grund geben, Jesus den Händen seiner Feinde zuzuführen? Judas wird sich zerrissen gefühlt haben zwischen der althergebrachten jüdischen Lehre und dem Anliegen und der Lehre Jesu. Judas war gewiss von der Botschaft Jesu überzeugt – konnte sie jedoch nicht mit der Lehre der religiösen Autoritäten seines jüdischen Volkes in Einklang bringen. Kann es daher nicht sein, dass dieser Judas verzweifelt gerungen hat, um Gemeinsames zu finden? Wollte er eine offene Auseinandersetzung zwischen Jesus und dem Hohen Rat herbeiführen und sie durch seine Handlung gewaltsam erzwingen? Vielleicht wollte Judas den Hohen Rat nötigen, der Botschaft Jesu zuzuhören und sich mit ihr auseinanderzusetzen? Sicher war Judas entsetzt, als Jesus gleich darauf gefangen genommen und abgeführt wurde. Später, als Jesus zum Tode verurteilt war, reute Judas seine Tat.

*Er brachte den Hohenpriestern und Ältesten die dreißig
Silberstücke zurück und sagte: Ich habe gesündigt, ich
habe euch einen unschuldigen Menschen ausgeliefert. Sie
antworteten: Was geht das uns an? Das ist deine Sache.
Da warf er die Silberstücke in den Tempel; dann ging er
weg und erhängte sich. (Matthäus 27,3b–5)*

In der Stunde des Verrats am Ölberg wurde das Versagen aller Jünger und die völlige Verlassenheit Jesu offenbar. Die Jünger, die einstmals alles verließen, um Jesus nachzufolgen, hatten jetzt den Meister verlassen. Mit der Auslieferung des Menschensohnes an seine Feinde hatte die Passion Jesu begonnen. Ganz allein ging er seinen schweren Weg weiter – mit Ruhe und in Würde jedoch trat Jesus denen entgegen, die ihn ergreifen und abführen wollten. Schließlich war er ganz von seinen Feinden umgeben. Selbst in dieser Bedrängnis nutzte Jesus seine Macht nicht, um sich zu widersetzen. Im Gegenteil: Er nutzte seine Macht, um den Geschlagenen zu heilen und den Feinden Gutes zu tun.
Er bleibt Heiland auch für seine Gegner.

Zu den Hohenpriestern aber, den Hauptleuten der Tempelwache und den Ältesten, die vor ihm standen, sagte Jesus: Wie gegen einen Räuber seid ihr mit Schwertern und Knüppeln ausgezogen. Tag für Tag war ich bei euch im Tempel, und ihr habt nicht gewagt, gegen mich vorzuge-

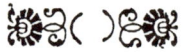

hen. *Aber das ist eure Stunde, jetzt hat die Finsternis die Macht. (Lukas 22,52–53)*

Jetzt war diese Stunde der Feinde Jesu da, in der sie als Werkzeug des Widergöttlichen handelten. In dieser Stunde, in der die Gegner Jesu ihre Pläne verwirklichten, konnte sich die Macht der Finsternis verbreiten, denn die Stunde der Finsternis lauert immer darauf, wenn ihr Macht gegeben wird.

Jesus, der keine Gewalt anwendete, wurde nun gefesselt und ging konsequent bis zum Ende diesen Weg der Gewaltlosigkeit, den er im Evangelium lehrt.

Die Ergreifer schrien laut – so wie Sieger schreien, wenn sie nach der Niederlage der Feinde mit Beute beladen zurückkehren. Die heilenden und segnenden Hände Jesu waren mit groben Stricken zusammengebunden. Als er abgeführt wurde, schlug man auf ihn ein. Die Finsternis dieser Menschen war jedoch nicht in der Lage, die lichtvolle Ausstrahlung Jesu zu überschatten.

Vierter Schritt

Noch in der Nacht brachten die Soldaten, ihre Befehlshaber und die Gerichtsdiener Jesus zu Hannas, bei dem das Verhör für die Nacht angesetzt war. Hannas, der nicht mehr amtierende Hohepriester, galt als politische Vertrauensperson. Die Hohenpriester waren unter der römischen Herrschaft die maßgeblichen politischen Führer des Judentums.

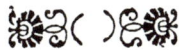

Wenn auch Jesus als Gefesselter und Geschlagener äußerlich ohnmächtig war, so war doch seine geistige Kraft ungebrochen.

Mit sachlicher Überlegenheit verwies er auf sein früheres öffentliches Wirken und damit auf seine Auseinandersetzung mit dem Judentum. Jesus, der in aller Offenheit und aller Öffentlichkeit redete, wurde mit seiner Antwort an den Hohenpriester zum Verteidiger seiner Lehre gegen die Angriffe der religiösen Führer. *Auf diese Antwort hin schlug einer von den Knechten, der dabei stand, Jesus ins Gesicht und sagte: Redest du so mit dem Hohenpriester? Jesus entgegnete ihm: Wenn es nicht recht war, was ich gesagt habe, dann weise es nach; wenn es aber recht war, warum schlägst du mich?* (Johannes 18,22–23) Trotz des demütigenden Schlages ins Gesicht blieb Jesus gefasst und ruhig. Ungeachtet der Schamlosigkeit dieser schmachvollen Misshandlung erteilte Jesus dem Knecht eine hoheitsvolle Antwort.

Danach schickte ihn Hannas gefesselt und streng bewacht zu Kajaphas, seinem Schwiegersohn, der in jenem Jahr Hoherpriester war.

Mittwoch
Das Verhör vor dem Hohen Rat –
Die Verleugnung durch Petrus und die Geißelung Jesu

Erster Schritt

Der Hohepriester Kajaphas wusste genau, was er sagte und was er tat. Er wusste, dass Jesus unschuldig war – doch sah er ihn durch dessen wachsende Macht als gemeingefährlich, da er verkündete, durch ihn bräche eine neue Zeit an. Jesus wurde zur Last gelegt, die politische sowie die religiöse Ordnung des Landes in Frage zu stellen. Der Hohepriester sagte zu Jesus: *Ich beschwöre dich bei dem lebendigen Gott, sag uns: Bist du der Messias, der Sohn Gottes? Jesus antwortete: Du hast es gesagt. (Matthäus 26,63–64a)*

Jesus offenbarte sich nicht den Menschen, die nach Gott suchten und fragten, sondern seinen böswilligen Richtern, deren Hass und Aggressivität ihn von Anfang an umgab. Obwohl Jesus nun von allen Seiten bedrängt wurde, behielt er seinen festen Standpunkt des reinen Vertrauens auf Gott – einen Standpunkt ohne Angst.

Ich kenne deine Bedrängnis und deine Armut; und doch bist du reich. Und ich weiß, dass du von solchen geschmäht wirst, die sich als Juden ausgeben; sie sind es aber nicht, sondern sind eine Synagoge des Satans.
(Offenbarung 2,9)

Die Behauptung des Angeklagten, er sei der Messias, wurde in den Augen der Ratsmitglieder als Gotteslästerung gewertet. Jesus bezeugte das, was er in Wirklichkeit ist, und wurde vom Hohen Rat als Messias zum Tode verurteilt. Kajaphas hatte seit langem das Problem erkannt: den Konflikt zwischen der Messias-Hoffnung der Menge und der römischen Machtpolitik. Seine Aufgabe bestand darin, dieses Problem nicht nur zu entschärfen, sondern es gänzlich aus der Welt zu schaffen. Da der Hohepriester Kajaphas zwischen jüdischem Tempel und römischer Verwaltung zu vermitteln hatte, handelte er seiner „Verantwortung" entsprechend, wenn er Jesus beseitigte. Ein Mann wie Jesus war undurchschaubar, nicht zu fassen und nicht festzulegen, ungreifbar, nicht zu widerlegen, geheimnisvoll und somit äußerst gefährlich sowohl für das jüdische Volk als auch für die römische Herrschaft – davon war der in seiner politischen Zweideutigkeit gefangene Kajaphas fest überzeugt.

Kajaphas aber war es, der den Juden den Rat gegeben hatte: Es ist besser, dass ein einziger Mensch für das Volk stirbt. (Johannes 18,14) Sie antworteten: Er ist schuldig und muss sterben. Dann spuckten sie ihm ins Gesicht und schlugen ihn. Andere ohrfeigten ihn und riefen: Messias, du bist doch ein Prophet! Sag uns: Wer hat dich geschlagen? (Matthäus 26,66–68)

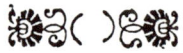

Der Hohe Rat versuchte auf diese gewaltsame Weise, die alte Ordnung wieder herzustellen. Kaum war die Verhandlung in dieser Nacht beendet, da fielen auch die Wachmannschaften über Jesus her. Böser Spott begleitete ihn sowohl von den jüdischen Dienern als auch von den römischen Soldaten. Dann begannen auch die Instinkte des Pöbels sich auszutoben. Jesus wurde misshandelt und war rechtlos den Schlägen roher Fäuste ausgeliefert.

Ich hielt meinen Rücken denen hin, die mich schlugen, und denen, die mir den Bart ausrissen, meine Wangen. Mein Gesicht verbarg ich nicht vor Schmähungen und Speichel. (Jesaja 50,6)

Zweiter Schritt

Bei der Verklärung auf dem Berg Tabor – die Vorwegnahme des österlichen Geheimnisses der Auferstehung – durfte Petrus anwesend sein und Einsicht in Kommendes nehmen, um die Passion mittragen zu können. Doch er verstand nicht. Und während Jesus die Stunde schlimmster Angst im Ölberggarten durchleiden musste, fiel die Seele des Petrus in tiefen Schlaf. Keine Treue- und Absichtserklärungen, keine hohen Ideale und keine heroischen Verhaltensweisen hatte Jesus erwartet – nur Wachsamkeit und erhöhte Sensibilität für den Leidensweg, den er jetzt gehen musste. Jesus hatte vorausgesagt, alle Jünger – so auch Petrus – würden straucheln.

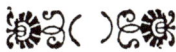

Ihr werdet alle an mir Anstoß nehmen und zu Fall kommen; denn in der Schrift steht: Ich werde den Hirten erschlagen, dann werden sich die Schafe verstreuen.
(Markus 14,27)

Als Jesus abgeführt wurde, brach auch über Petrus die Nacht herein. Bis zum Hof des Hohenpriesters folgte er Jesus und blieb vom Verhaftungskommando unerkannt. Somit scheute er die Gefahr nicht völlig. Zunächst wurde Petrus nur angeblickt, dann angesprochen und schließlich als Galiläer durchschaut. Die Magd hatte ihn erkannt. Petrus wich nun aus Angst immer mehr zurück und begab sich innerlich auf die Flucht. Der Erste des Jüngerkreises, Simon Petrus, verleugnete dreimal seinen Herrn und Meister. Mit dem Hahnenschrei am frühen Morgen ging mit der dritten Verleugnung des Petrus die Vorhersage Jesu in Erfüllung. Der am höchsten von Jesus erhöht wurde, Petrus, fiel nun am tiefsten. Und Petrus hatte sich so sicher gefühlt: Er wollte bedingungslos gut sein, doch vermochte er es nicht, diesem seinem Anspruch in Zeiten höchster Gefahr zu entsprechen. Da er die Angst wohl niemals in seinem Leben richtig zugelassen hatte, war Petrus ihr in dieser Nacht ohnmächtig ausgeliefert. Erschütternd erfahren wir die tiefe innere Zwiespältigkeit und Widersprüchlichkeit im Verhalten des Petrus. Worte der Treue hatte er ausgesprochen und einen hohen Idealismus Jesus gegenüber an den Tag gelegt. Nun, da Petrus sich in der Dunkelheit der Nacht befand, brach die hinter allem guten Willen verborgene Macht der Angst in ihm durch.

Etwa eine Stunde später behauptete wieder einer: Wahrhaftig, der war auch mit ihm zusammen; er ist doch auch ein Galiläer. Petrus aber erwiderte: Mensch, ich weiß nicht, wovon du sprichst. Im gleichen Augenblick, noch während er redete, krähte ein Hahn. Da wandte sich der Herr um und blickte Petrus an. Und Petrus erinnerte sich an das, was der Herr zu ihm gesagt hatte: Ehe heute der Hahn kräht, wirst du mich drei Mal verleugnen. Und er ging hinaus und weinte bitterlich. (Lukas 22,59–62)

Jesus wurde durch den Hof geführt und blickte Petrus an. Wird es nicht ein vergebender und liebender Blick gewesen sein, der dem Petrus trotz der ihn umgebenden Dunkelheit Zuversicht gab und einen Lichtblick vermittelte? Petrus weinte bitterlich – und doch war er noch nie so umfangen von der Liebe und Barmherzigkeit Gottes. Jesus hatte ihm vergeben – und das bereits bevor Petrus aus Angst seinen Herrn und Meister verraten hatte. Petrus wird sich in diesem Augenblick seiner eigenen Hilflosigkeit voll bewusst gewesen sein. Gleichzeitig durfte er erfahren, dass hinter allem der Herr steht, und dass sogar in Finsternis Jesus der Herr ist, dessen Licht leuchtet.

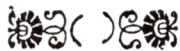

Es gibt für uns nur einen Weg: Die Schwäche und die Schuld zuzugeben und einzugestehen, um sie zu überwinden. Das Eingestehen unserer Schwäche sollte jedoch ohne Resignation und Hoffnungslosigkeit geschehen. Jesus möchte – wie im Fall des Petrus –, dass auch wir nach begangener Schuld Gott nicht aus den Augen verlieren. Er wird immer, was auch geschah oder kommen mag, zu uns stehen.

Dritter Schritt
Als die Juden gerufen hatten, nicht Jesus sollte ihnen von Pilatus auf Ostern freigegeben werden, sondern der Räuber Barabbas, nicht der Heiland, sondern der Mörder, nicht der Geber des Lebens, sondern der Zerstörer, „da ließ Pilatus Jesus ergreifen und geißeln". Dies hat Pilatus, wie anzunehmen ist, aus keinem anderen Grunde getan, als damit die Juden, durch seine Misshandlungen zufrieden gestellt, es für genügend erachten und ablassen möchten, so lange zu wüten, bis er getötet würde.
(Augustinus, Johannes-Evangelium)

Die Geißelung gehörte als Vorstrafe zur Kreuzigung, um den Verurteilten zu schwächen und die Qualen der Kreuzigung noch unerträglicher zu machen. Zunächst jedoch war Pilatus nicht davon ausgegangen, Jesus kreuzigen zu müssen. Er glaubte, die Geißelung Jesu würde das aufgebrachte Volk beruhigen, so dass die Todesstrafe nicht mehr verhängt werden müsse.

Jesus blieb jedoch nichts von den Schmerzen erspart, die sich Menschen für Menschen ausgedacht haben. Die römische Geißelung wurde auf barbarische Weise vollzogen. Der Verurteilte wurde entkleidet, an einen Pfahl oder an eine Säule gebunden und von mehreren Folterknechten so lange geschlagen, bis das Fleisch des Verurteilten in blutigen Fetzen herab hing. Die Folterknechte waren eigens zur Geißelung angestellte Sklaven. Die Geißelung bestand aus einer Auspeitschung mit der „Geißel" oder einer Peitsche aus Lederriemen oder eisernen Ketten. Die Riemen und Ketten hatten am Ende einen Stachel oder mehrere aufgereihte Knochenstücke, Steine oder Bleiklumpen. Eine solche Geißelung galt als äußerst grausam und schrecklich. Ein Höchstmaß von Schlägen war nicht vorgesehen, so dass nicht selten während der Exekution der Tod eintrat.

Das Volk und die Gegner Jesu waren derartig aufgebracht, dass sie sich mit der Geißelung nicht zufrieden gaben. Alles Gute, was er ihnen erwiesen hatte, wurde vergessen. Jetzt hatten sie Angst vor Jesus, denn seine Lehre schien ihnen auf einmal unverständlich, und sie meinten, etwas Fremdes ginge von ihm aus. Jetzt wurde er als Feind betrachtet, als Bedrohung, die nicht nur die politische Ordnung in Frage stellte, sondern auch die eigene persönliche Denk- und Lebensweise. Sie fühlten sich durch das Fremde, das das Gewohnte in Frage stellte, verletzt und verlangten, dass es ausgerottet werde.

Pilatus sah sich hierzu gezwungen und glaubte nicht anders handeln zu können: Er vollendete die Auslieferung Jesu mit der Auslieferung an die Soldaten zur Kreuzigung. Somit war die Geißelung Jesu zur Begleitstrafe dieser grausamen Todesstrafe geworden.

Betrachte, wie abgesondert und grenzenlos allein Jesus die unsagbaren Schmerzen ertrug – ohne ein Wort der Schmach. Schaue ihn an, wie er an eine Säule gefesselt war und schweigend unzählige Geißelhiebe auf sich nahm. Er, der Sohn Gottes, der Herr der Heerscharen, der Herr der Mächte und Gewalten, hatte zu dieser Stunde keinen Verteidiger auf Erden, keinen Fürsprecher und vielleicht auch nicht einmal einen Menschen, der Mitleid mit ihm hatte.

Donnerstag
Die Verspottung Jesu durch die Soldaten.
Jesus trägt das schwere Kreuz.

Erster Schritt

Das Schweigen Jesu bei den Geißelhieben und den vielen Beschimpfungen, die er erlitt, zeigte Standhaftigkeit und Selbstbeherrschung an. Und diese erhabene Sanftmut bewahrte er auch, als seine Feinde ihn verspotteten, ihm den Purpurmantel anzogen, den Dornenkranz auf sein Haupt setzten und statt eines Zepters ihm das Rohr in die Hand gaben; auch nicht ein unedles, auch nicht ein unwilliges Wort äußerte er zu denen, die so schlimme Dinge an ihm verübten. (Origenes, Gegen Celsus)

Nach der Verurteilung Jesu zum Tode mussten die Vorbereitungen für die Hinrichtung getroffen werden. Diese Zwischenzeit nutzten die Soldaten, Jesus zu verspotten. Die ganze Kohorte wurde zusammengeholt, um diesen grausamen Spott mit Jesus, dem „König der Juden", zu genießen. Unter den römischen Soldaten – die Juden waren unter der römischen Herrschaft vom Militärdienst befreit – befanden sich auch syrische Hilfstruppen, die wegen ihres Judenhasses bekannt waren. In der Verspottung des „Judenkönigs" kam also der allgemeine Judenhass zum Ausdruck. Die Soldaten hatten zusätzlich ihren Spaß daran, den Messias-Anspruch Jesu lächerlich zu machen. Es bereitete ihnen Vergnügen, in der Person Jesu den gesamten „Wahn" der jüdischen Messias-Hoffnung zunichte zu machen. Doch tiefer gesehen ging es auch darum, den Anspruch aller Könige, aller Autoritäten und Vorgesetzten in einer solchen Verspottung, wie sie Jesus zugefügt wurde, mit Füßen zu treten. Jesus wurde als lächerlicher Königskandidat erklärt, verhöhnt, verlacht und verspottet. Man huldigte dem „König" in zynischer Frechheit.

Der Ort der Verspottung war das Innere des Prätoriums der Herodesburg, der Jerusalemer Residenz des Statthalters.

Sie erwiesen ihm falsche Ehre, indem sie ihn „König" nannten; dadurch spielten sie auf die Anklage der Juden an, die gesagt hatten, er habe sich selbst zum König der Juden gemacht. Und darum erwiesen sie ihm dreifache Königsehre, aber falsche: erstens durch eine Spottkrone; zweitens durch ein Spottgewand; drittens durch einen spöttischen Gruß. Denn damals war es, wie auch heute, noch Gewohnheit, dass jene, die zum König kamen, ihn grüßten. Backenstreiche gaben sie ihm, um anzuzeigen, dass es spöttisch gemeint war, dass sie ihm solche Ehre erwiesen. (Thomas von Aquin, Johannes-Kommentar)

Der an die Römer ausgelieferte Menschensohn erfuhr in der Verspottung durch die Soldaten vor seiner Kreuzigung die tiefste Erniedrigung. Die Verhöhnung und Demütigung Jesu, der zum wehrlosen Opfer wurde, gingen nun über in Misshandlungen.

Sie gaben ihm einen Stock in die rechte Hand. Sie fielen vor ihm auf die Knie und verhöhnten ihn, indem sie riefen: Heil dir, König der Juden! Und sie spuckten ihn an, nahmen ihm den Stock wieder weg und schlugen ihm damit auf den Kopf. (Matthäus 27,29–30)

Das Anspeien und das Schlagen auf das Haupt – Akte ungezügelter Böswilligkeit – drückten höchste Verachtung und Schmähung aus. In Wahrheit jedoch war und ist Jesus König, da er dies alles schweigend ertrug und sein Herrschen im Dienen und Lieben ausübt. Für die vielen, die leiden mussten, die jetzt leiden und die leiden werden, trug er die Wunden der Geißelung, die des Dornenkranzes und die Qual der Verspottung. Jesus ist der Gottessohn, dem die Menschen – wir – die größte Schmach angetan haben und antun. Trotzdem liebt Gott die Menschen und hat es so beschlossen, um sie durch ihre Bosheit und durch seine verborgene und vergebende Liebe zur Umkehr zu führen.

Das Schicksal des Gottesknechtes ist in Jesus Christus Wirklichkeit geworden.

Er wurde verachtet und von den Menschen gemieden, ein Mann voller Schmerzen, mit Krankheit vertraut. Wie einer, vor dem man das Gesicht verhüllt,

war er verachtet; wir schätzten ihn nicht.
Aber er hat unsere Krankheit getragen
und unsere Schmerzen auf sich geladen.
Wir meinten, er sei von Gott geschlagen,
von ihm getroffen und gebeugt.
Doch er wurde durchbohrt wegen unserer Verbrechen,
wegen unserer Sünden zermalmt.
Zu unserem Heil lag die Strafe auf ihm,
durch seine Wunden sind wir geheilt.
Wir hatten uns alle verirrt wie Schafe,
jeder ging für sich seinen Weg.
Doch der Herr lud auf ihn die Schuld von uns allen.
Er wurde misshandelt und niedergedrückt,
aber er tat seinen Mund nicht auf.
Wie ein Lamm, das man zum Schlachten führt,
und wie ein Schaf angesichts seiner Scherer,
so tat auch er seinen Mund nicht auf. (Jesaja 53,3–7)

Zweiter Schritt

Das Urteil wurde meist sofort nach der Verkündung vollstreckt. Pilatus hatte mit dem Todesurteil über Jesus eine Militärstrafe verhängt. Daher musste die Garde des Prokurators für die Exekution sorgen. Hinrichtungen wurden nicht in der Stadt, sondern vor dem Tor außerhalb der Stadtmauern vollzogen. Der Kreuzweg Jesu vom Herodespalast zur Stadtmauer und von dort bis zur Richtstätte war nicht sehr weit; er betrug nur etwa dreihundert Meter. Der Weg führte

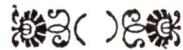

absichtlich durch belebte Straßen, denn die Strafe der Kreuzigung sollte abschrecken.

Jesus wies das Kreuz nicht zurück. Er nahm es bereitwillig auf sich. Bei regulären Hinrichtungen trugen die Verurteilten nicht das ganze Kreuz, sondern nur den Querbalken - so auch Jesus. Als Längsbalken des Kreuzes dienten Pfähle, die an der Hinrichtungsstätte fest in die Erde eingerammt waren. Der Hügel, auf dem Jesus hingerichtet werden sollte, lag im Norden Jerusalems - außerhalb des Stadttores. Er trug den Namen „Golgota", zu Deutsch „Schädelhöhe", da der steil ansteigende Hügel die Form eines Schädels hatte. *Jesus hat außerhalb des Tores gelitten, um durch sein eigenes Blut das Volk zu heiligen. (Hebräerbrief 13,12)*

Jesus war auf Grund der Geißelung und der Folterung nicht mehr in der Lage, den schweren Balken selbst bis zur Hinrichtungsstätte zu tragen. Er war so geschwächt und am Ende seiner Kraft, dass die Soldaten noch innerhalb der Stadt einen Mann, der zufällig vom Feld kam, zwangen, Jesus das Kreuz abzunehmen. Die römische Besatzungstruppe hatte das Recht, jeden zum öffentlichen Dienst heranzuziehen.
Dieser Mann war *Simon von Zyrene*, ein Diaspora-Jude, der früher im nordafrikanischen Zyrene lebte. Dort gab es eine große jüdische Kolonie. Viele Juden zogen im Alter jedoch wieder zurück nach Jerusalem. So war

auch Simon zurückgekehrt, um sich in der Nähe des Tempels auf das kommende Leben vorzubereiten.

Kein Jünger und kein Apostel war zur Stelle, um Jesus zur Seite zu stehen und ihm zu helfen, obwohl er ihnen gesagt hatte, dass seine Nachfolge Kreuzes-Nachfolge sei.

Zu allen sagte er: Wer mein Jünger sein will, der verleugne sich selbst, nehme täglich sein Kreuz auf sich und folge mir nach. (Lukas 9,23)

Alle Jünger hatten ihre Bereitschaft beteuert, mit Jesus in den Tod zu gehen.

Da sagte Petrus zu ihm: Und wenn ich mit dir sterben müsste – ich werde dich nie verleugnen. Das Gleiche sagten auch alle anderen Jünger. (Matthäus 26,35)

Nun war auf dem Kreuzweg Jesu nicht einmal mehr einer da, der ihm half, das schwere Holz zu tragen. Ein Fremder musste dies tun.

Als sie Jesus hinaus führten, ergriffen sie einen Mann aus Zyrene namens Simon, der gerade vom Feld kam. Ihm luden sie das Kreuz auf, damit er es hinter Jesus hertrage. (Lukas 23,26)

Weint nicht über mich, sagte Jesus auf seinem Gang in den Tod zu einigen Frauen, die um ihm klagten und weinten. Der Anblick der Stadt Jerusalem und die Begegnung mit ihren Bewohnern, die ihm gut gesinnt waren, veranlasste Jesus, sein Vorauswissen um das Ende dieser Stadt und seine Liebe zu ihr und den Menschen zu offenbaren.

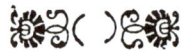

Als sie Jesus an den Ort namens Golgota gebracht hatten, reichten sie ihm Wein, der mit Myrrhe gewürzt war. Bei den Juden war es Brauch, dem Hinzurichtenden ein berauschendes Getränk zu geben, damit er die Qualen besser ertrage. Der gewürzte Wein war ein solches Betäubungsgetränk, um die furchtbaren Schmerzen aushalten zu können. Als Jesus das betäubende Getränk gekostet hatte, lehnte er es ab. Er wollte keine künstliche Linderung der Schmerzen – ein Zeichen, dass Jesus die Qualen und den Tod bewusst erdulden wollte. Es war sein Wunsch, mit vollem Bewusstsein in den Tod zu gehen und damit den Kelch, den ihm der Vater reichte, bis zur Neige auszutrinken.

Die Schande bricht mir das Herz,
ganz krank bin ich vor Schmach;
umsonst habe ich auf Mitleid gewartet,
auf einen Tröster, doch ich habe keinen gefunden.
Sie gaben mir Gift zu essen,
für den Durst reichten sie mir Essig.
(Psalm 69,21–22)

Glaubst auch du, dass der zum Tode verurteilte Jesus der Heiland der Welt ist? Eine wirklich glaubwürdige Antwort kannst du dir geben, wenn du durch dein Leben wenigstens etwas dazu bei-„getragen" hast, das Leid eines Menschen zu lindern und es ihm ein wenig zu erleichtern.

Freitag
Die Kreuzigung und die sieben Worte Jesu am Kreuz

Die Betrachtung soll an den Karfreitag erinnern und dazu beitragen, dass sich der Betrachtende dem Geheimnis des Kreuzes nähert.

Es war üblich, die Schuld des Verurteilten öffentlich bekannt zu machen. Auf der Tafel, die Jesus auf seinem Kreuzweg voran getragen wurde, stand „Der König der Juden". Nach der Kreuzigung wurde diese Tafel am Balken über dem Kopf des Gekreuzigten angebracht. Dass Pilatus schreiben ließ „Der König der Juden" und nicht „Er gab sich als König der Juden aus" war eine Verhöhnung des jüdischen Volkes. Die Hinrichtung am Kreuz galt in den römischen Provinzen als Sklavenstrafe, die sowohl zur Abschreckung der Freiheitskämpfer als auch zur Aufrechterhaltung öffentlicher Ordnung und Sicherheit diente.

Mit letzter Kraft und unter größten Mühen hatte Jesus die Richtstätte, Golgota, erreicht. Der schwere Querbalken des Kreuzes wurde Simon von Zyrene abgenommen. Nachdem die Soldaten Jesus entkleidet hatten, nagelten sie ihn am Boden liegend mit ausgestreckten Armen an das Querholz. Dieses wurde dann zusammen mit dem Körper am senkrecht im Boden eingerammten Hinrichtungspfahl hoch gezogen und in einer Kerbe am oberen Teil des Pfahls befestigt. Unter unsagbaren Schmerzen nagelten sie nun die Füße Jesu an den Längsbalken. Dieses Schlagen ans Kreuz, das mit großem Blutverlust verbunden war, leitete den Tod Jesu ein.

Da das Geschehen der Kreuzigung den damaligen Menschen als äußerst grausam bekannt war, und die Christen aus Ehrfurcht eine Schilderung des Martyriums ihres Herrn vermeiden wollten, gibt es nur die kurz gefassten Berichte der Evangelisten.
Die Menschen der Antike empfanden die Kreuzesstrafe als die grausamste. Der römische Redner, Politiker und Schriftsteller *Tullius Cicero* (106–43 v. Chr.), nennt sie die „ärgste, höchste, grausamste und fürchterlichste Todesstrafe, die es gibt". Für *Josephus Flavius*, jüdischer Geschichtsschreiber (38–100 n. Chr.) ist die Kreuzigung die „erbärmlichste aller Todesstrafen". Der römische Geschichtsschreiber *Cornelius Tacitus* (55–116 n. Chr.) bezeichnet sie als „sklavische Todesstrafe". Das Kreuz war und ist das qualvollste Marterinstrument der Weltgeschichte.

Erster Schritt
Am Morgen des Karfreitag hatten noch andere Prozesse stattgefunden. Mit Jesus wurden zwei weitere Männer gekreuzigt. Es waren Bandenkrieger, zelotische Freiheitskämpfer, die mit Recht zu den Aufständischen um Barabbas gezählt wurden.

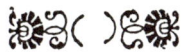

Damals saß gerade ein Mann namens Barabbas im Gefängnis, zusammen mit anderen Aufrührern, die bei einem Aufstand einen Mord begangen hatten.
(Markus 15,7)

Da das eine Kreuz des Bandenkriegers zur Rechten und das andere zur Linken Jesu stand, verspotteten die Soldaten umso mehr den „König der Juden", der von den „Großen seines Reichs", von „seinen Wesiren", umgeben war.

Deshalb gebe ich ihm seinen Anteil unter den Großen, und mit den Mächtigen teilt er die Beute, weil er sein Leben dem Tod preisgab und sich unter die Verbrecher rechnen ließ. Denn er trug die Sünden von Vielen und trat für die Schuldigen ein. (Jesaja 53,12)

Nach römischem Recht fiel das Eigentum, das ein Exekutierter am Leib trug, den Henkern zu. Die Bekleidung Jesu bestand aus einem Ober- und einem Untergewand, einem Gürtel, Sandalen und vielleicht auch aus einer Kopfbinde. Das Hinrichtungskommando würfelte um die Kleider Jesu, und die Soldaten verteilten sie dann unter sich.

Selbst noch am Kreuz war Jesus von Spott und Schmähungen umgeben. Die Vorübergehenden und die Zuschauer, die sich bei der Hinrichtung eingefunden hatten, verhöhnten ihn auf hässlichste Weise. Auch einer der Mitgekreuzigten schmähte ihn mit Schimpfworten. Vor allem bezog sich die Verhöhnung auf das Messias-Bekenntnis Jesu. Man glaubte, der wahre Messias, den man erwartete, würde niemals am Kreuz hängen und leiden, sondern seine Gegner radikal vernichten. Auch die religiösen Autoritäten verhöhnten den Anspruch Jesu, denn seine Kreuzigung war für die jüdischen Schriftgelehrten die Widerlegung seiner Messianität. Jesus wurde zum Tode verurteilt, gefoltert und an ein Kreuz genagelt, weil der Gott des Erbarmens und der Liebe, den er verkündete, den maßgebenden Kreisen in seinem Volk widersprach. Die Macht seiner Freiheit und seiner Unbefangenheit sowie die Kraft seiner Güte wurden für seine Gegner unerträglich.

Einer der Spötter tauchte einen Schwamm in sauren Wein, steckte ihn auf einen Stock und hielt ihn vor die Lippen Jesu. Da Jesus an einem Hochkreuz hing und er ihn nicht mit ausgestreckter Hand erreichen konnte, musste er sich eines langen Stockes bedienen, auf den er den getränkten Schwamm steckte. Saurer Wein war ein minderwertiges Volksgetränk, das jedoch durststillend und erfrischend wirkte. Dieser Trank, der von Soldaten und Arbeitern bevorzugt wurde, hatte nichts mit dem Betäubungstrank zu tun, der Jesus vor der Kreuzigung gereicht wurde. Der saure Wein sollte einerseits das Wundfieber und den Durst des Gekreuzigten lindern – andererseits jedoch

auch sein Leben und damit die entsetzlichen Todes-
qualen verlängern.

*Wir wollen sehen, ob seine Worte wahr sind und prüfen,
wie es mit ihm ausgeht. Ist der Gerechte wirklich Sohn
Gottes, dann nimmt sich Gott seiner an und entreißt ihn
der Hand seiner Gegner. Roh und grausam wollen wir mit
ihm verfahren, um seine Sanftmut kennen zu lernen, seine
Geduld zu erproben. Zu einem ehrlosen Tod wollen wir
ihn verurteilen; er behauptet ja, es werde ihm Hilfe gewährt. (Weisheit 2,17–20)*

Der gekreuzigte Jesus blieb beständig im beobachten-
den Blick sowohl der Soldaten als auch der Umherste-
henden. Die unmenschliche Grausamkeit der Hinrichtung am Kreuz zeigte sich gerade darin, dass sie
auf einen sehr langsamen und immer wieder hinaus-
gezögerten Tod ausgerichtet war. Der Gekreuzigte
hing, sobald seine Beine versagten und er keine Kraft
mehr hatte, mit seinem gesamten Körpergewicht an
den Armen. Schon nach kurzer Zeit traten schwere
Durchblutungsstörungen auf, beklemmende Atemnot
und Kreislaufversagen. Zwischen der sechsten und
der neunten Stunde hörte die Sonne auf zu scheinen
und es brach Finsternis über das Land. Am Leiden
und Sterben Jesu nahm der gesamte Kosmos Anteil.
*An jenem Tag – Spruch Gottes, des Herrn – lasse ich am
Mittag die Sonne untergehen und breite am hellichten Tag
über die Erde Finsternis aus. Ich verwandle eure Feste in*

*Trauer und all eure Lieder in Totenklage. Ich bringe
Trauer über das Land wie die Trauer um den einzigen
Sohn. (Amos 8,9–10)*

Jesus litt nicht nur unter unermesslichen Qualen des
Kreuzes, sondern auch unter unermesslichen Qualen
der Seele. Auch seine seelische Verfassung kann kein
Mensch ergründen. Die Verlassenheit Jesu in diesen
Stunden der Finsternis war abgrundtief. Im Dunkel
dieser „Gottverlassenheit" wandte er sich im Gebet an
Gott, seinen Vater.

Zweiter Schritt
Betrachte nun die sieben Worte Jesu am Kreuz.

Erstes Wort:
„Vater, vergib ihnen, denn sie wissen nicht, was sie tun."
Jesus hat nicht nur Feindesliebe gelehrt, sondern sie
auch selbst vorgelebt - noch am Kreuz.
*Sie kamen zur Schädelhöhe; dort kreuzigten sie ihn und
die Verbrecher, den einen rechts von ihm, den anderen
links. Jesus aber betete: Vater, vergib ihnen, denn sie wissen nicht, was sie tun. (Lukas 23,22–34a)*

Während Jesus gekreuzigt wurde, betete er noch für
seine Feinde und Peiniger. Er verwarf seine Gegner
nicht, sondern gewährte ihnen Verzeihung, entschuldigte ihr Verhalten und bat den Vater, ihnen zu verge-

ben. Alles hatte Jesus hingegeben, um auch denen Gutes zu erweisen, die ihn hassten, und denen, die ohne selbst nachzudenken die Befehle der Obrigkeit ausführten. Er gab seine Freiheit hin durch die Kreuzigung, seine Ehre durch die Einreihung unter die Verbrecher und seine Kleider durch den Anspruch der Henker. Besonders für die Soldaten bat Jesus um Vergebung und er entschuldigte sie vor dem Vater. Er wusste, dass gerade diese Menschen sein Erbarmen und seine Liebe brauchten, denn es fehlte ihnen an Erkenntnis.

Herr Jesus Christus,
selbst unter den größten körperlichen
und seelischen Schmerzen
hast du noch für diejenigen gebetet,
die dir diese Qualen zufügten.
Vergib mir meine Schuld und gib mir die Kraft,
denen zu vergeben, die mir Unrecht tun.
Denn du bist gütig und liebevoll zu uns allen,
obwohl wir uns immer wieder von deiner Liebe entfernen.

Zweites Wort:
„Heute noch wirst du mit mir im Paradies sein."
Das Volk, die Soldaten, die Schriftgelehrten wie auch einer der beiden Mitgekreuzigten verhöhnten Jesus auf gemeinste Weise.
Einer der Rebellen, die neben Jesus hingen, sagte: Uns geschieht Recht, wir erhalten den Lohn für unsere Taten; die-

ser aber hat nichts Unrechtes getan. Dann sagte er: Jesus,
denk an mich, wenn du in dein Reich kommst. Jesus ant-
wortete ihm: Amen, ich sage dir: Heute noch wirst du mit
mir im Paradies sein. (Lukas 23,41–43)

Niemand sonst bekannte sich in dieser Stunde öffentlich zu seinem Glauben an Christus. Es herrschte Ärgernis, Hohn und Spott. Selbst die Apostel zweifelten,
und angstvolle Traurigkeit erfüllte ihre Herzen. Gerade in der Zeit, in der die Jünger sich versteckten und
Maria das Schwert durch die Seele drang – wie es ihr
Simeon im Tempel verheißen hatte –, erhob einer der
Schächer mutig seine Stimme. Er wandte sich an Jesus, der neben ihm am Kreuz hing, und bekannte
rückhaltlos seine Schuld. Er begann, von ganzem Herzen zu glauben und innerlich gegen seinen Irrtum anzukämpfen. Durch die Fanatiker um ihn herum ließ er
sich nicht verwirren, sondern bekannte laut, dass Jesus eine Herrlichkeit bevorstehe, in der er seiner gedenken würde. Dieser Schächer kam zur Erkenntnis
seiner Schuld durch den Anblick Jesu, von dessen Unschuld er überzeugt war. Für ihn war Jesus der Messias, der nun in sein Reich zurückkehren würde, in
das Paradies – eine überirdische Wirklichkeit.

In der Bitte des Schächers kommt das Jesus-Gebet
zum Ausdruck, das in der Not des Kreuzes geboren
wurde. Selbst im Sterben war Jesus noch Heiland und

Freund der Sünder. Das Entscheidende seiner Zusage waren die Worte „heute noch". Damit ging die Verheißung Jesu weit über das Erbetene hinaus.

Herr Jesus Christus, du bist mein Bruder
und mein Freund.
Du gehst mit mir in den Tod und darüber hinaus.
Dein Weg führt ins Leben.
Und so bitte ich dich:
Lass deinen Weg auch zu meinem Weg werden.
Wenn ich untreu werde, so bleibst du, Herr, mir treu.
Wenn ich auf Abwege gerate, führst du mich zurück
auf den rechten Weg.
Durch das Bekenntnis des Schächers hast du mir gezeigt,
dass es für die Umkehr niemals zu spät ist.
Herr Jesus Christus, du hast das Los des Sterbens mit allen
Menschen geteilt.
Lass mich an deine Verheißung glauben,
dass auch ich mit dir leben werde.
Sei mit mir, jetzt und in der Stunde meines Todes.
Denn du bist der Weg, die Wahrheit und das Leben.

Drittes Wort:
„Dies ist dein Sohn – dies ist deine Mutter."
Die Evangelisten Matthäus, Markus und Lukas berichten weder etwas von einem Wort Jesu an seine Mutter und an seinen Lieblingsjünger noch sagen sie etwas von der Anwesenheit Marias und des Jüngers unter

dem Kreuz. Nur im Passionsbericht des Evangelisten Johannes werden Anhänger Jesu unter dem Kreuz erwähnt: einige Frauen, darunter die Mutter Jesu, und der Jünger, den Jesus besonders lieb hatte.

Als Jesus seine Mutter sah und bei ihr den Jünger, den er liebte, sagte er zu seiner Mutter: Frau, siehe, dein Sohn! Dann sagte er zu dem Jünger: Siehe, deine Mutter.
(Johannes 19,26–27a)

Schon lange vor diesem Leiden, als ihm sein lebensbedrohlicher Weg bewusst wurde, wird Jesus für seine Mutter gesorgt haben. Den Jünger, dem er besonders zugetan war, betraute er mit dieser Sorge. Johannes bringt nun diese Fürsorge Jesu mit in das Geschehen der Kreuzigung hinein.

Nach jüdischem Recht war es die Pflicht eines Sohnes, seine Mutter zu versorgen. Diese Rechtspflicht im jüdischen Gesetz basierte auf dem vierten Gebot.

Ehre deinen Vater und deine Mutter, damit du lange lebst in dem Land, das der Herr, dein Gott, dir gibt.
(Exodus 20,12)

Da Jesus diese Aufgabe nicht mehr erfüllen konnte, setzte er den Jünger als seinen Rechtsnachfolger und Stellvertreter ein. Die fürsorgenden Worte Jesu an seine Mutter und den Jünger bilden eine Einheit und haben etwas mit der Vollendung des Werkes Jesu zu tun. Die Mutter Jesu soll den Jünger, den Jesus liebte, als ihren Sohn annehmen und bei ihm bleiben. Aber auch der Jünger wurde an Maria als Mutter verwiesen. Über die Fürsorgepflicht hinaus gibt es eine tiefere Bedeutung dieses Wortes Jesu am Kreuz.

Der Jünger, der mit Maria unter dem Kreuz stand, wird als Evangelist Johannes gesehen. Jesus hatte ihn dazu erwählt, seine Lehre und seine Offenbarung weiterzugeben. Ab diesem Zeitpunkt trug der Lieblingsjünger Jesu, der Maria und später viele Heil-Suchende bei sich aufnahm, Sorge dafür, dass Jesu Worte nicht verhallten und seine „Zeichen" richtig gedeutet und verstanden wurden. In Maria wiederum werden alle, die vom erhöhten Christus das Heil erwarteten und das Wort Jesu annehmen wollten, dem Johannes und damit seinem Evangelium anvertraut. In der Erfüllung dieses letzten Wunsches sah Jesus das Werk als vollendet an, das der Vater ihm aufgetragen hatte.

Jesus offenbarte den beiden Menschen, die ihm am nächsten standen, dass auch sie einander nahe stehen. Wie hier ein alternder Mensch an einen jungen und ein junger Mensch an einen alternden verwiesen wurde, so sind auch wir in unseren Unterschieden und Gegensätzen aufeinander angewiesen. Durch Jesus Christus sind wir miteinander verwandt, und auch der Fernste ist unser Bruder oder unsere Schwester. Je näher wir zum Gekreuzigten und Auferstandenen kommen, desto näher kommen wir zueinander.

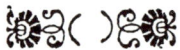

Herr Jesus Christus, du hast Ja zu mir gesagt.
Lass mich so leben wie es deinem Willen entspricht,
damit auch ich die Menschen, die mir begegnen,
annehmen kann wie du mich angenommen hast.

Viertes Wort:
„Mein Gott, mein Gott, warum hast du mich
verlassen?"
Dieser furchtbarste aller Klagerufe lässt eine Ahnung
von der Einsamkeit eines Menschen aufkommen, der
nicht nur von seinen Mitmenschen verlassen wurde,
sondern der sich auch von Gott verlassen fühlt.
Um die neunte Stunde rief Jesus laut: Eli, Eli, lema sa-
bachtani?, das heißt: Mein Gott, mein Gott, warum hast
du mich verlassen? Einige von denen, die dabei standen
und es hörten, sagten: Er ruft nach Elija.
(Matthäus 27,46–47)

Ob die Umstehenden Jesus wirklich missverstanden
hatten oder ob sie ihn erneut verhöhnen wollten,
bleibt offen. Der Prophet Elija galt bei den Juden als
wirksamer Nothelfer, der besonders in Todesgefahr
angerufen wurde. Viele Leute jedoch auf dem Richt-
platz „gafften" Jesus an - je näher er seinem Tod kam
desto mehr verspotteten sie ihn.
Die Wirklichkeit des Kreuzes bedeutete für Jesus die
totale Distanzierung von den Menschen - aber auch
eine Entfernung von Gott. Die Dunkelheit, die drei

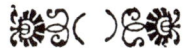

Stunden über das Land fiel, hatte auch die Seele Jesu eingehüllt. In dieser Finsternis schien die Einheit zwischen dem Vater und dem Sohn zu zerbrechen. Kann es denn möglich sein, dass der Vater seinen Sohn Jesus Christus nicht nur den Händen der Menschen preisgab, sondern ihn auch in diesen Stunden der Finsternis aus seiner eigenen Liebe entließ?

In der Agonie am Kreuz pochte Jesus noch einmal an die Tür Gottes. Er rief und schrie nach Gott, seinem Vater, aus der Angst, von ihm gänzlich aufgegeben und verlassen zu sein. Von dieser leidvollsten Erfahrung des menschlichen Daseins – wenn Gott entschwindet, bleibt nur das reine Nichts – wurde Jesus bis ins Tiefste erschüttert. Gott, von dem Jesus Hilfe und Heil erwartete, blieb für ihn verborgen und fern. Dass Gott nicht antwortete – darin lag die eigentliche und zutiefst schmerzhafte Bitterkeit des Verlassenseins. Nicht nur der Leib Jesu war durch Schmerzen entstellt und von Dämonen und Feinden umringt, sondern auch seine Seele. In dieser Not, die Jesus wie eine eigenständige Macht umgab, trat er hinein in das Urleiden einer vermeintlichen Gottverlassenheit. In dieser Stunde wurde Jesus eins mit der gesamten Fülle des Leidens, die es gab, die es gibt und die es je geben wird. Der Weg des vom Himmel kommenden Menschensohnes führte hinab in das allertiefste Elend.

Die Wiederholung des Aufschreis „Mein Gott, mein Gott" war ein Zeichen für die Tiefe des Leidens, aus der Jesus in seiner Gottverlassenheit zu Gott rief. Das schwere, unfassbare und unergründliche Leid der Gottesferne zeigte sich dann nochmals und verstärkt in der Frage: „Warum hast du mich verlassen?" In diesem Schrei Jesu erreichte der Schmerz der Welt für immer seinen Höhepunkt. Mit seinem Schmerzensruf der Verzweiflung stieg Jesus in eine Tiefe hinab, die jenseits der Tiefe jeglichen menschlichen Leidens lag und liegt.

Ob wir es wollen oder nicht: Wir müssen dieses Wort des gekreuzigten und sterbenden Jesus in der Härte seiner Aussage annehmen und aushalten.

Der Aufschrei „Mein Gott, mein Gott, warum hast du mich verlassen?" ist der Anfangsvers des 22. Psalms. Ob Jesus dieses Gebet eines Menschen im äußersten Leid weiter gebetet hat, wissen wir nicht. Das Gebet in Psalm 22 ist ein Hinweis auf Jesus, der das gesamte Leid der Welt auf sich genommen hat – auch das Leid, das Menschen noch in der Zukunft begegnen wird.

Mein Gott, mein Gott, warum hast du mich verlassen,
bist fern meinem Schreien, den Worten meiner Klage?
Mein Gott, ich rufe bei Tag, doch du gibst keine Antwort;
ich rufe bei Nacht und finde doch keine Ruhe.
Ich aber bin ein Wurm und kein Mensch,
der Leute Spott, vom Volk verachtet.

Alle, die mich sehen, verlachen mich,
verziehen die Lippen, schütteln den Kopf:
„Er wälze die Last auf den Herrn, der soll ihn befreien!
Der reiße ihn heraus, wenn er an ihm Gefallen hat."
Meine Kehle ist trocken wie eine Scherbe,
die Zunge klebt mir am Gaumen,
du legst mich in den Staub des Todes.
Eine Rotte von Bösen umkreist mich.
Sie durchbohren mir Hände und Füße.
Sie verteilen unter sich meine Kleider
und werfen das Los um mein Gewand.
(Psalm 22,2–3.7–9.16–17.19)

Der Weg des Leidenden im Psalm 22 schlägt auf dem Höhepunkt der Gottverlassenheit und damit des tiefsten seelischen Schmerzes in Gotteserfahrung um. Der zweite Teil des Psalms drückt aus, der Betende habe in seinem Inneren das „Fürchte dich nicht" wahrgenommen und die feste Zusage, Gott werde seinen Sohn nicht verlassen, sondern mit ihm sein. An die Stelle äußerster Not und Verzweiflung ist der Lobpreis getreten. Das Psalmwort endet im Dank und Lob an Gott.

Denn er hat nicht verachtet,
nicht verabscheut das Elend des Armen.
Er verbirgt sein Gesicht nicht vor ihm;
er hat auf sein Schreien gehört.
Aufleben soll euer Herz für immer.

Gottes Heilstat verkündet man dem kommenden Volk;
denn er hat das Werk getan. (Psalm 22,25.27.32)

Herr Jesus Christus, von der Erde verlassen
und noch nicht vom Himmel aufgenommen,
hast du alle Einsamkeit und Hoffnungslosigkeit
des Lebens durchlitten.
Du bist in die Hölle der Einsamkeit hinabgestiegen.
Hilf mir, die „Abwesenheit Gottes" zu ertragen.
Hilf mir, dass ich niemals aufhöre, zu Gott zu beten
und nach ihm zu rufen.
Du kennst die Not der Menschen und hast darum gesagt:
„Wenn ich von der Erde erhöht bin,
werde ich alle an mich ziehen."

Fünftes Wort:
„Mich dürstet."
Als Jesus sein Werk in dieser Welt nahezu vollendet
sah, sprach er die Worte „Mich dürstet".
Als Jesus wusste, dass nun alles vollbracht war, sagte er,
damit sich die Schrift erfüllte: Mich dürstet. Ein Gefäß mit
Essig stand da. Sie steckten einen Schwamm mit Essig auf
einen Ysopzweig und hielten ihn an seinen Mund.
(Johannes 19,28–29)

Dieser Ausruf des sterbenden Jesus am Kreuz weist
noch einmal auf alle entsetzlichen körperlichen Qualen hin, die er bis zu seinem Ende auszuhalten hatte.

„Mich dürstet" hat jedoch noch eine tiefere Bedeutung. Der Lebens- wie auch der Leidensweg Jesu waren im göttlichen Plan, der Vergangenes, Gegenwärtiges und Zukünftiges umfasst, genau festgelegt. Die Worte im Alten Testament, die sich auf den erwarteten Messias beziehen, sollten ihre volle und letzte Erfüllung finden.
Sie gaben mir Gift zu essen,
für den Durst reichten sie mir Essig.
(Psalm 69,22)

In der Betrachtung dürfen wir jedoch noch einen Schritt weiter gehen. Jesus sagte zu seinen Jüngern, die ihm etwas zu Essen geben wollten:
Meine Speise ist es, den Willen dessen zu tun, der mich gesandt hat, und sein Werk zu Ende zu führen.
(Johannes 4,34)

Und später bei der Gefangennahme antwortete er Petrus:
Der Kelch, den mir der Vater gegeben hat – soll ich ihn nicht trinken? (Johannes 18,11b)

Hunger und Durst werden hier zum Bild für den Auftrag und das Verlangen Jesu, den Willen des Vaters bis zum Letzten zu erfüllen.
Jesus wollte und musste den Leidens- und Todeskelch bis zum letzten Tropfen trinken. Er konnte es daher

nicht vermeiden, auch diesen sauren Trank, der ihm am Kreuz gereicht wurde, anzunehmen. Der so genannte Essig war der saure Wein, ein minderwertiges Volksgetränk, das die Soldaten mit sich führten.

Dass sie gerade einen Ysopzweig benutzten, auf den sie den getränkten Schwamm steckten, hat ebenfalls tiefere Bedeutung. Der Ysop erinnert an alte kultische Gebräuche. Dieser buschigen Pflanze, die auch feste und längere verholzte Stängel besitzt, wurde schon von alters her eine reinigende Kraft zugeschrieben. Ein solcher verbreiteter Reinigungsritus fand dann auch Aufnahme im Alten Testament.

Dann nehmt einen Ysopzweig, taucht ihn in die Schüssel mit Blut, und streicht etwas von dem Blut in der Schüssel auf den Türsturz und auf die beiden Türpfosten!
(Exodus 12,22)

Alle Sehnsucht dieser Welt ist in dem Wort „Mich dürstet" enthalten. Und alle Enttäuschung und Schwere dieser Welt spiegelt sich symbolisch in dem sauren Wein wider.

Herr, meine Sehnsucht ist größer als jede Erfüllung,
die die Erde geben kann.
Ich hungere und dürste nach einem Wort von dir.
Du bist es, der meinen Hunger und Durst stillen kann.
Du bist die Quelle, aus der das Wasser
ewigen Lebens strömt.

Du wirst all meine Sehnsucht erfüllen
und einmal alles Schwere, das ich zu tragen habe,
von mir nehmen.

Sechstes Wort:
„Es ist vollbracht."
Johannes drückt in seinem Evangelium das verborgene Geheimnis des Todes Jesu aus: Jesus ist trotz des großen Leidens und der Schmach durch die Menschen der in Gottes Plan „hoheitsvoll Erhöhte". Der Sohn Gottes ging durch das Tor des Todes zum Vater, nachdem er sein irdisches Werk vollbracht hatte. Diese Auffassung steht im Gegensatz zu der „Gottverlassenheit", wie sie die drei anderen Evangelisten schildern.
Als Jesus von dem Essig genommen hatte, sprach er: Es ist vollbracht! Und er neigte das Haupt und gab seinen Geist auf. (Johannes 19,30)

Das innere Wissen und Vorherwissen Jesu, der die Seinigen bis zum Letzten geliebt hat, lässt ihn dieses Wort sagen. Jesus wusste, dass in dieser Stunde alles „vollendet" oder „vollbracht" war. Er wusste um seinen Weg und um seine Aufgabe, die er zu erfüllen hatte.
Und er (der Vater), der mich gesandt hat, ist bei mir; er hat mich nicht allein gelassen, weil ich immer das tue, was ihm gefällt. (Johannes 8,29)

Selbst sein Sterben hat Jesus widerstandslos angenommen. Er verstand dieses unabwendbare Schicksal als Selbsthingabe an den Vater.

Die Stunde kommt, und sie ist schon da, in der ihr versprengt werdet, jeder in sein Haus, und mich werdet ihr allein lassen. Aber ich bin nicht allein, denn der Vater ist bei mir. (Johannes 16,32)

Nach der Vollendung seines Auftrags in dieser Welt ging Jesus in großem Frieden zu seinem Vater hinüber. Vollendet war die Liebe Jesu zu den Seinen, vollendet war auch die Hingabe seines irdischen Lebens.

Deshalb liebt mich der Vater, weil ich mein Leben hingebe, um es wieder zu nehmen. (Johannes 10,17)

Das Scheitern Jesu in der äußeren Welt ist zur Vollendung geworden – die tiefste Erniedrigung zur höchsten Erhöhung.

Ich habe dich auf der Erde verherrlicht und das Werk zu Ende geführt, das du mir aufgetragen hast. Vater, verherrliche du mich jetzt bei dir mit der Herrlichkeit, die ich bei dir hatte, bevor die Welt war. (Johannes 17,4–5)

Nachdem Jesus sein Haupt geneigt und seinen Geist aufgegeben hatte, kehrte er in die himmlische Lichtwelt zurück, von der er ausgegangen war.

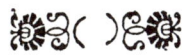

Herr Jesus Christus,
der Trost, der aus deinen Worten spricht
– selbst noch im Sterben –
offenbart mir etwas vom Geheimnis meines eigenen Todes.
Ich weiß:
Im Augenblick des Todes ist das Leben geboren.
Diesen Weg zum Leben
hast du mir durch dein Leiden und deinen Tod geöffnet.
Du, Herr, hast das vom Vater aufgetragene Werk
vollendet.
Hilf mir, dass auch ich meine Aufgaben in dieser Welt
mutig angehe und sie vollende.
Stehe mir bei, wenn mich die Finsternis des Todes
überfällt,
und führe mich aus dieser Dunkelheit
in dein wunderbares Licht.

Siebtes Wort:
„Vater, in deine Hände lege ich meinen Geist.“
Jesu Leben, Leiden und Sterben war die Erfüllung eines sich langsam vollendenden Gebetes. Jesus war erfüllt von der Gewissheit, dass bei Gott, seinem Vater, das Leben auf ihn wartete.
Die Sonne verdunkelte sich. Der Vorhang im Tempel riss mitten entzwei, und Jesus rief laut: Vater, in deine Hände lege ich meinen Geist. Nach diesen Worten hauchte er den Geist aus. (Lukas 23,45–46)

Mit diesem letzten Wort, das Jesus im Lukas-Evangelium spricht, wendet er sich voll Vertrauen und in Hingabe an seinen Vater. Zwischen diesem Wort Jesu und dem ersten Wort seiner Selbst- und Gottesoffenbarung besteht eine enge Beziehung. Er stellt beide Male Gott, seinen Vater, in den Mittelpunkt sowohl seines Lebens als auch seines Sterbens. Der zwölfjährige Jesus sagte zu seinen Eltern:

Warum habt ihr mich gesucht? Wusstet ihr nicht, dass ich in dem sein muss, was meinem Vater gehört? (Lukas 2,49)

Das Gebet „Vater, in deine Hände lege ich meinen Geist" ist der sechste Vers von Psalm 31. Dieser Psalm drückt das Vertrauen eines tödlich Bedrohten aus. Die Juden wie auch die spätere christliche Kirche sprachen und sprechen diese Worte als Abendgebet. Der Schlaf gilt frommen Juden als Vorstufe des Sterbens. Die volle Geborgenheit in Gott kommt in diesem Gebet zum Ausdruck. Wahrscheinlich hat Jesus dieses Abendgebet seit seiner Kindheit gesprochen. Am Kreuz sprach er es mit lauter Stimme: Das, was er bereits als Kind betete, wurde zu seinem Sterbegebet.

Jesus wusste im Vorhinein was ihn erwartete. Im Gehorsam und im Vertrauen bejahte er das Ende seines irdischen Auftrags.

Jesus versammelte die Zwölf um sich und sagte zu ihnen: Wir gehen jetzt nach Jerusalem hinauf; dort wird sich alles erfüllen, was bei den Propheten über den Menschensohn steht. Er wird den Heiden ausgeliefert, wird verspottet, misshandelt und angespuckt werden und man wird ihn geißeln und töten. Aber am dritten Tag wird er auferstehen. Doch die Zwölf verstanden das alles nicht; der Sinn der Worte war ihnen verschlossen, und sie begriffen nicht, was er sagte. (Lukas 18,31–34)

Sterbend am Kreuz gab Jesus sein Leben mit großem Vertrauen in die Hände Gottes zurück. Er lieferte damit seinen Geist, der Träger des Lebens ist, seinem Vater vollkommen aus. Dies geschah im Wissen und aus der Erfahrung, dass in Gottes Händen und in seiner Vatergüte die Seele geborgen ist.
Leiden und Sterben des Messias wurden zur unerlässlichen Voraussetzung für seine Auferstehung in der Herrlichkeit Gottes.
Musste nicht der Messias all das erleiden, um so in seine Herrlichkeit zu gelangen? (Lukas 24,26)

Das Gebetswort „Vater, in deine Hände lege ich meinen Geist" kannst du – wer du auch bist und wo du auch stehst – mitten in deinem aktiven Leben einüben. Diese Erfahrung der Hingabe hat Jesus seit seiner Kindheit gemacht. Lukas zeigt, wie Jesus sein Sterben und seinen Tod im Vertrauen auf die Liebe des Vaters bewältigte. Er zeigt damit auch uns, wie wir unseren eigenen Tod gläubig bewältigen können.

Der Tod als unabwendbare Wirklichkeit eines jeden Lebens muss nicht nur erlitten, sondern auch letztlich bejahend vollbracht werden. Es ist eine Arbeit, die mit, durch und in Jesus Christus getan werden muss.

Herr Jesus Christus,
du hast dich ganz dem Vater anvertraut.
Immer wieder hast du in deinem Leben deinen Geist in seine Hände gelegt –
bis du durch den Tod in seine Herrlichkeit aufgenommen wurdest.
Zeige auch mir den Weg der Hingabe,
damit ich dir ähnlich werde und der Wille des Vaters an mir geschehe.
Führe mich nicht in Versuchung,
sondern erlöse mich von dem Bösen.
Denn dein ist das Reich und die Kraft
und die Herrlichkeit.
Amen.

Samstag
Die Seitenwunde Jesu –
Die Abnahme vom Kreuz und das Begräbnis Jesu

Erster Schritt
Der bevorstehende Sabbat war ein großer Feiertag, denn es wurde gleichzeitig an diesem Tag das Pessach-Fest begangen. Die Juden befürchteten, dass die Hingerichteten noch an diesem heiligen Feiertag am Kreuz hängen und dahinsiechen würden. Nach dem Gesetz des Mose mussten die Leichen der Hingerichteten vor Einbruch der Nacht abgenommen und begraben werden, damit sie nicht das Land verunreinigten (*siehe Exodus 21,22*). Daher traten die Juden mit der Bitte an Pilatus heran, den Gekreuzigten die Beine zerschlagen und dann die Leichen abnehmen zu dürfen. Das Zerbrechen der Beinknochen beschleunigte den Tod, falls er noch nicht eingetreten war. Die Soldaten führten den Befehl des Pilatus zunächst an den beiden Mitgekreuzigten aus. Das Zerbrechen der Beine war eine grausame Praxis, die den Tod auf der Stelle herbeiführte. Jesus wurde davor bewahrt, denn als die Soldaten zu ihm kamen, stellten sie fest, dass er bereits gestorben war.
Und ihr sollt keinen Knochen des Pascha-Lammes zerbrechen. (Exodus 12,46)
Der Herr behütet all seine Glieder, nicht eines von ihnen wird zerbrochen. (Psalm 34,21)

Jesus Christus ist zum neuen und wahren Pessach-Lamm geworden, das für die Christen den alten Brauch ablöst. Damit ist auch der Alte Bund erfüllt, und der Neue Bund tritt in Kraft.

Um ganz sicher zu gehen, dass Jesus nicht doch mit einem Funken Leben vom Kreuz abgenommen würde, stieß ihm einer der Soldaten – statt ihm die Beine zu zerbrechen – mit einer Lanze in die Seite. Und sogleich flossen aus der Herzwunde Blut und Wasser. Die Öffnung der Seite Jesu galt als Beweis seines sicheren Todes.

Und sie werden auf den blicken, den sie durchbohrt haben. Sie werden um ihn klagen, wie man um den einzigen Sohn klagt; sie werden bitter um ihn weinen, wie man um den Erstgeborenen weint. (Sacharja 12,10b)

Für den Evangelisten Johannes ist Jesus dieser „Durchbohrte" und gleichzeitig der „Erhöhte", auf den jetzt alle zu ihrem Heil blicken werden. Der johanneische Zeugenbericht ist also nicht nur an äußeren Tatsachen orientiert, sondern er schließt auch ein Geheimnis auf, das letztlich nur durch den Glauben zugänglich ist. Der bloße historische Tatbestand wird also zu einem Offenbarungsereignis und damit zum Ziel der Sendung Jesu.

Und wie Mose die Schlange in der Wüste erhöht hat, so muss der Menschensohn erhöht werden, damit jeder, der an ihn glaubt, in ihm das ewige Leben hat. Denn Gott hat die Welt so sehr geliebt, dass er seinen einzigen Sohn hingab, damit jeder, der an ihn glaubt, nicht zu Grunde geht, sondern das ewige Leben hat. (Johannes 3,14–16)

Jesus Christus ist der „Erhöhte". Als Auferstandener trägt er noch die Wundmale an seinem verklärten Körper. Sie sind Kennzeichen seines Menschseins, seines Leidens und Sterbens. Die fünf Wunden an den Händen, den Füßen und an der Seite Christi werden sich erst dann schließen, wenn die gesamte Schöpfung und damit auch der letzte, der Gott fern stehendste Mensch, erlöst sein wird.

Jesus sagte zu ihnen: Friede sei mit euch! Nach diesen Worten zeigte er ihnen seine Hände und seine Seite ... Thomas entgegnete den Jüngern: Wenn ich nicht die Male der Nägel an seinen Händen sehe und wenn ich meinen Finger nicht in die Male der Nägel und meine Hand nicht in seine Seite lege, glaube ich nicht.
(Johannes 20,19b-20a.25)

Die Kirchenväter verstanden den Lanzenstich als Symbolhandlung. Der Evangelist Johannes sagt nicht, dass der Soldat die Seite Jesu durchbohrte oder verwundete. Johannes gebraucht die Formulierung „er öffnete sie", damit dort die Tür des Lebens aufgetan würde. Von hier strömen die Sakramente der Kirche aus, ohne die man in das wahre Leben nicht eingeht. Das Blut ist Zeichen des erlösenden Todes Jesu. Er hat es zur Vergebung der Sünden vergossen. Das Wasser symbolisiert Geist und Leben.

Dieser ist es, der durch das Wasser und Blut gekommen ist: Jesus Christus. Er ist nicht nur im Wasser gekommen, sondern im Wasser und im Blut. Und der Geist ist es, der Zeugnis ablegt; denn der Geist ist die Wahrheit. Drei sind es, die Zeugnis ablegen: der Geist, das Wasser und das Blut; und diese drei sind eins.
(1. Johannesbrief 5,6–8)

Wie am Ursprung der Menschheit die Mutter alles menschlichen Lebens, Eva, aus der geöffneten Seite des schlafenden Adam hervorging, so strömen aus der Herzwunde, der geöffneten Seite Jesu Christi, die Sakramente der Taufe und des Herrenmahles.

Zweiter Schritt
Bevor du in deiner Betrachtung das Kreuz und den Tod Jesu verlässt, um mit ihm in die Auferstehung zu gehen, vergegenwärtige dir noch einmal kurz den zeitlichen Ablauf der Passion. Das Kreuzesgeschehen steht klar im Raum der Geschichte. Der Ort und die Zeit sind festgelegt und für alle nachweisbar.

- ◆ In der Frühe, gegen sechs Uhr, wird Jesus an Pilatus ausgeliefert (*Markus 15,1*).
- ◆ Um die dritte Stunde, gegen neun Uhr, wird Jesus gekreuzigt (*Markus 15,25*).

- Von der sechsten bis zur neunten Stunde, also zwischen zwölf und fünfzehn Uhr, tritt die große Finsternis ein (*Markus 15,33*).
- In der neunten Stunde, gegen fünfzehn Uhr, stirbt Jesus (*Markus 15,34.37*).
- Gegen Abend, noch am Rüsttag, dem Tag vor dem Sabbat und dem Pessach-Fest, wird Jesus begraben (*Markus 15,46*).
- Der Sabbat, der Samstag nach dem Tod Jesu, wird bei *Markus 16,1* erwähnt: „Als der Sabbat vorüber war …"
- Der Gang der Frauen zum Grab geschieht in der Frühe des ersten Wochentages, des Sonntags (*Markus 16,2*).

Dritter Schritt
Du hast noch einmal das Leiden und den Tod Jesu in zeitlicher Abfolge betrachtet. Stelle dir nun einige Fragen und lass dir viel Zeit für die Beantwortung jeder einzelnen Frage.

- Wie hättest du dich verhalten, wenn du als Anhänger oder Anhängerin Jesu damals seinen Leidensweg mit angesehen hättest?
- Hättest du den Mut gehabt, dich offen unter das Kreuz zu stellen und dich zu ihm zu bekennen?
- Was bedeutet das Kreuz für dich?
- Was empfindest du beim Lesen dieses Satzes: „Wir

verehren nicht das Kreuz, sondern den Gekreuzigten und Auferstandenen"?

- ◆ Kannst du die Auffassung bejahen, dass wir damit aufhören sollten, das Leiden heiligzusprechen?
- ◆ Wie stehst du zu der Aussage: „Das Kreuz sucht man nicht; es wird auferlegt"?
- ◆ Kannst du im Tragen deines eigenen Kreuzes den Blick zum Vater heben?
- ◆ Worin besteht bei dir die Versuchung eines Weggehens von ihm?
- ◆ Gelingt es dir, auf den Gekreuzigten und Auferstandenen zu schauen und daraus Kraft zu schöpfen, wenn du in dieser Welt einen Ausweg sehen und mitten in der Dunkelheit Licht wahrnehmen willst?
- ◆ Wie weit bist du in der Lage, etwas zu ertragen und mitzutragen?
- ◆ Stelle dir die Frage, ob und wie man nach den Karfreitagen in der Menschheitsgeschichte das Kreuz für alle Zeit vermeiden kann.
- ◆ Wenn du bedenkst, dass Menschen, die wir wirklich lieb haben, in unserer Vorstellung und in unseren Herzen nicht sterben können: Kann da nicht jeder Karfreitag zu einem neuen Anfang werden?

Vierter Schritt

Die Abnahme Jesu vom Kreuz und seine Grablegung war der Übergang von aller Schmach zur Herrlichkeit. Wer nach römischem Recht hingerichtet wurde, verlor

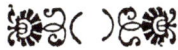

damit auch das Recht auf die Totenehrung. Der Tote wurde in der Regel in einem Massengrab beigesetzt. Wer die Leiche eines Hingerichteten eigenmächtig entfernte, musste mit einer hohen Bestrafung rechnen. Der römische Stadthalter Pilatus war für die Freigabe des toten Jesus zur Bestattung zuständig.

Da mit dem Sonnenuntergang bereits der nächste Tag begann – also der Sabbat und das Pessach-Fest – war Eile geboten. Die Hingerichteten mussten nach dem Gesetz noch am Tage ihrer Hinrichtung verbrannt oder beerdigt werden. Vor dem Aufleuchten des ersten Sterns musste das Begräbnis stattgefunden haben.

Josef, ein vornehmer Ratsherr und Mitglied des Hohen Rates, hatte schon länger seinen Wohnsitz in Jerusalem. Da er aus Arimathäa, einer Stadt im Norden Judäas, kam, wurde er „Josef von Arimathäa" genannt. Als heimlicher Anhänger und Jünger Jesu hatte er sich an den Beratungen des Hohen Rates zur Auslieferung und Verurteilung Jesu nicht beteiligt. Obwohl er den Tod Jesu auf tiefste und schmerzlichste Weise miterlebt hatte, war er nicht in der Lage, einzuschreiten. Doch jetzt führte der Tod Jesu bei ihm zum Durchbruch einer entschiedenen Glaubenshaltung. Josef von Arimathäa überwand seine Schwäche, zeigte Mut und wagte es, zu Pilatus zu gehen, der wegen seiner

Härte bekannt war. Er bat den Statthalter um den Leichnam Jesu, um ihn vom Kreuz abnehmen und ihn noch vor dem Aufleuchten des ersten Sterns bestatten zu dürfen. Pilatus ließ sich zunächst den Tod Jesu durch einen Hauptmann bestätigen. Da Pilatus im Geheimen von der Unschuld Jesu überzeugt war und Josef von Arimathäa beim Statthalter seinen Einfluss geltend machte, gelang es ihm, den Leichnam Jesu frei zu bekommen.

Bei den Juden herrschte eine hohe Wertschätzung der Totenbestattung. Sie erfolgte privat – ohne irgendeinen Kult. Die Gräber wurden in Grundstücken angelegt, die man außerhalb der Wohnorte dafür erwarb. Sehr gern benutzte man Felsen- oder Höhlengräber, die mehrfach belegt werden konnten. Der Verstorbene wurde in eine ausgehauene Felsennische gelegt. Nach einigen Jahren nahm man die Gebeine heraus, legte sie in einen kleinen Steinsarkophag, so dass das Grab neu belegt werden konnte. Ein großer Stein wurde vor den Eingang der Gruft gewälzt, damit das Grab vor Tieren und Räubern gesichert war. Meist benutzte man einen so genannten Rollstein. Er lief auf einer zum Grabeingang gesenkten Rille und konnte deshalb nicht leicht fort bewegt werden.

Ein solches Felsengrab hatte sich Josef von Arimathäa in einem Garten in der Nähe von Golgota errichten

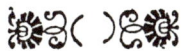

lassen. Es war ein neues Grab – niemand war vorher hier beigesetzt worden. In dieses Familiengrab wollte er den Leichnam Jesu legen. Josef von Arimathäa wusste, dass diese Handlung ihn verunreinigen und ihn vom Pessach-Fest ausschließen würde. Er durfte somit auch nicht mehr am Verzehr des Pessach-Lammes teilnehmen. Sein Entschluss, Jesus vom Kreuz zu nehmen und ihn seiner Würde und Heiligkeit entsprechend zu bestatten, offenbarte die Größe der Liebe zu Jesus und die Größe seines Glaubens an ihn. Für Josef von Arimathäa war der gekreuzigte Jesus wichtiger als das Pessach-Lamm.

Der Ausklang der Passion Jesu geschah nun in Frieden und großer Ruhe. Behutsam nahm Josef von Arimathäa Jesus vom Kreuz. Da es als große Schmach empfunden wurde, einen Toten unbekleidet zu bestatten, hatte er vorher ein reines Leinentuch erworben. Es kam auch Nikodemus, ein führender Mann unter den Juden, der Jesus bei Nacht aufgesucht hatte, um mit ihm ein geistliches Gespräch zu führen. Nikodemus, der sonst Jesus ebenfalls nur im Geheimen anhing, trat jetzt mutig hervor. Er hatte eine Menge wohlriechender Gewürze mitgebracht, um den toten Körper vor Leichengeruch zu bewahren. Damit wollte er Jesus einen letzten Liebesdienst erweisen, denn auch bei Nikodemus hatte der Tod Jesu zum Durchbruch einer entschiedenen Glaubenshaltung geführt.

Das duftende Gewürz war eine Mischung von Myrrhe, einem wohlriechenden Harz, und Aloe, einer duftenden Holzart. Die Mischung dieser beiden pulverisierten Duftstoffe streuten die Männer auf das Leinentuch, mit dem sie dann den Leichnam Jesu umwickelten. Es war nach jüdischer Anschauung eine große Ehre, die man einem Toten erwies. Bei den Juden war eine Einbalsamierung von Verstorbenen wie in Ägypten nicht üblich. Durch diese liebevolle Behandlung des Leichnams Jesu wurde ihm eine außergewöhnliche Verehrung zuteil.

Josef von Arimathäa und Nikodemus trugen Jesus noch in der letzten Stunde des Tages vor dem Sabbat und Pessach-Fest zu Grabe – noch bevor der erste Stern am Himmel zu leuchten begann. Als erster der Entschlafenen wurde Jesus in das neue Grab gebettet. Indem Josef von Arimathäa Jesus in seinem eigenen Familiengrab beisetzte, nahm er ihn als seinen Bruder auf. Das Grab Josefs, das nun zum Grab Jesu geworden war, liegt zwischen Golgota und Ostern, zwischen Geschichte, Zeit und Ewigkeit.
Einige Frauen, die sich in der Nähe des Grabes niedergelassen hatten, um das Begräbnis zu beobachten, wurden zu Zeugen des Geschehens.

Hier endet das Leben, das Leiden und der Tod Jesu, und es beginnt die Heilsgeschichte Christi.

Sonntag
Der Gang Jesu zu den Toten –
Seine Auferstehung und Himmelfahrt

Die Heilsgeschichte Christi beginnt mit einer großen Stille, denn die Evangelien schweigen für die Zeit zwischen der Grablegung und der Auferstehung. Über den Karsamstag erfahren wir nichts.

Erster Schritt
Im 9. Jahrhundert nahm die Römische Kirche den Satz „Hinabgestiegen in das Reich des Todes" in ihr Glaubensbekenntnis auf.

Jesus ist am Kreuz gestorben und begraben worden. Wie er auf Erden solidarisch war mit den Lebenden, so ist er in und nach seinem Tod solidarisch mit den Toten. Die Abnahme vom Kreuz und das Begräbnis sind schlichte Zeugnisse für diese Solidarität. Da Jesus als Toter - allen menschlichen Toten gleich - von sich aus keine Bewegung mehr vollbringen konnte, trifft das Wort „hinabsteigen" im eigentlichen Sinne nicht zu. Ein „Sein" Jesu mit den Toten entspricht diesem Zustand weit mehr. Das Sein Jesu mit den Unerlöst-Toten in der unteren Welt währte solange wie sein Leib im Grabe ruhte. Die Unerlöst-Toten entbehren der Anschauung Gottes, und unter ihnen selbst gibt es kein Leben. Die Solidarität Jesu besteht darin, zusammen mit ihnen einsam zu sein.

Denn wie Jona drei Tage und drei Nächte im Bauch des Fisches war, so wird auch der Menschensohn drei Tage und drei Nächte im Innern der Erde sein.
(Matthäus 12,40)

Einen solchen Tod, wie er den Unerlösten auferlegt ist, nahm Jesus auf sich. Er machte die unmittelbare Erfahrung dieser vollkommensten Strafe, die ein Ergebnis des Sich-Entfernens von Gott ist. Da nun der Tod Jesu ein vollkommener war, erfuhr er den untersten Grund der unteren Welt, wo nicht die Anschauung Gottes, sondern die Anschauung des Todes herrscht. Das Leiden der Seele Christi, das Größte, das sich denken lässt, war wie das Leiden derjenigen, die sich durch Missbrauch ihrer Freiheit *ins tiefste Unten* der unteren Welt gebracht haben – dahin, wo es kein weiteres Entferntsein von Gott mehr gibt. Nach seinem Tod durchlitt die Seele Christi die gesamte Dimension des rein Gegengöttlichen, das wir „Hölle" nennen.

Wenn Gott, der barmherzige Vater, alles – und damit auch die menschliche Freiheit – geschaffen hat, dann gehört auch die „Hölle" zu dem von ihm ursprünglich Geschaffenen. Wenn der Vater den Sohn in die Welt sendet, um statt zu richten zu retten, dann muss er ihn als den Menschgewordenen auch in die „Hölle" einführen.

Versuche während deiner Betrachtung die „Hölle" nicht als Ort ewiger Verdammnis und als ewiges Horrorszenarium zu verstehen, sondern als die letzte Folge missbrauchter geschöpflicher Freiheit. Wie Jesus am Karsamstag in den Abgründen des Todes weilte, so vollbringt er auch immer wieder einen geistigen „Abstieg" in die Verlorenheiten der sündigen Herzen. Somit erschließt er allen den Weg zum Himmel.

Das Sein Jesu mit den Toten war die letzte Stufe seines vom Vater übernommenen Erlösungsauftrags. Wirklich in die „Hölle" eingeführt werden konnte der Sohn nur als Toter am Karsamstag. Das „Gehen" Jesu zu den Unerlöst-Toten war und ist Voraussetzung, wenn die Toten die Stimme des Sohnes Gottes hören und als Hörende leben sollen.

So ist er auch zu den Geistern gegangen, die im Gefängnis waren, und hat ihnen gepredigt.
(1. Petrusbrief 3,19)
Denn auch Toten ist das Evangelium dazu verkündet worden, dass sie wie Menschen gerichtet werden im Fleisch, aber wie Gott das Leben haben im Geist.
(1. Petrusbrief 4,6)

Alle Teile der Schöpfung - auch die tiefsten Tiefen der unteren Welt - hat der Herr und Erlöser berührt, damit jeder überall Christus finden kann.

Die Stunde kommt, und sie ist schon da, in der die Toten die Stimme des Sohnes Gottes hören werden; und alle, die sie hören, werden leben. (Johannes 5,25)

Durch seinen Erlösungsauftrag und durch seine eigene unermesslich große Tiefe erreichte Jesus Christus alle Tiefen der Unterwelt. Erst als er die „Hölle" schaute und das Unterste der unteren Welt erfuhr, konnte nach dem Willen des Vaters die Umkehr einsetzen. Der Sohn musste das Unvollendete und Chaotische in Augenschein nehmen und es in seiner Seele zutiefst schmerzhaft erfahren, um allen Unerlöst-Toten die Erlösung anzubieten. Das, was Gefängnis war, hat er in einen Aus-Weg verwandelt, der in die Freiheit führt.

Heute ist er als König in das Gefängnis gekommen, heute hat er die ehernen Pforten und eisernen Riegel durchbrochen, er, der wie ein gewöhnlicher Toter verschlungen wurde, hat die Hölle in Gott verwüstet. (Proklus von Konstantinopel)

Bei seiner Auferstehung, die Jesus in den tiefsten Tiefen der unteren Welt vom Vater geschenkt wurde, erhielt er das Leben zurück. Gleichzeitig wurden ihm als Christus die Macht über die Unterwelt und die Schlüssel zu ihren Pforten übergeben.

Ich war tot, doch nun lebe ich in alle Ewigkeit, und ich habe die Schlüssel zum Tod und zur Unterwelt. (Offenbarung 1,18)

Jesus erlitt den Kreuzestod und wurde begraben. Er solidarisierte sich nicht nur mit den Lebenden, sondern auch mit den Toten – insbesondere mit den Unerlöst-Toten. Nachdem Jesus Christus nun in der Einheit des Vaters und des Heiligen Geistes ewig lebt, hat er den Tod für sich und für uns alle zur Vergänglichkeit entmachtet. Unser Tod-Sein vor Gott beinhaltet somit immer einen mehr oder weniger langen Übergang in das ewige Leben.

Gott aber hat ihn von den Wehen des Todes befreit und auferweckt; denn es war unmöglich, dass er vom Tod festgehalten wurde. David nämlich sagt über ihn:
Ich habe den Herrn beständig vor Augen.
Er steht mir zur Rechten, ich wanke nicht.
Darum freut sich mein Herz und frohlockt meine Zunge, und auch mein Leib wird in sicherer Hoffnung ruhen;
denn du gibst mich nicht der Unterwelt preis, noch lässt du deinen Frommen die Verwesung schauen.
Du zeigst mir die Wege zum Leben,
du erfüllst mich mit Freude vor deinem Angesicht.
(Apostelgeschichte 2,24–28)

Zweiter Schritt
Die gesamte Schöpfung hält den Atem an, bevor das Neue beginnt. Der Auferstandene erschien denen zuerst, die ihn glühend liebten.
Der Sabbat, der siebte Wochentag, endete mit dem Sonnenuntergang. Als die Frauen am nächsten Mor-

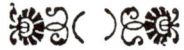

gen unterwegs zum Grab Jesu waren, ging die Sonne auf. Die Morgenfrühe, die Zeit des Sonnenaufgangs, galt als Zeit der Hilfe Gottes. So sollten an diesem Ostermorgen die Rettungstaten Gottes in besonderer Weise offenbar werden. Die Frauen scheuten keine Mühe. Sie hatten sich früh auf den Weg gemacht, um den Toten mit kostbaren Salben einzubalsamieren. Doch ihr Bemühen und ihre Suche waren vergeblich, da Jesus nicht mehr bei den Toten zu finden war. Was das geöffnete und leere Grab mit dem weggerollten Stein wortlos sagte, das verkündete der Engel den Frauen.

Wie der Hauptmann unterhalb des Kreuzes bekannte, dass Jesus wahrhaft Gottes Sohn sei, so bestätigte jetzt der Engel von oben diese Wahrheit. Von ihm wurden die Frauen über ihr eigenes Suchen hinausgewiesen: „Was sucht ihr den Lebenden bei den Toten?" Der Engel am leeren Grab hatte den Frauen mit der Auferweckungs-Botschaft ein überwältigendes Geheimnis anvertraut, das sie aus den Bahnen ihres bisherigen Denkens und Vorstellens gewaltsam herausriss. „Der gekreuzigte und hier begrabene Jesus von Nazaret ist von Gott auferweckt worden und nicht im Grab zu finden. Es ist leer, denn Gott hat Jesus als Lebenden aus dem Grab befreit."
Der Engel beauftragte die Frauen, die zu Zeugen der Nicht-Auffindbarkeit Jesu wurden, mit einer Botschaft

an die Jünger. Sie, die zu Boten des göttlichen Boten wurden, waren zwar nicht Zeugen der Auferstehung, doch Zeugen der die Auferstehung Jesu begleitenden Umstände. Eine große Freude brach in ihnen auf, die sich nochmals steigerte, als sie später den Auferstandenen sahen. Keine Erscheinung des auferstandenen Herrn hätte sowohl die Frauen als auch die Jünger auf die Dauer vom Leben Christi überzeugen können, hätten sie nicht einen tiefen Eindruck seiner Person im Herzen besessen. Eine große Freude brach in ihnen auf, denn sie hatten das Endgültige und Bleibende gefunden – den ewigen Morgen eines Lichtes, das keinen Untergang mehr kennt.

Im Johannes-Evangelium repräsentiert *Maria Magdalena* die Frauen. Auch sie wurde Botschafterin des Glaubens. Maria Magdalena suchte Jesus zunächst in der Vergangenheit – bei den Toten. In ihrer großen Trauer um den Gekreuzigten und voll der Tränen war ihr Blick getrübt. In ihrem Suchen war sie soweit nach rückwärts gewandt, dass sie nicht sah, wie der von den Toten auferweckte Jesus vor ihr stand.

„Halte mich nicht fest", sagte Jesus zu *Maria Magdalena*. Jesus Christus ist nicht zu fassen, denn Neues hat sich ereignet. Bis heute ist es nicht zu fassen und zu begreifen. Der Wandel von der Trauer zur Freude, wie er in den Abschiedsreden Jesu zum Ausdruck kommt, spiegelt die Erfahrung der Maria Magdalena wider. Jesus rief sie von jenseits der Todesgrenze bei ihrem Namen. Der Osterglaube entsteht für alle Menschen in der Begegnung mit dem Auferstandenen – in Wort und Antwort der Liebe. Eine Botschaft jenseits des Grabes ist stets eine Botschaft der Liebe.

Ich bin die Auferstehung und das Leben. Wer an mich glaubt, wird leben, auch wenn er stirbt, und jeder, der lebt und an mich glaubt, wird auf ewig nicht sterben. Glaubst du das? (Johannes 11,25–26)

Maria Magdalena gehörte nicht zu den Aposteln und war doch die Erste, die diese Osterbotschaft verkündete: Die Liebe, die uns leben lässt, kann selbst niemals sterben.

Maria Magdalena wie auch die anderen Frauen verkündeten am Ostermorgen die Auferstehung ins Leben. Um diese Botschaft wirklich zu erfassen und an sie glauben zu können, muss man der Wahrheit und dem Leben in der Betroffenheit seiner ganzen Existenz begegnet sein. Um zu glauben, muss man die Botschaft Jesu in seiner eigenen Lebensgeschichte erlebt und oft sogar durchlitten haben.

Die Himmel rühmen die Herrlichkeit Gottes,
vom Werk seiner Hände kündet das Firmament.
Ein Tag sagt es dem andern,
eine Nacht tut es der andern kund.
Die Worte meines Mundes mögen dir gefallen;
was ich im Herzen erwäge, stehe dir vor Augen,

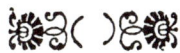

Herr, mein Fels und mein Erlöser.
(Psalm 19,2–3.15)

Ostern steht für ein Leben, das durch den Tod hindurchgegangen ist. Daher ist der Karfreitag unumgänglich. Wir dürfen ihn niemals vergessen.

Bevor die Jünger die Osterbotschaft von den Frauen erfuhren, trauerten sie noch um den Toten, der doch lebt. Obwohl Jesus, als er noch in Galiläa weilte, seinen Tod am Kreuz und seine Auferstehung am dritten Tag vorausgesagt hatte, fehlte den Jüngern der Glaube an die Auferstehung.

Oft führt der Zweifel – wie im Fall des Thomas – erst zur intensiven Auseinandersetzung mit dem Glauben. Gerade der Zweifel führt letztlich näher an den Glauben heran und auch tiefer in ihn hinein. Die Jünger, die Jesus als Toten nach der Kreuzigung nicht mehr sahen, da sie geflohen waren, schauten ihn nun als Lebenden – denn sie waren innerlich zu ihm zurückgekehrt. Mögen auch Angst und Verschlossenheit noch so groß sein: Der Auferstandene hat die Fähigkeit, durch verschlossene Türen zu dringen. Er klopft immer wieder an unsere „verschlossene Welt", um sie durch seine Wirksamkeit zu einer „offenen Welt" zu machen.

Die Jünger erkannten den Auferstandenen an seinen Wundmalen. Die Wunden sind tief eingegraben in die

Existenz Jesu. Er, der Sohn Gottes, an dessen Tod und Auferstehung wir glauben, geht nicht an den Wunden der Welt vorbei. Er trägt sie selbst und hat gerade dadurch die Kraft zu heilen. Christus besitzt die göttliche Vollmacht zu heilen, was verwundet ist. Er bleibt der Welt zugewandt, indem er mit allen ist. Christus hat seine Jüngerinnen und Jünger – und damit auch uns – beauftragt, sich den Menschen in einem umfassenden Sinn zuzuwenden. Das ist der Osterglaube: Mitten im unbegreiflichen Leid dieser Welt wird uns Hoffnung gewährt, jegliches Leid und alle Karfreitage zu überwinden.

Jesus Christus steht immer und immer wieder in den Seelen der Menschen auf, die sich der Wahrheit und dem Leben gegenüber öffnen.

Warum waren die Emmaus-Jünger – und warum bist vielleicht auch du – für die Osterbotschaft verschlossen? Für viele von uns ist – wie für die Emmaus-Jünger – am Ostertag noch nicht Ostern geworden. Trauer und Zweifel haben die Oberhand. Das Verstehen ist begrenzt und das Herz, der Ort der religiösen Entscheidungen und der Offenbarung, ist verschlossen, stumpf und träge. Für das Wesentliche im Leben, das Tragende und Bleibende, muss das Herz des Menschen geöffnet werden.

Zwei der Jünger Jesu, die den Bericht der Frauen über das leere Grab und die Botschaft des Engels bewegt, aber doch mit lebhaftem Zweifel aufgenommen hatten, waren auf dem Weg nach Emmaus. Jesus gesellte sich zu ihnen, doch sahen sie den mitwandernden Auferstandenen vorerst nicht.

So blieb ich stumm und still;
ich schwieg, vom Glück verlassen,
doch mein Schmerz war aufgerührt.
Heiß wurde mir das Herz in der Brust,
bei meinem Grübeln entbrannte ein Feuer;
da musste ich reden. (Psalm 39,3–4)

Den Jüngern wurde erst langsam bewusst, dass der Schlüssel der Heiligen Schrift der auferstandene Christus ist. Diese beiden ehrlich suchenden Männer erfuhren durch ihren auferstandenen Herrn selbst, dass ihnen die Frauen die Wahrheit verkündet hatten.
Beim Brechen des Brotes wurde es ihnen zur Gewissheit: Jesus lebt, und der Wanderer ist der Auferstandene. Er ist der Wegbereiter – wenn zwei oder drei in seinem Namen unterwegs sind, ist er bei ihnen. Jesus Christus, der sich zu allen ehrlich Suchenden und allen, die auf dem Weg zu ihm sind, bekennt, feiert mit uns das Mahl der Liebe. Die Eucharistie ist das große Zeichen der Auferstehung des Herrn, das Zeichen, an dem wir erkennen, dass der Herr lebt und gegenwärtig ist.
Diese Erfahrung kannst du nur machen, wenn du dich auf den geistlichen Weg begibst. Viele in der Welt sehen zwar das Zeichen, doch glauben sie dem Wun-

der der Auferstehung nicht. Du darfst sicher sein: Wenn du dich auf den Weg zu Jesus Christus begibst, wird er dir, wie er auch den Emmaus-Jüngern erschien, seine geistige Gegenwart nicht verweigern. Letztlich ist Ostern unsagbar. Ob wir erst im Augenblick der Erfüllung erkennen, wie nah Christus uns ist?

Die Auferstehung Jesu ist damals wie heute nur im Glauben zugänglich. Da sie sich gänzlich unserem äußeren Blick entzieht, kann sie auch geschichtlich nicht erfasst werden. Mit der Auferweckung Jesu wird sein Hinübergehen in eine neue Existenzform ausgedrückt – eine Existenzform, die den Tod ein für alle Mal hinter sich gelassen hat. An diesem Punkt wird die Geschichte, die wir Menschen schreiben, überschritten. Das älteste Zeugnis von der Auferstehung Jesu Christi ist das von Paulus den Korinthern ins Gedächtnis gerufene Glaubensbekenntnis.

Christus ist für unsere Sünden gestorben, gemäß der Schrift, und ist begraben worden. Er ist am dritten Tag auferweckt worden, gemäß der Schrift, und erschien dem Kephas, dann den Zwölf. Ob nun ich verkündige oder die anderen: Das ist unsere Botschaft, und das ist der Glaube, den ihr angenommen habt. (1. Korintherbrief 15,3–4.11)

Ohne den Glauben an den Tod und die Auferstehung Jesu Christi gibt es keine christliche Kirche. Bereits in den ersten Gemeinden sind Kreuzestod und Begräbnis mit der Auferstehung und Erscheinung des Auferstandenen zu einer Bekenntnis-Einheit verbunden. So wird Ostern zur Mitte unseres Glaubens.

Die Auferstehung Jesu ist keine bloße Überwindung des Todes – sie ist die Verwandlung des Todes selbst. Der Tod wird durch die Auferstehung Jesu zu einer Brücke in die Unendlichkeit. Was wären wir ohne die Erwartung der Ewigkeit? Das ist die Botschaft von Ostern: Über Jesus ist der Himmel offen. Er verbindet den Himmel mit der Erde und Gott mit den Menschen.

Es kommt auch in deinem Leben darauf an, richtig und wahr zu leben. Da Gott mit der Auferstehung Jesu, der den Tod besiegte, einen neuen Anfang gesetzt hat, wirst auch du deinen Schmerz besiegen und den Tod annehmen – im Wissen, dass die Dunkelheit niemals das letzte Wort behält, sondern überleitet zur Wiederkehr des Lichtes. Besonders in den Zeiten, in denen es dunkel um dich ist, weißt du, wer dich am Ende deines dunklen Weges erwartet. Wenn auch Christus, der Auferstandene, die Nacht nicht aufhebt, die du durchschreiten musst, so erleuchtet er sie doch.

Der Osterglaube behebt zwar nicht den Schmerz der Welt, wie wir es uns wünschen, doch ist es ein Glaube, der zu trösten weiß und eine berechtigte Hoffnung auf ein neues Leben schenkt. Es ist ein Glaube, der uns erfahrbar werden lässt, dass etwas in unserer Person für alle Zeiten unzerstörbar ist.

Dritter Schritt

Jesus Christus trat als Auferstandener in die Mitte seiner Jünger und sprach den Friedensgruß. Doch sie erschraken und hatten Angst.

Was seid ihr so bestürzt? Warum lasst ihr in eurem Herzen solche Zweifel aufkommen? (Lukas 24,38)

Nachdem sich Jesus durch die Wundmale zu erkennen gegeben hatte, öffnete er ihnen die Augen für das Verständnis der Schrift.

Der Messias wird leiden und am dritten Tag von den Toten auferstehen, und in seinem Namen wird man allen Völkern, angefangen in Jerusalem, verkünden, sie sollen umkehren, damit ihre Sünden vergeben werden.
(Lukas 24,46–47)

Die Jünger staunten und konnten es vor lauter Freude kaum fassen, dass der Herr als Lebender unter ihnen weilte. Jesus versprach den Seinen, die Gabe des Heiligen Geistes, die der Vater verheißen hatte, auf alle herabzusenden.

Dann führte er sie hinaus in die Nähe von Betanien. Dort erhob er seine Hände und segnete sie. Und während er sie segnete, verließ er sie und wurde zum Himmel emporgehoben; sie aber fielen vor ihm nieder. Dann kehrten sie in großer Freude nach Jerusalem zurück. (Lukas 24,50–52)

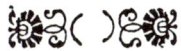

Eine Frau aus dem Jüngerkreis, die aus Angst vor den Juden und vor dem, was mit Jesus geschah, zu lange abseits gestanden hatte, bedauerte ihr Verhalten. Sie, deren Namen wir nicht kennen, da sie unbekannt bleiben wollte, drückte ihre Klage mit folgenden Worten aus: *Du bist hinweggegangen, mein Herr und mein Gott, und hast auf mich nicht Bedacht genommen. Beim Abschied hast du die Deinen gesegnet, und ich habe es nicht gesehen; die Engel haben versprochen, dass du zurückkehren werdest, und ich habe es nicht gehört!*

Die Jünger aber, die den Abschied Jesu miterleben durften, waren weder enttäuscht noch fühlten sie sich ihres Herrn beraubt. Voll der Freude, reich beschenkt und beschützt kehrten sie nach Jerusalem zurück. An die Stelle der sichtbaren Gegenwart Jesu trat nun in ihrem Herzen seine unsichtbare Gegenwart. Das Bild des segnenden und in dieser Haltung scheidenden Herrn hatte sich den Jüngern unauslöschlich eingeprägt. Alle wussten sich mit dem Gesegneten weiter verbunden. Vor allem wurden die Apostel Ohrenzeugen der letzten Verheißung Jesu, so wie sie auch Augenzeugen seines irdischen Wirkens bis zur Himmelfahrt waren. Jesus erfüllte die Bitte seiner Jünger, indem er ihnen versprach, sie und somit auch uns bis zur Vollendung der Welt nicht zu verlassen. Auf ähnliche Weise hatte sich im Alten Testament der Wunsch des Propheten Elischa erfüllt.

*Elija sagte zu Elischa: Sprich eine Bitte aus, die ich dir er-
füllen soll, bevor ich von dir weggenommen werde. Elischa
antwortete: Möchten mir doch zwei Anteile deines Geistes
zufallen. Elija entgegnete: Du hast etwas Schweres erbe-
ten. Wenn du siehst, wie ich von dir weggenommen werde,
wird es dir zuteil werden.*
(2. Buch der Könige 2,9–10)

Noch im Augenblick als der Prophet Elija vor den Augen des Elischa entrückt wurde, empfing dieser seinen doppelten Geist.

Um wie viel mehr dürfen wir uns über die Zusage Jesu
freuen:

*Ihr werdet die Kraft des Heiligen Geistes empfangen, der
auf euch herabkommen wird; und ihr werdet meine Zeugen sein in Jerusalem und in ganz Judäa und Samarien bis
an die Grenzen der Erde. (Apostelgeschichte 1,8)*

Nach diesen Worten schied Jesus von den Seinen, die
er segnete und sie so mit ihrem Auftrag unter Gottes
Schutz stellte. Durch den Segen verband und verbindet sich Jesus Christus mit den Zurückgebliebenen,
zu denen wir alle gehören. Sein Wunsch ist es, dass
keine Macht der Welt uns mehr von ihm zu trennen
vermag.

*Ihr seid die Töchter und Söhne der Propheten und des
Bundes, den Gott mit euren Vätern geschlossen hat, als er
zu Abraham sagte: Durch deinen Nachkommen sollen alle
Geschlechter der Erde Segen erlangen. Für euch zuerst hat*

*Gott seinen Knecht erweckt und gesandt, damit er euch
segnet und jeden von seiner Bosheit abbringt.
(Apostelgeschichte 3,25–26)*

Jesus kam als das „fleischgewordene Wort" vom Himmel herab. Er kehrte nun, während er die Seinen segnete, nach vollbrachtem Werk wieder zum Vater zurück. Die Christuszeit – von der Taufe bis zur Himmelfahrt – war vollendet. Die Saat, die er ausgestreut hatte, war und ist im Aufgehen.

Mit dem Bericht der Himmelfahrt wollen die Evangelisten – vor allem Lukas in seinem Evangelium und in der Apostelgeschichte – den Übergang Jesu in die Welt Gottes anschaulich darstellen. Der Weggang des Auferstandenen „in den Himmel", seine Erhöhung, wird durch das Bild einer Entrückung zum Ausdruck gebracht. Im biblisch-jüdischen Bereich wurde zwischen den Vorstellungen einer „Himmelsreise" und einer „Entrückung" unterschieden. Bei der „Himmelsreise" handelt es sich um die zeitliche Wanderung einer Seele; bei der „Entrückung" hingegen ist allein die Sicht der irdischen Zuschauer maßgebend.

Der Abschied Jesu aus dieser Welt bedeutet für uns nicht, dass er uns verlassen oder sich von der Erde abgesetzt hat. Jesus Christus ist immerwährend in geistiger Gestalt in der gesamten Schöpfung gegenwärtig. Er bürgt weiter für die Liebe und Treue Gottes zu seiner Schöpfung – zur Erde und den Menschen. Gerade in Jesus Christus erfahren wir eine Treue, die bis zum Letzten geht, denn er ist „hinabgestiegen in das Reich des Todes". Auch bis dorthin erstreckt sich das Himmelreich, das nicht außerhalb von uns, sondern in uns zu suchen ist.

Der Himmel ist jedoch ebenso in der Erfüllung unserer Aufgaben zu finden, die uns in dieser Welt zukommen. Christus gibt uns nicht nur den Auftrag, das Reich Gottes in uns selbst zu suchen. Er bittet uns auch, in alle Welt hinauszugehen.

So wie du von Gott gesegnet bist und dir eine Aufgabe zugewiesen wurde, so solltest du auf andere zugehen, um sie zu segnen. Lege ihnen die Hände auf und lass sie deine Nähe spüren. Wisse, dass in dem Segen, den du weitergibst, Heil liegt. Lass andere an deinem Gottvertrauen teilhaben und gewähre ihnen einen Schutzort der Geborgenheit. Schenke ihnen das Gefühl und die Sicherheit, in ihrem ganzen Dasein angenommen zu sein.

Sieh es als deine Aufgabe an, die Erde wieder mit dem Himmel zu verbinden. Wir blieben für immer Gefangene dieser Erde, hätten wir den Ausblick zum Himmel nicht. Jesus Christus ist vom Himmel in unser menschliches Dasein heruntergekommen. Er hat unserer Menschennatur in Gott Raum gegeben, sie neu in Gott verankert und beheimatet. Gerade uns und

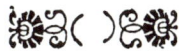

dieser Erde in ihrer Zerrissenheit und Dunkelheit gilt die Verheißung Gottes. Ohne den Himmel gerät die Erde, die menschliche Gemeinschaft und die gesamte Schöpfungsordnung, aus dem Gleichgewicht.

Lass auch du dich – wie die Jünger und Jüngerinnen Jesu ab dem Tag seiner Himmelfahrt – vom Himmel und der Liebe tragen, damit du zum Hoffnungsträger in unserer Welt wirst.

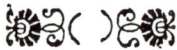

VI. Kapitel

Empfehlungen, die deine Betrachtung und dein inneres Gebet wesentlich unterstützen und vertiefen

Die Betrachtungen – wenn du sie über einen längeren Zeitraum regelmäßig durchführst – sind die beste Grundlage für dein inneres Gebet, das in ein Schweigen vor Gott führt. Die Betrachtungen, an die du in dieser Gebetsschule herangeführt wirst und die durch Meditationserfahrungen großer Christen bestätigt werden, möchten dir als Anfänger den Einstieg in die Betrachtung erleichtern. Selbstverständlich kannst du jederzeit alle Vorgaben verlassen und andere Glaubensinhalte für deine Betrachtung wählen. Wichtig dabei ist, dass du dir entsprechende Aufzeichnungen machst, um bei wiederholtem Betrachten nicht in Profanes, in Wunschvorstellungen oder gar Träumereien abzugleiten. Eine Betrachtungs- und Gebetshilfe wird dir auch später immer von großem Nutzen sein. Ebenso trägt die Regelmäßigkeit wesentlich zu deinem geistlichen Fortschritt bei. Jede Betrachtung kannst du durch die folgenden sechs Empfehlungen nicht nur unterstützen, sondern auch vertiefen.

1. Wie die Saiten eines Musikinstrumentes vor dem Spiel eingerichtet und gestimmt werden müssen, so

ist es auch für die Betrachtung und das innere Gebet notwendig, den Geist und die Seele durch gute Vorbereitung einzustimmen.

2. Wähle den Text der Betrachtung, der für den entsprechenden Wochentag angegeben ist. Solltest du nicht den Vierzehn-Tages-Rhythmus mit je einer Betrachtung am Tag übernehmen, sondern den Sieben-Tages-Rhythmus mit zwei Betrachtungen am Tag, dann gilt die Morgen-Betrachtung aus dem ersten Zyklus und die Abend-Betrachtung aus dem zweiten Zyklus. Bist du Anfänger, halte dich vorerst an die Texte. Später werden sich dir die Inhalte so eingeprägt haben, dass du keine Vorgaben und damit auch kein Lesen mehr benötigst. Du kannst sie dann aus deinem Inneren selbst entwickeln. Um dich aber von Zeit zu Zeit am Urtext neu orientieren zu können, ist und bleibt das Lesen der Heiligen Schrift unabdingbar. Die Auswahl sei dir überlassen – wobei du jedoch nicht von einem Evangelisten zum anderen oder vom Neuen zum Alten Testament ständig wechseln solltest.

3. An dritter und wichtigster Stelle steht die Verinnerlichung der Betrachtung. Lege dazu dieses Buch oder andere Schrifttexte aus der Hand, schließe – wenn es dir angenehm ist – deine Augen und fühle dich in die Fragen, Inhalte und Geschehnisse ein. Lass sowohl alle Bilder als auch alle Gefühle zu, die in dir aufsteigen möchten, um Ausdruck zu finden.

Bleibe in allem ruhig und strenge dich keinesfalls an. Geh bei Zeiten weiter und achte darauf, dich nicht in Einzelheiten zu verlieren.

4. Wahrscheinlich treten am Ende der inneren Betrachtung Gefühle des Dankes dafür auf, dass du einen tieferen Glaubensweg geführt wurdest. Wenn es wichtig für dich ist und dich befreit, solltest du den Dank durch Worte - innerlich gefühlt oder auch ausgesprochen - ausdrücken.

5. Rufe den Namen Gottes an und überlasse dich seiner Führung. Dieses einfache Gebet wird „Gebet der Hingabe" oder „Aufopferung" genannt. Indem du dich selbst verlässt, wirst du offen für die Gnade Gottes. Wiederhole sanft die Anrufung seines Namens, wenn die Gedanken dich aus der Ruhe bringen.

6. Als Letztes kannst du eine Bitte oder ein besonderes Anliegen formulieren. Mache dazu nicht viele Worte. Trage deinen Wunsch innerlich vor Gott und gehe in ein Schweigen über. Wenn du alles ihm überlässt und somit zum Empfangenden wirst, bist du auf dem rechten Weg zum inneren Gebet.

Es ist gut, den Weg zum inneren Gebet über diese sechs Stufen zu gehen. Über die Vorbereitung für Geist und Seele, über das Lesen der Texte, über die innere Betrachtung, den Dank, die Aufopferung und die Bitte gelangst du zum inneren Gebet, dem Schweigen

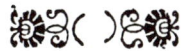

vor Gott. Oft währt dieses Stillsein nicht lange – du bemerkst es manches Mal erst im Nachhinein – und doch sind diese kurzen Augenblicke von bedeutender und tragender Kraft. Bist du noch unerfahren in der Betrachtung und dem inneren Gebet, solltest du die bisher vorgestellten Schritte beachten und ihnen folgen, um vorerst einen festeren Halt und geistliche Richtlinien zu erfahren. Später, mit der Zeit der Übung und Verinnerlichung, wirst du dich wie von selbst von den Vorgaben lösen und deinen persönlichen, dir zugedachten Weg in die tiefere Innerlichkeit und damit in die Nähe Gottes finden und gehen.

Um dir die aufgezeigten sechs Schritte über die Betrachtung zum inneren Gebet zu erleichtern, werden sie im Folgenden ausführlicher erklärt. Fasse diese Weisungen jedoch keinesfalls als notwendigen Zwang auf. Sie sind Empfehlungen, die du mit der Zeit der Übung – geführt durch seinen Heiligen Geist – wieder verlässt.

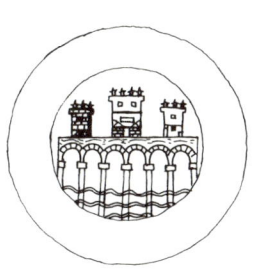

VII. Kapitel
Hilfreiche Vorbereitungen zur Betrachtung
und zum inneren Gebet

Wähle einen ruhigen Ort für dein Gebet, an dem du möglichst ungestört bist. Versuche, in der Zeit vorher nicht zu viele Eindrücke in dich aufzunehmen. Sorge für gute und frische Luft in deinem Gebetsraum. Die äußere Gebetshaltung ist dir überlassen. Empfehlenswert für Wirbelsäule und Kopf ist die Aufrechte. Nimm eine dir angenehme unverkrampfte Haltung ein. Zwinge dich zu nichts. Einige bevorzugen es zu stehen; andere lieben es am Boden zu sitzen, um eng mit der Erde Kontakt aufnehmen zu können. Es gibt Menschen, die während ihrer Betrachtung gern knien, die meisten jedoch nehmen eine bequeme sitzende Haltung ein.

Beginne mit einem Kreuzzeichen und richte durch eine kurze Anrufung Gottes deine Aufmerksamkeit auf ihn. Wiederhole diese Anrufung einige Male – besonders, wenn deine Gedanken in eine andere Richtung ziehen und dich von deinem Vorhaben ablenken. Deine vielleicht noch zerstreuten Seelenkräfte kommen somit langsam zur Ruhe. Richtest du dich immer wieder zuerst gedanklich und dann innerlich auf Gott und seine Gegenwart aus, nehmen deine Unruhe und deine vielen umherschweifenden Gedanken ab. Überfällt dich beim Gebet Müdigkeit, gib ihr nach. Von selbst wirst du nach kurzer Zeit wieder frisch sein. Versuche, beim Morgengebet alle Gedanken und Gefühle, die sich auf den bevorstehenden Tag beziehen, an Gott abzugeben. Lege ebenso beim Abendgebet die Gedanken an den vergangenen Tag und die vielen Eindrücke in seine Hände.

Ich erhebe meine Augen zu dir, Herr,
der du in und über allem bist.
Lass mich deine Gnade erfahren,
wenn ich zu dir bete und immer.
Sei mir gnädig und all denen,
die deine Hilfe anrufen.
Zu lange schon habe ich mich von dir entfernt.
Übersatt ist meine Seele von dem,
was vor dir keinen Bestand hat.
Befreie mich, Herr, von allem,
was zwischen uns steht
und lass mein Gebet zu dir dringen.

Wir haben durch Christus so großes Vertrauen zu Gott. Doch sind wir dazu nicht von uns aus fähig, als ob wir uns selbst etwas zuschreiben könnten; unsere Befähigung stammt vielmehr von Gott. Er hat uns fähig gemacht, Diener des Neuen Bundes zu sein, nicht des Buchstabens, sondern des Geistes. (2. Korintherbrief 3,4–6a)

Bevor du im nächsten Schritt mit dem Lesen dessen beginnst, was du innerlich erwägen möchtest, sei dir ein Gebet zum Heiligen Geist empfohlen.

Atme in mir, du Heiliger Geist, dass ich Heiliges denke.
(Augustinus)

Heiliger Geist, erleuchte und führe mich,
bewege und stärke mich,
verwandle und heilige mich.

Komm, Heiliger Geist, der Leben schafft,
erfülle uns mit deiner Kraft.
Dein Schöpferwort rief uns zum Sein:
nun hauch uns Gottes Odem ein.
(Veni Creator Spiritus)

Komm, Schöpfer Geist, kehr bei uns ein,
besuch das Herz der Kinder dein:
die deine Macht erschaffen hat,
erfülle nun mit deiner Kraft.

VIII. Kapitel

*Das Lesen der Texte: Voraussetzung
für Betrachtung und Gebet*

Hüte dich davor, über den Text hinwegzulesen und mit deinen Gedanken bei anderen Dingen zu weilen. Lies in Ruhe und achtsam, um das Gelesene in dich aufzunehmen. Die aus dem Lesen resultierende persönliche Betrachtung soll nicht nur deinen Geist, sondern auch dein Herz erreichen. Was dein Verstand erfasst und begriffen hat, das möchte auch dein Herz fühlen und empfinden.

Fühlst du dich beim Lesen in besonderer Weise angesprochen, da vielleicht der Text deine Lebenssituation widerspiegelt: Halte inne und gehe dem aufkommenden Gefühl nach. Sollte dir der Text für eine Betrachtung zu umfangreich sein, kannst du selbstverständlich jederzeit unterbrechen, am nächsten Tag fortfahren oder gar die ausgelassene Textstelle ganz übergehen. Allein wichtig ist, dass du dir für deine persönliche innere Betrachtung und das Gebet viel Zeit nimmst.

Kommen dein Geist und deine Gedanken trotz der empfohlenen kurzen Gebetsanrufung nicht zur Ruhe und du bist weiterhin zerstreut, befolge den Rat: Halte beim Lesen nach einem Sinn-Abschnitt inne, schließe die Augen und vergegenwärtige dir das Gelesene. Baue

also deine Betrachtung in kleinen Schritten auf, so dass der gerade gelesene kurze Text dir strenge Richtschnur für die Betrachtung ist. Da bei dieser Empfehlung allerdings dein Geist sehr am Texte haftet, kann es an Tiefe mangeln. Dies birgt die Gefahr in sich, dass du nicht so frei und ungehindert bist, deinen eigenen Empfindungen nachzugehen und sie letztlich im Schweigen zur Ruhe kommen zu lassen.

Kommen deine Gedanken noch immer nicht zur Ruhe, unterbrich das Lesen und die Kurzbetrachtung und kehre zu dem Gebet der Anrufung zurück. Wiederhole zum Beispiel „Herr, erbarme dich meiner" oder „Vater, in deine Hände lege ich meinen Geist" oder „Dein Wille geschehe" einige Male ohne jegliche Anstrengung. Gib dem Gebet den Vorrang und schenke deinen Gedanken weder Aufmerksamkeit noch Beachtung. Beende diese einfache Gebetsweise erst, wenn du spürst, dass in deinem Inneren mehr Ruhe eingekehrt ist. Wende dich dann erneut den Texten und der Betrachtung zu. Sieht der Schöpfer, wie viel dir am Gebet und der Hinwendung zu ihm gelegen ist, wird er durch besondere Gnadengaben deine Absicht unterstützen.

IX. Kapitel

Die Verinnerlichung der Betrachtung

Auf das Lesen der Tagestexte folgt die Verinnerlichung.

1. In einigen Betrachtungen werden persönliche Fragen an dich gerichtet. Versuche dich in die Thematik einzufühlen und dir die Fragen - eventuell schriftlich - ehrlich zu beantworten.

2. Andere Betrachtungen stellen dir das Leben, das Leiden und den Tod Jesu Christi vor Augen. Der Text wird Bilder in dir hervorrufen oder in deinem Bewusstsein bereits eingeprägte Bilder neu beleben. Fühle dich in das Geschehen ein und versuche es innerlich mitzuvollziehen. Lass alle Gefühle zu, die in dir aufsteigen - dazu gehören auch Zweifel und Aggressionen.

Hast du auf diese Weise das Geschehen mitverfolgt, werden sich wahrscheinlich Assoziationen in jeglicher Form bei dir einstellen. Weise auch diese nicht von dir, sondern lass sie zu. Oft tut es gut, Gedanken und Gefühle laut auszusprechen oder auf andere Art auszudrücken. Wenn du das Bedürfnis hast zu weinen oder sogar aufzuschreien, halte dich nicht zurück. Willst du geistlichen Fortschritt und Vertiefung erfahren, müssen Hindernisse nicht verdrängt, sondern befreiend aus dem Weg geräumt werden.

3. Zu den Betrachtungen, deren Inhalt du dir vorstellen und vergegenwärtigen kannst, kommen noch diejenigen, die ein Glaubensgeheimnis in sich bergen. Unser Geist ist fähig, Räume zu durchschreiten, die an das Unendliche grenzen. Unser Geist ist in der Lage, die Schöpfungsgeschichte sowohl zurückzuverfolgen als auch Zukunftsperspektiven zu entwickeln. Doch immer wieder stoßen wir an Grenzen, die wir nicht oder noch nicht überschreiten können und dürfen. Die Menschwerdung Gottes in Jesus Christus, sein Tod und seine Auferstehung sind Glaubensgeheimnisse, die wir mit unserem Verstand nicht fassen können. Ohne viel darüber nachzudenken, zu grübeln oder gar zu zweifeln, solltest du ein solches Mysterium zunächst anerkennen und nicht von dir weisen. Beinhaltet die Betrachtung ein Geheimnis des Glaubens, das für dein Denken und Vorstellen unfassbar ist, nimm es an – im Wissen, dass die Gnade Gottes dich schrittweise und letztlich in alles Verborgene einführen möchte. Einmal wird dir alles offenbar werden.

Wenn du in deiner Betrachtung ein Glaubensgeheimnis intuitiv und behutsam immer wieder umkreist, wirst du allmählich seinen tieferen Sinn erfassen und eine Ahnung davon bekommen, warum diese verborgene Wahrheit nicht sofort zugänglich ist. Wir wissen: Gott hat die Schöpfung zu unserem

Heil geschaffen, damit wir den Weg zu ihm finden und unser Menschsein sich zum Personsein entwickeln kann, das heißt, mit jedem weiteren Entwicklungsschritt werden wir Gott ähnlicher.

Wichtig ist, das zu betrachten, innerlich zu ordnen und zu Bausteinen des geistlichen Fortschritts zu machen, was der gesamten Schöpfung, den anderen und dir zum Heil dient.

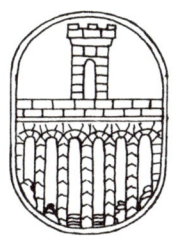

X. Kapitel

*Dank sagen ist das natürliche Resultat
empfangener Gnadengaben*

Hast du nach angemessener Zeit deine Betrachtung beendet, verweile noch einige Augenblicke in der Stille, um für tiefere Einsichten, innere Ruhe und neue Lebenskraft zu danken.

- Die Liebe des Vaters kommt uns in Jesus Christus entgegen.
- Hast du dich vom Weg, von der Wahrheit und vom wirklichen Leben entfernt, darfst du bei deiner Rückkehr der Versöhnung mit Gott sicher sein.
- Vor vielen möglichen Dunkelheiten hat dich der Schöpfer bewahrt.
- Er gewährt dir Einsichten in tiefere Lebenszusammenhänge und gibt dir Zeit, dich auf deinen Tod als Übergang in das ewige Leben vorzubereiten.

Gott, der uns nach seinem Bild erschaffen und dieses in unsere Seele eingestiftet hat, verleiht uns die Fähigkeit, ihn in unserem Bewusstsein aufzunehmen, ihn zu erkennen und ihm zu danken. Er schenkt uns auch dann sein liebendes Entgegenkommen, wenn wir uns von ihm entfernt haben. Er lässt uns wiedergeboren sein im Heiligen Geist. Er hat uns in diesem Leben sei-

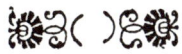

nen Beistand und seine Gnade und im zukünftigen eine unaussprechliche Herrlichkeit versprochen. Er hat uns Mittel zur Seite gestellt, die Dunkelheit in uns und in der Welt zu besiegen und zu erhellen.

Denke dankbar an die heilende Kraft der Sakramente, die der Vater dir durch seinen Sohn Jesus Christus zugänglich gemacht hat. Was du auch tust, sagst, denkst oder fühlst: Immer wieder klopft er an die Tür deiner Seele und bietet an, ihm zu öffnen. Danke dem Herrn für alles Gute, das er dir hat zukommen lassen. Lobe und preise den Herrn gemeinsam mit der gesamten Schöpfung. Vermagst du keine eigenen Worte des Dankes zu finden, stimme in den Lobgesang der drei jungen Männer im Buch *Daniel* ein (*3,51-90*) oder bete den *Psalm 103*:

Lobe den Herrn meine Seele,
und vergiss nicht, was er dir Gutes getan …

XI. Kapitel

Hingabe lässt dich den Willen Gottes erkennen

Nach dem Dank für diese oder jene Liebeserweise Gottes stellt sich die Frage: Was kann ich darüber hinaus Gott darbringen?
Wie kann ich dem Herrn all das vergelten,
was er mir Gutes getan hat?
Ich will den Kelch des Heils erheben
und anrufen den Namen des Herrn.
Du hast meine Fesseln gelöst.
Ich will dir ein Opfer des Dankes bringen
und anrufen den Namen des Herrn.
(Psalm 116,12–13.16b–17)

Rufst du als Gebet den Namen Gottes an und öffnest dich ihm ganz in Hingabe ohne etwas für dich zurückzubehalten, vollbringst du das Opfer, das Gott am wohlgefälligsten ist. Er wird die Bindungen an dich selbst, deine Fesseln, lösen. Du stehst als Empfangender im Schweigen vor ihm - dich innerlich wie ein Kelch oder eine große geöffnete Schale fühlend. Durch die Anrufung seines Namens stellst du ihn in den Mittelpunkt deines Gebetes und richtest dich damit - dich selbst vergessend - ganz auf Gott aus. Dies ist die größte Hingabe, die es gibt.

Abraham hat sie durch das Opfer seines Sohnes Isaak vollzogen. Am Beginn des Christus-Ereignisses spricht Maria die Worte: „Mir geschehe wie du gesagt hast." Jesus lehrt später diese Hingabe in der dritten Vaterunser-Bitte. Er durchlebt und durchleidet sie am Ölberg und am Kreuz.

Durch Hingabe oder Aufopferung dessen, was du bist und was du am liebsten hast, können dich der Wille und die Gnade Gottes am besten erreichen und deine Innerlichkeit und dein Leben mit noch Größerem bereichern als das, was du hingegeben hast.

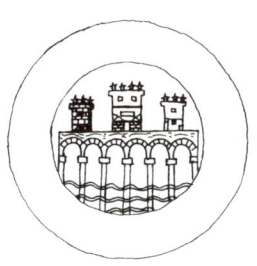

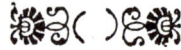

XII. Kapitel
Deine persönliche Bitte aus tiefstem Herzen

Am Ende steht als sechste Stufe der Betrachtung und des inneren Gebetes eine Bitte, die du nur in einem einzigen Wort ausdrücken solltest. Als Betende bleiben wir Bittende und Empfangende. Im Gebet der Hingabe, der vorhergehenden Stufe, wirst du für Leib und Seele tiefere Ruhe erfahren haben. Sprich nun innerlich – leise und mehr wie ein Hauch – deine auf den Schöpfer gerichtete Bitte. Nachdem du das Wort, ohne es auszusprechen, in dir zum Klingen gebracht hast, verweile einige Augenblicke und wiederhole es mehrmals. Je nach der Zeit, die du hierfür einplanst, kannst du nacheinander mehrere Bitten vor den Herrn bringen. Bleibe in deiner Ruhe. Wende innerlich einen kleinen geistigen Impuls auf, indem du das Ein-Wort-Bitt-Gebet nicht denkst, sondern fühlst. Lass das Wort in dir ausschwingen bis es seinen Weg gefunden hat und Stille in dir zurückbleibt.

Achte bei diesem sehr subtilen Bitt-Gebet genau auf diese Hinweise, damit auch du die guten Erfolge dieser alten Gebetstradition erfahren kannst. Fühle und horche in dich hinein, um deine eigenen Gebetsanliegen zu finden, die du dann in einem Wort zum Ausdruck bringen kannst.

Einige Beispiele möchten dich ermutigen, diese einfache Gebetsweise einzuüben.

- Gott möge die Kraft seines Heiligen Geistes in dir erneuern. Dein Gebetswort: *Heiliger Geist.*
- Dein Wunsch nach Einsicht und Erleuchtung: *Inneres Licht.*
- „Gott sei uns gnädig und segne uns" (Psalm 67,2): *Segen.*
- Gott die Ehre geben und danken für die Schönheit seiner Schöpfung: *Herrlichkeit.*
- Bitte um größere Einfühlsamkeit in andere Menschen und in die Wahrheit: *Intuition.*
- Du möchtest eine freundschaftliche Verbindung zu einem Menschen, zur Schöpfung und dem Schöpfer aufbauen: *Freundschaft.*
- Bei Krankheit und Schmerzen gehe mit deiner Aufmerksamkeit in die entsprechende Körperregion: *Gesundheit.*
- Dein Wunsch, verständnis- und liebevoller zu werden: *Barmherzigkeit.*
- Du willst tieferen Zugang zum wahren Gebet finden und dazu Blockaden in dir abbauen: *Hingabe.*
- Deine diffusen und widerstreitenden inneren Kräfte mögen sich beruhigen – ebenso die zerstörerischen Kräfte in der Welt: *Friede.*
- Bist du abhängig von Menschen oder Dingen und fühlst dich unfrei: *Befreiung.*

◆ Dass die Verstorbenen, die du gekannt und geliebt hast, in der Herrlichkeit Gottes ewiges Leben finden: *Ewigkeit.*

Nimm im Rückblick dein vergangenes Leben wahr und bedenke deine augenblickliche Situation. Du wirst feststellen, was dir fehlt und worum du bitten solltest: Vergebung, Verzeihung, Beständigkeit, Gemeinsamkeit, Harmonie, gute Gedanken, Klugheit, Kreativität, Glaube, Hoffnung und Liebe, Gottverbundenheit, Geduld und Weisheit ...

Damit dein Gebet für dich und andere Frucht bringt und du im inneren und äußeren Leben Fortschritte machst, überstürze nichts und hege keine konkreten Erwartungen. Wenn du dich immer neu dem Liebeswerben Gottes öffnest, wird er dir das Rechte zur rechten Zeit zukommen lassen.

Herr, du mein Gott, ich suche dich.
Verbirgst du dich vor mir?
Zeig mir den rechten Weg
und lass mich erkennen, wie ich dich finden kann.
Wenn deine Sehnsucht der Mensch ist
und mein Herz unruhig ist,
weil es nur Ruhe in dir finden kann,
wird es einen Ort und eine Zeit der Begegnung geben,
die einmal der Himmel und die Ewigkeit sein werden.

Doch brennt mein Herz in dieser Zeit und Welt,
und ich suche nach Spuren,
die du innerhalb und außerhalb
von mir hinterlassen hast.

Als dein Geschöpf fühle ich zu dir,
meinem Anfang und meinem Ziel,
eine Verbundenheit, die auch dann
tragenden Bestand hat,
wenn alles Vergängliche vergangen ist.
Lass mich aus dieser Quelle,
die scheinbar oft zu versiegen droht,
mein Leben gestalten
und auf dich hin ausrichten.

Du bist das Leben meiner Seele,
die Freude meines Geistes,
das hellste Licht meines inneren Wesens.
Du bist der Ursprung meines Seins
und der Anfang meines ersten Anfangs.
Du bist Anfang und Ende zugleich und immer.

Nimm von mir, was dir missfällt
und gestalte mich nach deinem Wesen.
Mache mich zu einem Menschen nach deinem Herzen.
Entzünde mich mit dem Feuer deiner Liebe
und offenbare mir dein Reich in meiner Seele.

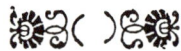

Wandle mich und nimm mich auf in dir,
dass ich nicht ferner von dir weiche.
Nimm alles von mir, was mich hindert zu dir,
um ein Geist mit dir und niemals mehr
getrennt zu werden.

Belehre mich, erleuchte mich und leite mich.
Der du den Himmel und die Erde erfüllst,
lass mein Herz nicht öde und leer.

Spät habe ich dich erkannt und spät beginne
ich dich zu lieben.
Du warst in mir und ich suchte dich draußen.

Lass mein Herz deine Liebe verstehen und
deinen Willen erfüllen.

Dieses möge für immer geschehen
durch das Erbarmen des Vaters,
die Liebe des Sohnes und
die Kraft des Geistes.

XIII. Kapitel

Acht praktische Hinweise zur Übung der Betrachtung und des inneren Gebetes

Für Anfänger oder diejenigen, die ihr Gebetsleben von Grund auf erneuern möchten, ist es empfehlenswert, sich vorerst an die einzelnen Schritte dieser Gebetsschule zu halten. Dazu gehören die Inhalte der Betrachtungen und die vor- und nachbereitenden Stufen, wie sie in den vorhergehenden Kapiteln beschrieben wurden. Viele Menschen, die diesen Gebetsweg nicht konsequent gehen, da sie meinen, es besser zu wissen oder sich nur mit halbem Herzen engagieren, geben erfahrungsgemäß nach kurzer Zeit auf. Selbstverständlich ist Jesus Christus und sein Heiliger Geist in allem unser Lehrer und Vorbild. Keine menschliche Weisung oder Gebetsschulung reicht im Entferntesten an das, was Gott selbst uns lehren möchte. Doch können wir – und das ist die Aufgabe dieses Buches – uns vorbereiten und uns für ihn bereiten. Das Wesentliche geschieht nicht durch uns. Es geschieht nach Gottes Vorsehung durch, mit und in ihm.

Die tägliche Erfahrung vieler Menschen, die den Weg der Betrachtung und des inneren Gebetes gehen, hat gezeigt, wie wichtig es ist, diese praktischen Hinweise zu beachten. Sie möchten richtungweisend sein, uns vorbereiten und uns öffnen für die göttlichen Gnaden-

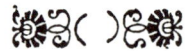

gaben, die er uns zugedacht hat. Durch die Beachtung der Hinweise verlieren wir weder Zeit durch unnötiges Suchen und Experimentieren noch die Freude am Betrachten und Beten selbst.

1. Verweile nicht allzu lange bei einer Betrachtung

Selbst wenn dich ein Thema der Betrachtung besonders anspricht, achte darauf, dich nicht darin zu verlieren. Gehe kontinuierlich weiter – zwinge nichts. Allein wichtig ist es, sich in seinem Inneren zu öffnen, so dass sich uns eine größere Gottverbundenheit schenken kann. Bevorzuge alles, was dich näher zu diesem Ziel führt. Versuche jedoch, beim Grundschema dieser Betrachtungs- und Gebetsanweisung zu bleiben, ohne selbst große Veränderungen vorzunehmen.

2. Hüte dich vor geistiger Anstrengung, vor allem vor Grübeleien

Die Betrachtungen, die zum inneren Gebet und damit zum Schweigen vor Gott führen, dürfen niemals von uns eine Anstrengung fordern. Achte darauf, dass alle Stufen, die du durchläufst, weder zu großer Gedanken-Aktivität noch zu Grübeleien führen. Ein derartiges Vorgehen entspricht nicht dem Sinn dieses Betens. Versuche ebenfalls nicht, die verborgenen Geheimnisse zu erforschen. Wisse: Niemand erwartet etwas von dir, und du musst nichts leisten. Die Betrachtung möchte Sammlung deiner diffusen, nach

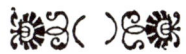

außen gerichteten Kräfte bewirken und dich zur inneren Einkehr führen. Nichts ist notwendig – weder analytisches Denken noch Schärfe des Verstandes – um diesen Weg zu gehen.

3. Versuche nicht, willentlich eine religiöse Haltung zu erzwingen

Du nimmst bewusste Gedanken-Aktivität zurück – verzichte ebenfalls auf deine Willenskraft. Lass jegliches Wollen zur Ruhe kommen und erwarte nichts. Eine religiöse Haltung oder gar Gott-Verbundenheit können wir selbst bei größter Anstrengung von uns aus nicht erreichen. Steigere dich ebenso nicht in Gefühle wie Freude, Trauer, Verachtung, Mitleid, Hass, Herzlichkeit, Empörung ... Durch bewusst gesteigerte Gefühle trocknet deine Innerlichkeit aus und du wirst unfähig, wahre Heilsbotschaften zu empfangen. Deine Seele, die sich auf einem lichten und heiteren Weg entfalten möchte, wird weitere Gebetsübungen scheuen, solltest du dich willentlich gesteuert oder gewaltsam den Betrachtungen nähern.

Nimm die Betrachtungen eher intuitiv auf und lass den Eindruck zu, der von selbst in dir ausgelöst wird. Halte nichts fest. Wichtig allein ist in der Betrachtung die religiöse Ausrichtung. Alles Weitere geschieht von selbst, wenn du dich nicht einmischst. Wie willst du sonst während oder nach der Betrachtung tiefe Ruhe und Schweigen erfahren? Erwarte nicht diese oder

jene Glaubenserfahrung und sei nicht besorgt, falls die innere Stille vorerst ausbleibt. Denke nicht gar so viel über dich nach. Halte dich an den Herrn, der dir nach seinem Willen Entsprechendes zukommen lässt.

4. Ruhevolle Wachheit tritt ein, wenn die Betrachtung in das innere Gebet übergeht

Die Betrachtung, in die du dich nicht hineinsteigern darfst, klingt langsam aus, und du hast das Gefühl von Leichtigkeit. Bist du mehr und mehr darin geübt alles loszulassen und hinzugeben, spürst du in einem Zustand großer Wachheit erhöhte Aufnahmebereitschaft. Dein Herz ist nicht mehr an die Erdscholle gebunden und kann sich – gleich deiner Seele – erheben. Losgelöst von allen irdischen Dingen – ohne Ablenkung und mit erhöhter Aufmerksamkeit – trittst du nun im inneren Gebet in das Schweigen ein, das Gott, den unbewegten Beweger, umgibt. Sobald du jedoch beginnst, bewusst Gedanken aufzunehmen und sie willentlich zu steuern, verlässt dich die ruhevolle Wachheit und du bist nicht mehr aufnahmefähig für die göttlichen Impulse.

Du wirst im inneren Gebet einen äußerst angenehmen Zustand erhöhter Aufmerksamkeit erleben, in dem du dich selbst zurücknimmst. Dies sollte im Wissen und in dem Vertrauen geschehen, dass ein anderer dich trägt, der es unendlich gut mit dir meint und alles für dich zum Besten regelt. Angst und Unsicherheit sind

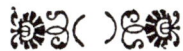

dir fern. Fühle dich bei der Betrachtung und beim inneren Gebet wie ein Wanderer mit einem lohnenden Ziel im Herzen, der sich zwischenzeitlich immer wieder ausruht, um seinen Weg gestärkt fortsetzen zu können.

5. Sei gelassen und hab Geduld, wenn die erhoffte Gott-Verbundenheit nicht sofort spürbar wird

Alle großen Beter, Gottesfreunde und Mystiker haben uns gelehrt und lehren es durch ihr Beispiel immer wieder: Hege keine Erwartungen, sei gelassen und geduldig. Sei nicht mutlos – du kennst weder den Tag noch die Stunde, in der dich der Herr mit seinen Gaben überreich beschenkt. Es gibt selbstverständlich Durststrecken und Dürrezeiten, die es auszuhalten gilt. Diese wird jeder – früher oder später – aushalten müssen. In welcher Form sie dich erreichen, ist von uns nicht vorhersehbar. Wird die Gottesferne größer und für dich zu einer nahezu untragbaren Last, hole dir Rat bei einem Menschen, der mit den Höhen und Tiefen sowohl des Lebens als auch dieses Gebetsweges vertraut ist. Er wird dir raten, die Zeit der Betrachtung und des inneren Gebetes zu verkürzen – dafür jedoch eine kreative Arbeit aufzunehmen. Selbst wenn er dir empfiehlt, vorübergehend mit diesem Gebet auszusetzen, folge seinem Rat.

Von uns aus können wir das ersehnte Kommen des Herrn unterstützen:

- Sei gelassen und in allem zuversichtlich.
- Gehe einen geistlichen Weg. Vernachlässige dabei nichts und übertreibe nicht.
- Hole dir Rat von einem erfahrenen und Gott nahen Menschen.
- Gib allem Guten in deinem Leben den Vorrang; nimm jedoch gleichzeitig das Unumgängliche bejahend an.
- Gib deiner Arbeit einen Sinn. Erfreue dich an ihr.
- Suche sowohl die Gemeinschaft als auch das Alleinsein.
- Lege im Gebet immer wieder deinen Willen in die Hände Gottes.
- Bist du lebenswahrhaftig, wird alles, was du tust, zu einem aufrechten Gebet.

6. Lass dich nicht täuschen durch vorübergehende Gefühle. Wie viel Zeit du für die Betrachtung und das innere Gebet aufwenden solltest

Viele Menschen lassen sich gern durch erhebende Gefühle täuschen, besonders wenn sie während der Gebetszeit auftreten. Sei äußerst vorsichtig und interpretiere weder Trauer noch Freude vorschnell als Zuwendung Gottes. Das, was bleibt und Bestand hat, kannst du ihm weitaus mehr zuschreiben als unbeständige und wechselhafte Gefühle.

Gib dich nicht mit Wenigem zufrieden. Von Gott darfst und kannst du alles erwarten. Zur Fruchtbar-

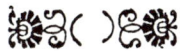

machung des Erdbodens gehören nicht nur einige Regentropfen, die die Oberfläche benetzen und den Staub binden, sondern häufige und stärkere Regenschauer. Sie dringen in das Innere der Erde ein und stillen ihren Durst, damit die Pflanzen grünen, blühen und die ersehnten Früchte bringen können.

Wie viel Zeit solltest du dir für die Betrachtung und das innere Gebet nehmen? Von einer guten Vorbereitung hängt viel ab. Nimm daher vor der Betrachtung nicht mehr viele Eindrücke in dich auf, die letztlich alle wieder ihren Ausdruck verlangen. Ist deine körperliche oder nervliche Anspannung bereits vor der Betrachtung zur Ruhe gekommen und sind deine Gedanken gesammelt, benötigst du weniger Zeit als wenn Körper, Geist und Seele erst im Gebet zur Ruhe kommen müssen.

Mit der Betrachtung werden die Saiten deines Herzens und deiner Seele gestimmt. Es ist ein Vorgang, der sich erst langsam und mit der Übung einstellt. Ebenso wirst du die Erfahrung machen, aus den Fängen unnützer Gedanken und Vorstellungen entlassen zu werden, um dann im gedanken- und bildlosen inneren Gebet in ein Schweigen vor Gott einzutreten.

Für diesen Prozess – von der Betrachtung zum inneren Gebet und zum Schweigen – benötigst du ungefähr eine Stunde. Erfahrungsgemäß vergeht die Zeit sehr schnell, besonders dann, wenn du den dir gemä-

ßen richtigen Einstiegswinkel gewählt hast. Dazu gehören deine Bereitschaft, deine Motivation, der Ort, an dem du betest, die Tageszeit, die Erfüllung deiner Pflichten, deine Befindlichkeit … Gehst du den Weg über die Betrachtung zur Stille, solltest du dir hierfür wirklich eine Stunde Zeit nehmen. Bedenke, wie viel Zeit wir am Tag mit Geschwätz verbringen oder die Zeit mit unwesentlichen Dingen ausfüllen.

Finde selbst heraus, welcher Zeitpunkt am Tag für dich am geeignetsten ist. In den Morgenstunden bist du durch die Eindrücke und Anstrengungen des Tages noch nicht so belastet wie am Abend. Andererseits steht dir der Tag mit seinen Anforderungen noch bevor. Viele Menschen bevorzugen es, sich erst am Abend, nach vollbrachter Arbeit, zum Gebet zurückzuziehen.

Ist es dir aus beruflichen oder familiären Gründen nicht möglich, eine Stunde am Tag zu investieren, kannst du selbstverständlich die Gebetszeit verkürzen oder die eine oder andere Position des mehrstufigen Programms auslassen. Wenn keine Nachlässigkeit im Weg steht, wird dir der Herr bereits bei jedem Ansatz – und sei er noch so kurz – helfen.

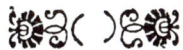

7. Du kannst sowohl innerhalb des Gebetes als auch außerhalb der Gebetszeit besondere Zuwendungen erfahren

Was dir am meisten fehlt, wird dir auch am ehesten zukommen. Du kannst sowohl während der Betrachtung und des inneren Gebetes als auch außerhalb des Gebetes zu jeder Tages- und Nachtzeit besondere Gnadenerweise empfangen. Geh, wenn sie dir bewusst werden, besonders behutsam damit um. Es ist nicht einfach, über die Art der Zuwendungen zu sprechen. Zum einen werden Hoffnungen geweckt und zum anderen macht nicht jeder die gleichen Erfahrungen. Allein wichtig ist, die dir zufallenden Gaben anzunehmen, um sie zum Nutzen und Heil der gesamten Schöpfung einzusetzen. Die Gabe wird dir zur Aufgabe. Weise sowohl diese Gabe als auch die daraus resultierende Aufgabe niemals zurück. Nur wenn du deine Talente richtig einsetzt, kannst du in deiner Persönlichkeitswerdung Fortschritte machen und für andere zum Segen werden.

Durch Betrachtung und Gebet wachsen dir die verschiedensten Kräfte zu - zunächst diejenigen, die du am längsten entbehren musstest: Geduld, Ausdauer, geistige Spannkraft, Frieden deines Herzens und deiner Seele, körperliche, geistige und seelische Gesundheit, Durchsetzungsvermögen, Intuition, Liebe zu anderen Menschen und zur gesamten Schöpfung, Hilfsbereitschaft, Zufriedenheit und angemessene Bescheidenheit, Natürlichkeit, Mut, Verständnis für andere und vor allem eine größere Gott-Verbundenheit und Gottes-Liebe.

8. Der Unterschied zwischen der Betrachtung und dem inneren Gebet

Am Ende der praktischen Hinweise zur Übung der Betrachtung und des inneren Gebetes soll der Unterschied zwischen beiden Gebetsweisen klar definiert werden. Wie du weißt, steht am Anfang die Betrachtung, die dann langsam in das innere Gebet übergeht. Bisher wurde daher das Hauptgewicht auf die Betrachtung gelegt. Hier kannst du noch durch eigene Wahl und Entscheidungen vielgestaltig wirken. Stell dir die Betrachtung wie eine Stufenleiter vor, die in höhere und lichtere Bereiche führt. Sie muss auf festem Boden deiner Persönlichkeit gegründet sein. Daher geht es in den ersten sieben Betrachtungen darum, dich selbst besser kennen zu lernen und das zu entfernen, was nicht zu dir gehört. Der Grund deines Wesens, der nur ein guter sein kann, da er nach dem Bild des Schöpfers gestaltet ist, beginnt transparent und tragfähiger zu werden.

Im zweiten Teil der Betrachtungen stehen das Leben, das Leiden, der Tod und die Auferstehung Jesu Christi. Auch hier werden von dir Gedanken-Aktivität, Vorstellungskraft und Einfühlungsvermögen gefordert, um in der Nachfolge Jesu die Spur zu finden, die zum Ziel unseres Lebens führt: zur Erlösung, zur Befreiung, zur Ewigkeit und Herrlichkeit in Gott.

Auf diesem Weg beginnst du dich den Geheimnissen des Schöpfers zu öffnen und ihnen näher zu kommen. Durch Wissen und Erfahrung wird ein tiefes Glaubensfundament gelegt oder erneuert, wenn es durch Lebensumstände, Nachlässigkeit oder durch zu starke Bindung an Vergängliches verschüttet ist. Durch die Betrachtung und die anschließenden einfachen Gebetsweisen werden die Voraussetzungen geschaffen für das innere Gebet.

- ◆ Dein Denken und deine Gefühle kommen zur Ruhe.
- ◆ Dein Selbst steht während der Gebetszeit nicht im Mittelpunkt.
- ◆ Du hast zu Jesus Christus, dem Herrn des Himmels und der Erde und Mittler zwischen beiden, eine lebendige Verbindung aufgebaut.
- ◆ Du bist bereit, zu empfangen statt selbst leisten zu müssen.
- ◆ Du lernst es, zu staunen und damit vom Grund deines Herzens aus Gott, den Schöpfer des Himmels und der Erde, anzubeten.

Die Betrachtung möchte die Vorbereitungen treffen und das Feuer der Liebe entzünden. Stelle dir zwei

Steine vor, die aneinander geschlagen werden, damit durch den entstehenden Funken Feuer entfacht werden kann. Im inneren Gebet, das als natürliche Folge aus der Betrachtung hervorgeht, erfreust du dich an der Wohltat des Feuers: Du genießt seine Wärme, erlebst die Veränderung, die es hervorbringt, und nimmst Hintergründe wahr, die durch das helle Licht ausgeleuchtet werden.

In der Stille deines Geistes und der Ruhe deiner Seele erfährst du eine so tiefe Erfüllung wie du sie durch eigenes Denken und Leisten niemals erreichen kannst. Du erhältst Einsicht in verborgene Lebenszusammenhänge und darfst mit den Augen deiner Seele das schauen, was deine körperlichen Augen niemals sehen können. Eine lichte Wahrheit tut sich dir auf, die dein Verstand nicht fassen kann. Gott, der liebende Vater, führt dich in diesem Zustand der Stille und des Schweigens an Glaubensgeheimnisse, die er dir nach und nach offenbart.

Die Betrachtung ist wie ein Aufbruch und ein Suchen, ein Vorstellen und Erwägen der Wahrheit. Während des inneren Gebetes kommst du ganz zur Ruhe und genießt das Gefundene. In der Betrachtung wird die geistig-seelische Speise bereitet, und im inneren Gebet verkostest du sie. Die Betrachtung ist der Weg und die Bewegung, das innere Gebet das Ziel des Weges und der Endzweck der Handlung. Wenn der Zweck erreicht ist, hören alle Mittel auf. Du verlässt das Schiff,

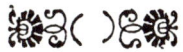

wenn du in den ersehnten und sicheren Hafen einge-
laufen bist.

So verlässt auch der Betrachtende – sobald er zur tiefen Ruhe gelangt ist – jede Willensbewegung, jede
bildhafte Vorstellung und das Denken. Ein Aspekt
Gottes ist in dir so licht und lebendig geworden, dass
du in diesem Nicht-Tun und Beschenkt-Werden übergroße Erfüllung findest. Worte können die unendliche Zufriedenheit, die du fühlst, kaum ausdrücken:
Staunen, Liebe, Bewunderung, Anbetung im Schweigen, Freude ... Das Ziel der Betrachtung besteht darin,
einen Bewusstseinszustand – und sei es auch nur für
Augenblicke – zu erreichen, der unbewegt und ganz
mit Liebe gefüllt ist. Das Denken schweigt, da der Verstand in diese Dimension des Seins nicht eindringen
kann. Die Seelenkräfte sind gesammelt und in Ruhe.
Du erfährst weder ein Abschweifen noch eine Zer-
streuung. Die Mystiker sagen, dass sie in diesem Zustand die Flamme der göttlichen Liebe in sich aufsteigen fühlen. Jedes Eingreifen deinerseits – und sei es in
noch so guter Absicht – verhindert, dass sich in dieser
Zeit das höhere Gut entfalten kann.
Bist du an das Ziel der Betrachtung gelangt, in einen
Raum der Stille und des Schweigens vor Gott, verlässt
du aus Liebe zu dem je Größeren die Betrachtung und
gibst dich vertrauend dem hin, was sich dir offenbaren möchte.

Am Ende einer jeden Betrachtung, die in das innere Gebet übergeht, steht das Schweigen. Stellt das Schweigen sich nicht von selbst ein, kannst du es von dir aus mit einer kurzen Gebetsanrufung Gottes und ihrer mehrmaligen Wiederholung einleiten. Das erfüllte Stillsein ist die Frucht des Anweges, den du gegangen bist. Der Weise sagt: „Das Ende deines Gebetes ist besser als der Anfang."

Um hierher zu gelangen, gibst du am Ende alle Vorstellungsbilder und alle Gedanken auf. Tiefe Ruhe schenkt sich dir und du bist ohne besondere Betrachtung ganz auf Gott ausgerichtet. Das Ziel und die Frucht der Betrachtung und des inneren Gebetes liegen vorerst in der Ruhe für Körper, Geist und Seele. Das Endziel jedoch ist ein Empfangen der Liebe Gottes und eine Gott-Verbundenheit, die uns auch außerhalb des Gebetes nicht mehr verlässt.

Der Verstand kann diese Bewegung nach innen nicht mehr mitvollziehen. Wende dich also von ihm ab und kehre in das Innerste deiner Seele ein – in deinen Seelengrund, in dem Gott wahrhaft gegenwärtig ist. Hier bist du befähigt, die Sprache Gottes ohne Worte wahrzunehmen. Das Geheimnis des Glaubens wird in deiner Seele zu einer lebendigen Erfahrung. Du hast die Relationen von Raum und Zeit wie auch dich selbst vergessen. Du weißt nicht einmal mehr, dass du dich im inneren Gebet vor Gott befindest. Du schläfst oder

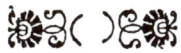

träumst nicht, sondern bist hellwach ohne jede innere oder äußere Bewegung.

Betrachte dich wie einen Gärtner, der die Früchte seines Gartens ernten möchte. Zuvor muss er den Boden kultivieren und vor allem bewässern, damit die Pflanzen wachsen, grünen und blühen können. Nachdem das Wasser in das Erdreich eingezogen ist, wartet er eine Weile, bevor er die Pflanzen erneut begießt. Das Wasser dringt somit tiefer und tiefer in die Erde und macht sie fruchtbarer. Deine Seele erfährt durch die Übung des inneren Gebetes eine derartige Aufnahmebereitschaft, dass das himmlische Licht sie durchfluten kann. Sie ist durchtränkt von göttlicher Liebe und großem inneren Frieden. Menschliche Worte fehlen, um das beschreiben zu können, was alle Begriffe übersteigt.

Die Erfahrungen der Menschen, die sich auf diesem Weg befinden, sind äußerst unterschiedlich. Für kürzere oder längere Augenblicke kann die Glückseligkeit derart groß sein, dass sie nicht in dieser Welt vorstellbar ist. Du kannst so sehr vom Feuer der göttlichen Liebe ergriffen werden, dass bereits beim Anrufen seines heiligen Namens – ohne vorherige Betrachtung – dein Inneres vor Freude stillsteht. Um Gott zu lieben, bedarfst du dann weder der Betrachtung noch des Nachdenkens. Da es in ihrem Wesen und in ihrer

Seele verankert ist, lieben die Eltern ihr Kind und das Kind seine Eltern. Voraussetzung ist, dass die reinen Gefühle der Liebe bedingungslos zugelassen werden. Liebende bedürfen keines zusätzlichen Antriebs, um die Geliebte oder den Geliebten zu lieben. Du darfst davon ausgehen, dass die Gott-Verbundenheit und die Liebe zu ihm und seinen Geschöpfen in dir mehr und mehr wachsen, bis sie sich dir auch außerhalb der Gebetszeit schenken. Wenn du die Wirkung der göttlichen Liebe in deiner Seele wahrnimmst, darfst du sie keineswegs zurückweisen oder eine leise Botschaft, die an dich ergeht, überhören.

Du wirst sensibel und empfänglich für die leise Stimme Gottes, die oft dann an dich ergeht, wenn du am wenigsten damit rechnest. *Aurelius Augustinus* bittet den Betenden, das mündliche und betrachtende Gebet zu verlassen und Stillschweigen zu wahren, wenn wir starke Gott-Verbundenheit spüren, in die hinein sich ein göttlicher Liebesimpuls oder eine Botschaft an uns schenken möchte.

Am Ende dieser acht praktischen Hinweise sei auf eine Vorsichtsmaßnahme aufmerksam gemacht, die dir helfen möchte, dich nicht zu verlieren. Die Grenzen, die uns in dieser Welt und Zeit auferlegt sind, müssen wir annehmen und willig zu ihnen zurückkehren, wenn wir in Gott Entgrenzung erfahren haben. So ist es nicht immer der rechte Weg, vom Gerin-

geren zum Größeren überzugehen. Wenn du über-
treibst und deine Gesundheit und deine Seele Schaden nehmen, der sich eventuell noch auf andere
Menschen auswirkt, gebietet es dir die Liebe und die
Nächstenliebe, eine Veränderung auf deinem geistlichen Weg vorzunehmen. Passe dein geistliches Fortschreiten deiner sonstigen Gangart an. Die Gefahr besteht nämlich, durch gute spirituelle Erfahrungen
unersättlich zu werden und mit allen Mitteln zu versuchen, den geistigen Weg zu beschleunigen.

Damit du nicht Schaden an deiner Gesundheit und
deiner Seele nimmst, sei dir deiner inneren und äußeren Grenzen bewusst und fordere nichts heraus.

Zweites Buch
Zum wahren Leben finden

I. Kapitel
Entwicklung einer religiösen Erfahrungsgrundlage

Die Betrachtung und das innere Gebet entwickeln und fördern in dir die Bereitschaft und die Fähigkeit, nicht nur Gutes zu denken, sondern auch entsprechend zu handeln. Bringst du eine solche Lebensqualität bereits mit in diese Welt, wird dir auf dieser Grundlage Leben leichter gelingen, und du wirst einen schnelleren Zugang zum inneren Gebet finden. Die schon vorhandenen guten Eigenschaften werden gestärkt und können sich weiter entfalten.

Du darfst andererseits jedoch sicher sein: Die Betrachtungen und das innere Gebet entwickeln ungeahnte Fähigkeiten in dir, zu denen nicht nur ein positives Denken gehört, sondern auch die Umsetzung in die Tat. Viele Menschen leiden darunter, dass es ihnen nicht oder nur schlecht gelingt, gute Absichten auch in eine entsprechende Handlung umzusetzen. Selbst dann, wenn der Einstieg in persönlichkeitsfördernde Gebetsübungen für diese Menschen nicht einfach ist, sei ihnen trotzdem und gerade deshalb dieser Weg empfohlen.

Die beiden ersten grundlegenden Ergebnisse der Betrachtung und des inneren Gebetes sind die Bereitschaft und die Fähigkeit, gut zu handeln. Wenn diese Qualität sich entwickeln und entfalten kann, gibt es

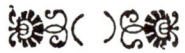

keine großen Hindernisse, die das Gehen dieses spirituellen Weges blockieren können.

Der zweite Teil dieses Buches handelt von der Entwicklung einer religiösen Erfahrungsgrundlage, die zu
spontan richtigem und gutem Handeln führt. Ein von
Schlacken, Verkrampfungen und Blockaden gereinig-
tes Bewusstsein ist wie ein kostbarer kultivierter Boden,
auf dem die Nahrung für weiteres Leben reifen kann.
Im Inneren des Menschen vollzieht sich die Voraussetzung für das Gelingen des Lebens und die Freude am
Leben. Diese innere Ebene enthält und leistet weitaus
mehr als du dir je vorstellen kannst. Ein großes Hin-
dernis für die guten Lebensqualitäten, die sich von innen nach außen entfalten möchten und müssen, ist die
Trägheit des Menschen. Hinzu kommen fest eingefah-
rene Gewohnheiten, die wir nicht gewillt sind zu ver-
ändern. Viele Menschen spüren in sich einen Hang zur
Dunkelheit oder eine Abneigung gegen das Gute. Obgleich sie oftmals und gern gewillt sind, andere, bessere
Wege zu gehen, gelingt es ihnen einfach nicht. Eine
geistliche Richtung einzuschlagen, scheint ihnen äußerst beschwerlich und mit zu großen Anstrengungen
verbunden zu sein. Oft sind es leider erst harte Schicksalsschläge, die eine Hinkehr oder Rückkehr zur Religion im Herzen dieser Menschen in Gang setzen.
Und wenn noch so Schlimmes geschieht: Über allem
und in allem ist die göttliche Weisheit verborgen, die

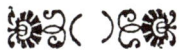

in uns zu jeder Zeit und unabhängig von den Umständen, in denen wir uns gerade befinden, zum Durchbruch kommen und greifbar werden kann. Wie der Nordwind die Wolken zerstreut und die Heiterkeit des Himmels wieder zum Strahlen bringt, so entfernt auch das Wirken des Heiligen Geistes die Erschwernisse, die auf unserer Seele lasten. Nicht selten wird uns dann ein neuer und für uns begehbarer Weg aufgezeigt, der die verborgenen Kräfte der Seele zum Leuchten bringt. Dunkles fällt von uns ab, und wir werden befähigt, über uns selbst hinauszuwachsen und Dinge zu vollbringen, an die wir niemals geglaubt haben.

Die Betrachtung und das innere Gebet sind mit diesem Nordwind zu vergleichen, der die Wolken vertreibt und somit den Himmel aufklart. Schwierigkeiten, die sich in den Weg gestellt haben, schwinden und dein inneres Leben – das, was dich wirklich ausmacht – kann sich heilbringend entfalten. Innere Freude und die Fähigkeit, sein Leben im Sinne Gottes zu gestalten und an Gottesdiensten jeder Art lebenswahrhaftig teilzunehmen, beginnen in dir zu wachsen. Menschen, die auf ihrem geistlichen Weg diese Erfahrungen gemacht haben, berichten:

◆ Mein eher oberflächliches Leben bricht auf und es offenbart sich eine ungeahnte Tiefe.

- Viele Dinge, die ich bisher als notwendige Pflicht ansah, werden zu einem Zeichen, das wahrgenommen und geliebt werden möchte.
- Mein Denken wird tiefgründiger, mein Wille wird stärker und meine Entschiedenheit eindeutiger.
- Ich habe von mir zu wenig verlangt. Nun spüre ich eine Kraftquelle in mir, die es auszuschöpfen gilt.
- Deprimierende Gefühle und dunkle Gedanken nehmen ab, und ich spüre eine Freiheit, die ich bisher nicht kannte.
- Gegen Vieles, das mich früher magisch anzog, fühle ich eine Abneigung.
- Neue Einsichten, ein neuer Geist und ein neuer Sinn wurden mir geschenkt.
- Ich beginne, Glaubensinhalte und religiöse Werte hoch zu achten.
- Das, was ich bei mir als Schwäche empfunden habe, wandelt sich und wird zu einer meiner Stärken.
- Mein Antrieb, gute Gedanken und entsprechende Möglichkeiten in die Tat umzusetzen, wird größer.

Die Erfahrung bestätigt vieles mehr. Alle, die von ihrem tiefen inneren Gebet aufstehen, verfügen über klarere Gedanken und über eindeutigere Ziele. Sie haben nicht nur den festen Vorsatz, ihr Leben zu verbessern, sondern berichten auch über die Bereitschaft und die Fähigkeit zu guten Werken. Sie geben die Freundlichkeit und die Liebe, die sie im inneren Gebet erfahren haben, an andere weiter. Das Lästige, Beschwerliche oder Tragische des Lebens wird – wenn es unumgänglich ist – bejahend angenommen und ohne Gegenwehr ertragen.

Das Gesagte und von vielen Menschen Erfahrene hat nichts mit einer Euphorie oder einmaligen Empfindungen zu tun, die schnell wieder schwinden und dem rauhen Alltag Platz machen. Die guten Auswirkungen dieser religiösen Erfahrungen bilden eine feste und dauerhafte Grundlage.

Die aus dem inneren Gebet gewonnenen Lebensenergien sind so stark, dass die Gefahr besteht, überaktiv zu werden und das Gebet zu vernachlässigen. Achte daher auf eine gesunde Ausgewogenheit zwischen den beiden Polen Ruhe und Aktivität.

Begnade mich mit deiner Weisung!
Ich wählte den Weg der Wahrheit;
nach deinen Urteilen hab ich Verlangen.
Ich halte an deinen Vorschriften fest.
Herr, lass mich niemals scheitern!
Ich eile voran auf dem Weg deiner Gebote,
denn mein Herz machst du weit.
(Psalm 119,29b–32)

In jedem Menschen liegt das Verlangen, dass sein Herz weiter wird und er die Fähigkeit besitzt, gut zu handeln. Im folgenden Kapitel erfährst du, was du

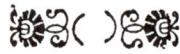

selbst dazu beitragen kannst, ein weites Herz zu bekommen und lebensunterstützend zu handeln. Um sowohl in deinem inneren als auch in deinem äußeren Leben Fortschritte machen zu können und Erfolg zu haben, ist das Gehen eines geistlichen Weges unerlässlich. Somit werden wir als Grundlage die Betrachtung, das innere Gebet, die Liebe zu Gott, die Kraft des Heiligen Geistes und das Ziel des geistlichen Lebens, die Vereinigung unseres Geistes mit Gott, in all unsere Überlegungen und Empfehlungen einbeziehen.

Durch das, was wir tun können, baut sich die Jakobsleiter auf, die die Erde mit dem Himmel verbindet. Der geistliche Weg führt nur dann von Stufe zu Stufe aufwärts, wenn die Leiter auf einem festen und unerschütterlichen Grund steht. Was wir in diesem Leben mit der Gnade Gottes erreichen können, wissen wir nicht. Was wir aber mit Bestimmtheit wissen: Keine Betrachtung, kein inneres Gebet, kein guter Gedanke und keine gute Tat sind vergeblich. Sie reinigen unsere Seele und die gesamte Atmosphäre, so dass unsere Persönlichkeit reifen und sich zu Höherem entfalten kann.

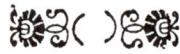

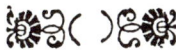

II. Kapitel
Neun Empfehlungen, durch die du deinen
geistig-geistlichen Aufstieg unterstützen kannst

Es gibt viele Ansätze und Möglichkeiten zur inneren Reifung, die in deinem Handeln und im Umgang mit anderen Menschen ihre Früchte zeigt. Hier ist auf der Grundlage der Betrachtung und des inneren Gebetes eine Auswahl der wichtigsten Empfehlungen getroffen.

1. Bleibe auf dem einmal eingeschlagenen Weg

Durch begleitendes Verhalten und durch Übungen kannst du die guten Auswirkungen deines geistlichen Weges wesentlich unterstützen und fördern. Wichtig dabei ist, dass du überzeugt bist von dem, was du übst, und es in einer auf Gott ausgerichteten inneren Haltung vollziehst. Besonders dann, wenn dir nicht alles wie von selbst zuströmt, solltest du Durchhaltevermögen zeigen. Die kostbare Perle kannst du nur finden, wenn du auf dem Weg bleibst und bereit bist, auch Mühen auf dich zu nehmen.

2. Bewahre dein Herz vor Schaden

Für deine geistliche Entwicklung ist es förderlich, unnützen und nichtigen Gedanken nicht nachzugehen. Ebenso solltest du dich nicht in überzogenen sexuellen Vorstellungen und Wünschen verlieren. Handle nicht aus überstarken gefühlsmäßigen Regungen. Belaste dein Inneres nicht durch zu viele Eindrücke, die du verarbeiten musst. Bewahre dein Herz vor Schaden und triff keine vorschnellen Entscheidungen, die später nur schwer rückgängig zu machen sind. Handle und entscheide aus der inneren Ruhe, die dir aus dem Gebet zuströmt.

3. Kultiviere deine Sinneswahrnehmung

Du allein hast zu bestimmen, was durch die Tore deiner Sinne in dein Bewusstsein gelangt und somit auch deine Seele berührt. Deine Augen und deine Ohren können zu Fenstern des Himmels werden, durch die du neben deiner Intuition und innerer Einsprechung die leise Sprache des Schöpfers wahrnehmen kannst. Durch die Tore deiner Wahrnehmung können aber auch – wenn du es zulässt – Bilder und Eindrücke deine Seele erreichen, die deinen Frieden und die Ruhe des Herzens stören. Jede Wahrnehmung hinterlässt Spuren in dir, die sich zur gegebenen Zeit wieder ausdrücken müssen. Nimmst du zu viele dunkle Eindrücke in dich auf, besetzen sie dich, machen dich unfrei und letztlich krank an Leib und Seele. Vieles, was dich an Ungutem berührt, kannst du nicht vermeiden, da der Lebensweg, den du zu gehen hast, oft steil und steinig ist.

Dich mit dir selbst und anderen auseinanderzusetzen, tiefe Eindrücke zu neutralisieren und verborgene

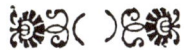

Schatten aufzuarbeiten, wird dich Zeit und Mühe kosten. Bei vielen Entscheidungen - besonders in der Routine des Alltags - kannst du deinen freien Willen einsetzen und dich für oder gegen etwas entscheiden. Grenze dich beizeiten ab und lass es nicht zu, dass Unrat in deine Seele fällt und dir die Luft zum Atmen raubt. Mache nicht das Schicksal anderer Menschen zu deinem eigenen. Das bedeutet nicht, dass du kein Mitleid empfindest, keine Wege aus der Dunkelheit aufzeigst und Schweres nicht mitträgst. Spüre jedoch in allem deine Grenzen und mute dir nicht zu viel zu.

Ziehe dich durch Betrachtung und inneres Gebet immer wieder aus der „Welt" für eine Zeit zurück, um Eindrücke zu lösen und neue Kraft für ein tragfähigeres Leben zu empfangen.

4. Suche von Zeit zu Zeit die Einsamkeit

Es ist lebensnotwendig, dich immer wieder aus der Aktivität in die Stille zurückzuziehen. Du wirst mit dir selbst konfrontiert und kannst - ohne auf andere Rücksicht nehmen zu müssen - alles zulassen. In der Stille und der Zurückgezogenheit wirst du nicht von äußeren Kräften und Pflichten gefordert. Du kannst die innere Bewegung zum Ausdruck bringen und dich dem hingeben, dessen du am notwendigsten bedarfst: Schlaf, Spiel, Sport, Wandern, Staunen, Betrachten, Beten, Schreiben oder Denken.

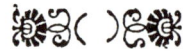

Gönne auch den Menschen, die du liebst und mit denen du zusammenlebst, diese so lebenswichtige Zeit der Stille. Zeiten der Einkehr müssen eingehalten werden, damit wir nicht eines Tages durch Schicksalsschläge dazu gezwungen werden. Für Menschen, die für die Betrachtung und das innere Gebet nicht offen sind, kann die Schönheit und Vielfalt der Natur zu einem Weg werden, der in die Nähe des Schöpfers führt.

5. Wende dich ausgewählter geistlicher Literatur zu

Viele gute Bücher regen zur Betrachtung an und führen über das innere Gebet zum Schweigen. Lass dich von ihnen berühren und in eine größere Glaubenstiefe führen. Triff eine gute Auswahl und meine nicht alles lesen zu müssen. Meide die Literatur, die dich belastet und unruhig macht, und wende dich nur den Schriften zu, die auf Gott ausgerichtet sind und dich auf deinem geistlichen Weg weiterführen. Dass es auch hier neben Bestätigung Korrekturen und Auseinandersetzungen geben muss, ist unumgänglich und notwendig. Was du tief in dein Herz aufgenommen hast, kommt immer wieder in dein Bewusstsein und erfüllt dein Denken und Tun.

6. Richte dich im Alltag des Öfteren für kurze Augenblicke auf Gott aus

Bevor du von einer Arbeit zu einer anderen übergehst, dich in Bewegung setzt, um den Ort zu wechseln, oder

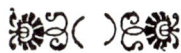

dich nach einem anstrengenden Tag zur Ruhe begibst, richte für einen kurzen Augenblick deine Aufmerksamkeit auf den Schöpfer. Du spürst, wie wichtig gerade du bist, um die gebrochene Schöpfungsordnung zwischen Himmel und Erde wiederherzustellen. Das kurze Stoßgebet, das du eher in deinem Herzen als mit deinem Mund sprechen solltest, kann die Anrufung Gottes beinhalten, eine Bitte um Erbarmen sein oder einfach einen Seufzer ausdrücken. Wichtig dabei ist, dass du dich dem Schöpfer gegenüber öffnest und bereit bist, von ihm ein Zeichen oder einen Impuls zu empfangen. In kurzer Zeit – bist du mit deiner ganzen Aufmerksamkeit präsent – kann unendlich viel und Wunderbares geschehen. Gott-Verbundenheit wird und bleibt dir bewusst, so dass dich ein äußeres Geschehen nicht so schnell aus deiner gesunden Mitte bringt. Deine Bereitschaft, zu betrachten und zu beten wird durch diese Aufmerksamkeitsübung größer.

7. Bleibe zielgerichtet und ausdauernd

Hast du dir für deinen geistlichen Weg bestimmte Übungen, Betrachtungen und das innere Gebet vorgenommen, so bleibe über einen längeren Zeitraum bei deinem Vorhaben. Wechsle nicht von einer Methode zur anderen, sondern bleibe dem einmal eingeschlagenen Weg treu. Beziehst du Betrachtung und Gebet in deinen festen Tagesrhythmus ein und bist beharrlich im Üben, wirst du am ehesten Fortschritte ma-

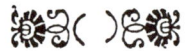

chen. Die Heilige Schrift bezeugt an vielen Stellen: Regelmäßiges Aufnehmen der Stille sowohl zur Morgen- als auch zur Abendzeit begünstigt die Übung des inneren Gebetes.

8. Auch durch körperliche Übungen kannst du deinen inneren Weg unterstützen

Achte bei allen dir wohltuenden Körperübungen darauf, dich nicht zu überanstrengen. Du musst nichts leisten. Um in die Ausgewogenheit von Körper, Geist und Seele zu kommen oder in ihr zu bleiben, übertreibe nichts. Denke auch daran, im Essen und Trinken Maß zu halten, auf einer nicht zu weichen Unterlage zu schlafen und dein sexuelles Leben dir angemessen zu gestalten. Kultiviere und pflege die Gaben Gottes, die du empfangen hast, und töte nichts ab.

9. Nutze deine Fähigkeit, Gutes zu tun

Durch das innere Gebet wird deine Fähigkeit, spontan und gut zu handeln, gefördert. Zögere nicht mit der Verwirklichung, wenn Intuition und Eingebung dir etwas nahe legen. Selbst auf die Gefahr hin, dass andere dich belächeln oder über dich reden, lass dich nicht von deinem Tun abhalten. Du wirst im Nachhinein beglückt feststellen, dass es gut und richtig war. Versuche deine gesunde Mitte zu finden sowohl in dem, was du fühlst, denkst, sprichst und tust als auch in deinem Gebet und im Schweigen vor Gott. Das innere

Gebet führt dich spontan zu richtigem und liebevollem Handeln. Und dieses Handeln wiederum führt zu tieferen Erfahrungen der Wahrheit innerhalb und außerhalb des Gebetes.

III. Kapitel

Neun Hindernisse, die deinem
geistig-geistlichen Aufstieg im Wege stehen

Vieles kann deinen inneren Reifungsprozess behindern oder gar ganz verhindern. Die wichtigsten Hindernisse sind wiederum in neun Punkten zusammengefasst.

1. Unkorrektheiten in deinem Verhalten

Unwahrheiten, die von dir ausgehen – und sind sie noch so gering – lähmen ein inneres Wachstum zur Wahrheit. Die Kraft deiner Liebe wird durch alles geschwächt, was als lässliche Sünde bezeichnet wird. Beachte: Viel entscheidender als das Unkorrekte, das durch dich ausgelöst wird, ist das Gute, das durch dein Fehlverhalten verhindert wird.

2. Gewissensbisse und Skrupel

Die Folge deines falschen Verhaltens ist eine innere Unruhe, die dir immer wieder die gleichen Inhalte vor Augen führt. Wir nennen sie Gewissensbisse, die den Geist beunruhigen, das klare Denken lähmen und teilweise unfähig machen, gut und richtig zu handeln. Aber auch der Mangel an Selbstbewusstsein und eine Überempfindlichkeit können unser Gewissen quälen. Schon die kleinsten Ereignisse und Dinge lassen Zwei-

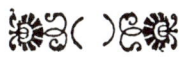

fel aufkommen, bedrängen das innere Leben und stiften Unruhe. Es sind Skrupel, die wie Dornen stechen und unsere Seele keinen wahren Frieden finden lassen.

3. Angst, Bitterkeit und übermäßige Trauer
Die geistige Freude des inneren Lebens kann sich bei Angst, Bitterkeit und übermäßiger Trauer nicht entfalten. Der einfache und unbekümmerte Einstieg in das innere Gebet wird durch diese Blockaden erheblich gehindert. Wunden von Enttäuschungen und Bitterkeit des Herzens sind vielen Menschen eigen. Wird ihnen Hilfe angeboten und werden sie darauf angesprochen, beginnen sie zu leugnen und sich noch weiter zu verschließen.

4. Unausgesprochene Probleme und Sorgen
Probleme und Sorgen, die zeitweilig jedes Leben begleiten, können zu außerordentlich großen Hindernissen werden, wenn du sie nicht zulässt, nicht aussprichst oder gar verdrängst. Sie können dein Fühlen, Denken und Handeln derart fesseln, dass du dich selbst wie einen anderen Menschen erlebst. Ebenso können dein Schlaf und dein Wachbewusstsein derart gestört werden, dass du krank werden kannst. Zur Zeit des Gebetes stören dich Probleme und Sorgen mehr als sonst. Sie lenken dich massiv von begonnenen geistlichen Übungen ab.

5. Überaktivität

Ein ständiges Übermaß an Arbeit, die dich nicht zur eigentlichen Ruhe kommen lässt, steht der Entfaltung deiner Seelenkräfte im Weg. Wie auf den Tag die Nacht folgt, so müssen auf deine Arbeit Ruhephasen folgen. Meine nicht, alles leisten zu müssen. Überlasse Gott vorübergehend auch deine unfertige Arbeit. Viele Menschen lassen durch übertriebene Aktivität ihr Grundbedürfnis nach Ruhe und Entspannung der Seele einfach nicht zu.

6. Ständiges Nachgeben und Befriedigen der sinnlichen Kräfte

Ein übermäßiges Nachgeben, vor allem der sexuellen Kräfte, nimmt der Seele den Geschmack an den geistlichen Übungen und lässt sie verkümmern. Wer einzig und allein auf Befriedigung der sinnlichen Kräfte ausgerichtet ist, macht sich selbst unfähig, geistliche Gaben zu empfangen.

7. Unmäßiges und unregelmäßiges Essen und Trinken

Genusssucht in jeglicher Hinsicht läuft deiner geistigen Entwicklung zuwider. Besonders alkoholische Getränke sowie lange und kostspielige Mahlzeiten binden deine Energie, die dir für deinen spirituellen Weg zur Verfügung stehen sollte. Denken und Körper sind derart beschwert, dass dein Geist unfähig ist, sich

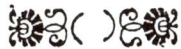

in lichtere Höhen zu erheben. Die Unregelmäßigkeit deines Essens und Trinkens ist ebenso in der Lage, dein inneres Gleichgewicht zu stören.

8. Unnützes Geschwätz

Viele Menschen sind darauf aus, ständig Neuigkeiten zu erfahren, die sie dann mit Genuss an andere weitergeben. Sie müssen über alles Interne und Externe Bescheid wissen und füllen viele kostbare Stunden des Tages mit unnötigem Geschwätz. Diese Menschen regen ständig sich selbst und die Gemüter anderer auf und lassen niemals Ruhe einkehren.

9. Unterlassen der Betrachtung und des inneren Gebetes

Den einmal eingeschlagenen Übungsweg aus oberflächlichen und nichtssagenden Gründen zeitweilig oder ganz zu verlassen, bringt eher Rückschritt als Fortschritt. Notwendige Unterbrechungen aus familiären, beruflichen, psychischen oder körperlichen Gründen sind hier nicht gemeint. Der Aufbau einer geistlichen Dimension ist sehr empfindlich und daher störanfällig. Eine für längere Zeit bewusst unterbrochene Gott-Verbundenheit schenkt sich uns nicht wieder, wenn wir es wollen. Bleibt die Bewässerung von Pflanzen und Bäumen, für die wir die Verantwortung tragen, über längere Zeit aus, vertrocknen sie und sterben.

Um die geistige Frische deines Bewusstseins und deine Gott-Verbundenheit zu erhalten, musst du beides durch Betrachtung und inneres Gebet pflegen und sorgfältig bewahren.

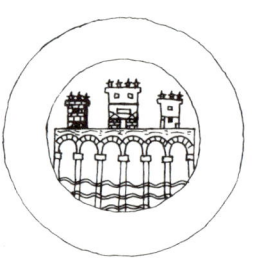

IV. Kapitel

*Wie du mit Ablenkungen bei der Betrachtung und
beim inneren Gebet umgehen solltest*

Diejenigen, die die Betrachtung und das innere Gebet in der vorgegebenen Weise üben, berichten oft von Ablenkungen und Störungen während der Gebetszeit. Es stellen sich auch Fragen ein, die sich auf die Zeit außerhalb des Gebetes beziehen. Damit du aus den Erfahrungen anderer lernst, keine Umwege machen musst und Sicherheit in deiner Gebetspraxis bekommst, ist es für dich wichtig, über die folgenden Ausführungen nachzudenken und die Empfehlungen zu beachten.

Fragen, die immer wieder gestellt werden:

1. Warum bleiben häufig die wohltuenden Erfahrungen der Ruhe während des Gebetes aus? Ich erwarte von diesem Gebet viel, habe jedoch den Eindruck, wenig zu erreichen. Was ist Gott-Verbundenheit, von der so oft gesprochen wird und auf die ich warte?

Wenn du Erwartungen an das innere Gebet hegst, bist du in gewisser Weise bereits blockiert und nicht mehr offen für den, der dir seinen Willen und seine Liebe kundtun möchte. Gehe daher unbekümmert und vorbehaltlos in das Gebet, das du niemals meiden solltest – auch wenn sich vorübergehend kein Erfolg einstellt.

Gewiss strömen dir immer göttliche Liebesimpulse zu; wir sind jedoch oft nicht in der Lage, diese feinen Schwingungen wahrzunehmen. Vertraue darauf, dass nur etwas Gutes in deinem Gebet geschehen kann, und unterbrich die Gebetspraxis auch dann nicht, wenn du vordergründig keinen Erfolg verspürst. Überlasse dich ganz dem Herrn. Er wird für dich zur rechten Zeit sorgen, da er es unendlich gut mit dir meint.

Als Erstes wird durch die Betrachtung und das innere Gebet der Weg frei gemacht für eine Begegnung des Himmels mit der Erde. Sie erfolgt an dem geheimsten Ort der Schöpfung, in deiner Seele. Gott, der himmlische Vater, ist langmütig und hat unendliche Geduld mit dir. Hast du dich von ihm und deinem inneren Wesen durch Fehler, Sünden und falsche Entscheidungen entfernt und damit Hindernisse aufgeschichtet, wird es eine gewisse Zeit dauern, bis sie vergeben und aufgelöst sind. Habe Geduld - wie auch der Schöpfer unendliche Geduld mit dir hat. Die Durststrecke, die du eventuell zu durchschreiten hast, gereicht dir zu großem Nutzen. Bis in die feinsten Bereiche werden Blockaden abgebaut, die einer Verbindung mit Gott im Wege stehen. Der Abbau und die Auflösung dieser Hindernisse erfolgen so sanft und unmerklich, dass du es kaum wahrnimmst. Wisse aber: Wenn du auch das Empfinden hast, dass nichts mit dir geschieht, so geschieht doch viel mit dir.

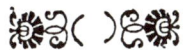

Du darfst sicher sein: Dein geistliches Leben macht durch jedes Gebet Fortschritte, die sich dir im Nachhinein zu unbestimmter Zeit überraschend offenbaren.

Sowohl deine Einstellung zum inneren Gebet als auch dein momentanes Empfinden beim Beten sind in keiner Weise entscheidend. Einzig und allein entscheidend ist, dass du Gott im Gebet einen Teil der Zeit, die er dir als Lebenszeit schenkt, zurückschenkst und du dich auf ihn ausrichtest. Das dir Zukommende und für dich Notwendige muss nicht unweigerlich wohltuend und angenehm sein. Vorarbeiten und Vorbereitungen zu einem Fest der Begegnung beinhalten zwar die Freude auf das Fest, fordern jedoch zunächst Aufwand und Geduld.

Setze deine Übungen mit Sorgfalt und innerer Wachheit fort – in Hingabe, ohne irgendeine Erwartung. Mische dich während des Gebetes und des Schweigens vor Gott nicht in etwas ein, was von selbst aufbrechen und sich dir offenbaren möchte. Sei beharrlich im Gebet, ohne nach dem zu fragen, was du dafür bekommst. Greife nicht in den Plan Gottes ein. Durch Demut, Hingabe und Beharrlichkeit ersetzt du den vermeintlichen Mangel an Gnade.

Das Gleichnis von der Witwe, die nicht nachlässt, sich immer wieder an den Richter zu wenden, bis er ihr zu ihrem Recht verhilft, möchte die Beständigkeit im Beten ausdrücken.

Sollte Gott seinen Auserwählten, die Tag und Nacht zu ihm rufen, nicht zu ihrem Recht verhelfen, sondern zögern? (Lukas 18,7)

2. Was kann ich gegen die vielen störenden Gedanken tun, die während des Betens in mir aufsteigen? Ich habe den Eindruck, überhaupt nicht richtig beten zu können. Soll ich das Gebet unterbrechen und zu anderer Zeit neu beginnen?

Kommen Gedanken, Vorstellungen und Bilder während deiner Betrachtung und des inneren Gebetes, so schenke ihnen keine besondere Aufmerksamkeit, damit sie nicht Gewalt über dich gewinnen. Gib dem Gebet den Vorrang und lass die Gedanken kommen und gehen – hänge ihnen jedoch nicht nach. Jegliche Anstrengung, gegen die Gedanken anzukämpfen oder sie gar zu verdrängen, ist fehl am Platz. Wendest du dich immer wieder dem Gebet und damit der Anrufung Gottes zu, werden die Gedanken niemals die Oberhand gewinnen.

Wenn dein Inneres statt der lang ersehnten Früchte vorerst nur Disteln und Dornen hervorbringt, so weißt du, dass du sie hast wachsen lassen. Der Herr wird dir helfen, den Nährboden deiner Seele von allem Unkraut und Unrat zu reinigen, damit er Gutes hervorbringen kann. Nimm nach kurzer Unterbrechung durch die Flut der Gedanken den Faden der Betrachtung oder die Stille des inneren Gebetes wie-

der auf und lass dich durch nichts beirren. Der Herr wird sich dir niemals entziehen – du bist es, der sich immer wieder von ihm trennt.

Selbst wenn du dein Beten nicht als solches erlebst, so geschieht doch gerade in dieser Zeit etwas sehr Wesentliches. Der Weg in eine größere Glaubenstiefe und damit in die Nähe Gottes wird von Schlacken befreit, damit du als Geschöpf die Liebe des Schöpfers neu empfangen kannst.

Spürst du den Wunsch, noch vor Beendigung deiner Gebetszeit wegen zu vieler fremder Gedanken zu unterbrechen und aufzustehen, gib nicht nach. Kehre nach allen vorübergehenden Ablenkungen zu deinem Gebet zurück und halte die festgesetzte Zeit ein.

3. Es kommen Gedanken und Gefühle gegen Gott auf, die mich sehr belasten. Ich bin darüber erschrocken. Wie soll ich damit umgehen?

Im Aufkommen derartiger Gedanken und Gefühle liegt eine große Gefahr, mit den Betrachtungen und dem inneren Gebet aufzuhören oder sogar jeglichen Gottesdienst zu meiden. Hier gilt die gleiche Anweisung wie sie schon des Öfteren an dich ergangen ist, wenn zu viele und fremde Gedanken dein inneres Gebet stören wollen: Gib der einfachen Gebetsanrufung Gottes den Vorrang und versuche, die Gedanken und Gefühle, die dich von Gott trennen wollen, einfach nicht zu beachten. Lass sie an dir vorüberziehen im

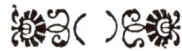

Wissen, dass sie den Weg frei machen für eine größere Innerlichkeit und Gottesnähe. Lass es also keinesfalls zu, dass gotteslästerliche Gedanken und Gefühle dieser Art dich besetzen. Schiebe aber auch nichts in dein Inneres gewaltsam und „willensstark" zurück. Alles, was seinen Weg nach außen findet, belastet und beeindruckt dich nicht mehr. Lass jeglichen Ausdruck zu, denn er macht den Weg frei für Größeres und Erhaberenes.

Selbst wenn in dir Widerwille aufsteigt, so ist auch dieses Gefühl nur vorübergehend. Halte also durch und lass dich durch nichts beirren. Dunkle Gefühle sollen dich nicht auf- und zurückhalten. Nimmst du sie wahr, halte dich nicht lange bei ihnen auf und kehre zu deinem inneren Gebet zurück. Fürchte dich nicht davor, wenn diese Gefühle in dir aufsteigen und sich zu zweifelnden Gedanken entwickeln. Die Furcht verstärkt nur diese dunklen Kräfte, die dir vorübergehend den Zugang zum Licht versperren.

4. *Mein vorgestellter Glaube beginnt zu bröckeln. Glaubenszweifel und Gedanken des Unglaubens machen sich in mir breit. Bevor ich mit dem inneren Gebet begann, war mein Glaube stabiler. Widerspricht das nicht meinem Ziel?*

Ein vorgestellter Glaube, der uns von außen her anerzogen wurde oder den wir uns durch Lesen und Denken angeeignet haben und der vielleicht unserer

Wunschvorstellung entspricht, hat nur sehr wenig mit dem wahren inneren Glauben zu tun. Der wahre innere Glaube, dessen Wurzeln sich in unserer Seele gründen, hat die Eigenschaft – wenn er durch Betrachtung, inneres Gebet wie auch durch Lebenserfahrung wächst – sich nach außen zu entfalten. Bei dieser unaufhaltsamen Bewegung bricht alles im Wege Stehende auf, beginnt nichtig zu werden und fällt von uns ab.

Glaubenszweifel und Gedanken des Unglaubens bilden eine Zwischenstufe, auf der unser angeeigneter Glaube zu bröckeln beginnt, die innere Glaubenskraft aber noch nicht so stark entwickelt ist, dass sie uns trägt. Es dauert oft einige Zeit, bis du die heranwachsende neue Dimension klar wahrnehmen kannst. Sei dir bewusst, dass dein wahrer innerer Glaube noch sehr schwach ist und großer Unterstützung bedarf. Das liebende Entgegenkommen Gottes und seine Gnadenzuwendung werden helfen, Unsicherheit und Zweifel in Sicherheit und Gewissheit zu verwandeln.

Versuche bei deiner Betrachtung und dem Einstieg in das innere Gebet den Schöpfer als den je Größeren anzusehen und ihn in Demut und Ehrfurcht bei seinem Namen anzurufen. Abwägende oder gar richtende Gedanken mögen einer unvoreingenommenen kindlichen Haltung weichen. Der Herr wird eher Kindern seine Geheimnisse offenbaren als krampfhaft und komplizdiert denkenden Erwachsenen. Strebe nicht vorschnell danach, Gründe und Ursachen Gottes erforschen oder kennen lernen zu wollen. Schließe daher erst einmal während der Betrachtung und des inneren Gebetes die Augen des Verstandes und öffne die deiner Intuition und deiner Seele – das heißt, sei offen und unbedarft dem gegenüber, was sich deinem Inneren offenbaren möchte. Du wirst Einblick gewinnen in umfassendere Lebens- und Glaubenszusammenhänge. Die Augen der Seele werden zu Fenstern in die Ewigkeit. Sie öffnen dir den Blick in die Gründe und für die Ursachen Gottes, damit du mehr und mehr seine Werke erfassen und lieben darfst. Die lichtvollen Geheimnisse Gottes offenbaren sich daher deiner Seele, weil sowohl die menschlichen Augen als auch die des Verstandes nicht fähig sind, ein so großes und reines Licht wahrzunehmen.

Unglaube und Zweifel können unheimliche und widerwärtige Empfindungen in dir auslösen und zu der irrigen Überzeugung führen, es gäbe keinen Gott. Wende dich daher in Zeiten des Übergangs in besonderer Weise und häufig der Betrachtung und dem inneren Gebet zu – ungeachtet deines vermeintlichen Unglaubens und deiner Zweifel. Du darfst davon ausgehen, dass es der Herr unendlich gut mit dir meint und dass – nach überstandener Durststrecke – etwas sehr Gutes mit dir geschieht.

5. Manchmal habe ich Angst, mich loszulassen, um mich auf das innere Gebet einzulassen. Ich empfinde mich zeitweilig außerhalb meiner Verantwortung. Ist dies richtig und normal?

Sei dankbar, wenn die Auswirkungen des inneren Gebetes bereits soweit reichen, dass dir ein Stillsein vor Gott geschenkt wird, eine Stille, die du in dieser Tiefe vorher nicht kanntest. Angst sei dir fern, denn nichts kann dir passieren, lässt du dich vertrauend in die Hände Gottes fallen. Beweise dich jetzt darin, angst- und bedenkenlos mit der Übung des inneren Gebetes fortzufahren anstatt vor deiner Angst zu fliehen und die Stille aufzugeben. Halte durch im Wissen, dass mit dir Großes geschieht. Im tiefen Schweigen erfährst du eine zunehmende Nähe zur Ewigkeit. Die Grenzen von Raum und Zeit lösen sich auf dem Weg dorthin auf. Lässt du diese Entgrenzung in dir zu, wird deine Innerlichkeit wachsen und nach dem Gebet wirst du dich innerhalb der Grenzen weitaus besser behaupten können.

Während der Betrachtung und des inneren Gebetes bist du in besonderer Weise von guten, wirkmächtigen Kräften umgeben, die wir Engel nennen. Sie wachen darüber, dass uns kein Leid zugefügt wird und alles zu unserem Heil geschieht.

6. Oft überfällt mich Müdigkeit und ich schlafe schon während der Betrachtung ein. Das ärgert mich. Was kann ich dagegen tun?

Schläfst du während der Betrachtung ein, ist dies ein Zeichen, dass du übermüdet bist und dein Körper dringend Schlaf benötigt. Gib deinem Bedürfnis nach und lass dich nicht irritieren. Erfahrungsgemäß kehrst du schon nach kurzer Zeit in das Wachbewusstsein zurück und kannst erfrischt die Betrachtung fortsetzen.

Andererseits kann dich die Betrachtung derart anstrengen, dass du davon müde wirst. Gehe dann einfach zur leichteren Art des Betens über, dem inneren Gebet. Wiederhole dein Kurzgebet oder die Anrufung Gottes so lange anstrengungslos und sanft, bis du im Schweigen tiefere und heilsame Ruhe erfährst. Du wirst nach gegebener Zeit erfrischt von dem Gebet aufstehen.

Ist die Zeit deines Gebetes gekommen, solltest du selbst bei Müdigkeit mit dem inneren Gebet beginnen – auch auf die „Gefahr" hin, einzuschlafen. Entweder strömen dir sofort energiereiche Kräfte zu oder du wirst dich nach einem kurzen Schlaf hellwach finden. Gehe dann nochmals über zum inneren Gebet, um es nach einer gewissen Zeit bewusst mit dem Wort „Amen" zu beenden.

Sollte während deines Betrachtens und Betens der Schlaf dich aus reiner Trägheit überfallen, frage dich, ob du unmäßig viel gegessen oder alkoholische Getränke zu dir genommen hast. Nimm dir vor, dich im Essen zu mäßigen und enthalte dich berauschender Getränke. Stille deinen Durst mit klarem Wasser.

Bitte vor allem den um Hilfe, der immer bereit ist, sie dir zu geben.

7. *Ich fühle eine Abneigung gegen die Wörter „geistliche Entwicklung", „innerer Fortschritt", „Ruhe der Seele", denn ich kann nichts davon bei mir feststellen. Dann wiederum überfallen mich Vorstellungen von eigener „Heiligkeit". Wie kann ich diese Empfindungen erklären?*

Schwankst du zwischen so entgegengesetzten Haltungen, solltest du zunächst aufhorchen und ihnen nachspüren. Auf der einen Seite erlebst du eine Abneigung gegen Formulierungen des geistigen Weges – auf der anderen Seite bemächtigen sich deiner überzogene Wunschvorstellungen. Glaubenserfahrungen, vor allem jedoch mystische Erfahrungen in Worte zu fassen, ist nicht einfach. Stören dich die Begriffe, die selbst ja nur Fragment sind, solltest du dein Lesen für einen längeren Zeitraum unterbrechen und dich weitaus mehr als sonst der Praxis der Betrachtung und des inneren Gebetes zuwenden. Wenn du aus deiner eigenen Erfahrung mehr und mehr eine Ahnung davon bekommst, was Schweigen vor Gott bedeutet, wird deine Abneigung gegen bestimmte Formulierungen

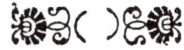

dieses geistlichen Weges schwinden. Worte sind nicht entscheidend und wichtig, sondern einzig und allein nur das, was du in dir erfährst und was deinen wahren inneren Glauben ausmacht.

Stütze dich nicht allein auf dich selbst und deine eigenen Kräfte – verlasse dich vielmehr vertrauend auf die göttliche Gnade. Misstraue eher deinen austauschbaren Meinungen und wechselhaften Gefühlen. Gründe dagegen deine Hoffnung auf die Güte Gottes, dem nichts unmöglich ist. Denke nicht über deine so genannte Heiligkeit nach. Wenn du es tust, so ist dies ein sicherer und einleuchtender Beweis, dass du noch weit von einer wahren Heiligkeit entfernt bist.
Ein guter Rat, sowohl die Abneigung als auch die Vermessenheit in den Griff zu bekommen, besteht darin, über das Leben der Heiligen oder gar ihre Selbst-Biografien zu lesen. Du wirst feststellen, wie steinig auch ihr Weg war.

8. *Durch Betrachtung und Gebet wird mein Hunger sowohl nach religiösem Wissen als auch nach entsprechender Erfahrung immer größer. Wie soll ich dem begegnen – und was ist zu tun?*
Sei dankbar, dass sich dieser Wunsch in dir entfaltet. Gehe jedoch behutsam vor und übertreibe nichts. Damit du intellektuell den Bogen nicht überspannst und andererseits um das, was du erfährst, wissen solltest,

müssen Erfahrung und Wissen Hand in Hand gehen. Diese Entwicklung zu einem erlebten und gelebten Glauben vollzieht sich oft nur langsam. Werde daher nicht ungeduldig und übertreibe weder in die eine noch in die andere Richtung dein Wollen und Tun.

Es ist uns nur vergönnt, in einen begrenzten Teil des Wissens einzusehen. Dies erfolgt schrittweise zusammen mit unserer diesbezüglichen Erfahrung. So hoch wir den Wert der Wissenschaften auch ansetzen mögen: Letztlich übertrifft die göttliche Weisheit alles menschliche Wissen und all unsere Klugheit. Übe dich daher zuerst durch Betrachtung und inneres Gebet im Empfangen der göttlichen Liebe. Alles andere – wie die Aufbereitung und Vervollständigung deines Wissens – folgt danach. Am Ende werden wir bestimmt nicht danach befragt, was wir alles gelesen und an Wissen gespeichert haben – wir werden danach befragt, ob und wie viel Liebe wir geschenkt haben.

9. *Nach dem Gebet fühle ich einen fast unbändigen Drang, anderen Menschen zu helfen, sie auf den „rechten" Weg zu bringen und beruflich mehr und Wesentlicheres zu tun als das, was ich bisher geleistet habe. Ist dies eine nur vorübergehende Erscheinung? Sollte ich dem nachgeben?*

Auch hier darfst du dich darüber freuen, wenn deine Liebe zu anderen Menschen und deine Lebenskraft

überströmen. Bedenke bei allem jedoch: Du kannst nur das geben und einsetzen, was du hast und worüber du verfügst. Sich gänzlich für andere „aufzuopfern" ist falsch verstandene Nächstenliebe. Sie schadet dir und letztlich dem anderen ebenso. Überdenke deinen unbesonnenen Eifer, anderen helfen zu wollen, und halte dich zurück. Kümmere dich nur insoweit um die Gewissensangelegenheiten anderer Menschen wie dein eigenes Gewissen dadurch nicht belastet wird.

Maße dir unter keinen Umständen an, jemanden auf den „rechten" Weg bringen zu wollen. Dränge dich nicht auf, sondern halte dich eher zurück. Stelle dein Leben nicht unter das Prinzip der Leistung und verlange von dir nur das, was möglich ist. Richte dein persönliches und berufliches Leben so ein, dass hinreichend Zeit übrig bleibt, um im Gebet die innere Ruhe und den Frieden deiner Seele zu pflegen. Übertreibe nichts – weder deine Aktivität noch die Zeit, die du für das Gebet verwendest. Finde deine ausgewogene Mitte, aus der du handelst, ohne deine innere Ruhe zu verlieren. Paulus nennt diese Haltung „Wandeln im Geiste Gottes".

Lebst du vom Urgrund allen Seins und von der Wurzel alles Guten, wird dein inneres Gebet einen solchen Reichtum und eine solche Tiefe gewinnen, dass dein

Leben in jeglicher Hinsicht gelingt: Du wirst in deinem inneren und äußeren Leben Erfüllung finden und eine Gewissheit in dir tragen, dass du – was auch immer kommen mag – in der Liebe Gottes geborgen bist.

V. Kapitel
Notwendige Rückbesinnung für alle,
die mit der Betrachtung und
dem inneren Gebet beginnen möchten

Dieses Buch möchte dem Betenden und dem Gott Suchenden einen Weg aufzeigen, der in eine größere Gottesnähe führt. Bist du ernsthaft bereit, durch Betrachtung und inneres Gebet deinem Schöpfer täglich eine bestimmte Zeit zu schenken, ist es ratsam, zusammen mit einem erfahrenen Menschen diesen geistlichen Weg zu gehen. Unser Verhaftetsein in unserem eigenen Ego wie auch die Abhängigkeit von anderen Menschen lassen es schwerlich zu, im Alleingang diese Gebetsweise zu üben. Solltest du aber diesen Weg allein gehen wollen oder müssen, richte dich genau nach den Weisungen in diesem Buch.

Die folgenden acht Rückbesinnungen möchten dir das Vorgehen noch einmal auf einfache Weise nahe bringen.

Erste Rückbesinnung:
Sinn und Ziel der geistlichen Übungen
Im Grunde ihres Herzens haben alle Menschen die Sehnsucht, eine Verbindung mit dem Urgrund ihres Seins, mit Gott, aufzunehmen. Ansätze und Wege gibt

es viele. Ein Kriterium des rechten Weges besteht darin, dass er nach Überwindung anfänglicher Schwierigkeiten leicht und angenehm zu gehen ist, keine Anstrengung und Leistung von dir verlangt und dir zwischenzeitlich Phasen innerer Erfüllung schenkt. Wenn Erfahrung und ein Wissen um das, was geschieht, Hand in Hand gehen, werden Unsicherheit und Zweifel schwinden. Du wirst mit Körper, Geist und Seele sowohl lichtvolle Zeiten erleben als auch fähig sein, dunkle Zeiten zu durchstehen.

Mit der Ausrichtung auf Gott in der Betrachtung und im inneren Gebet ist weder Konzentration noch irgendeine andere Anstrengung verbunden. Auf dieser Grundlage wird jegliches Beten - selbst Anklagen gegen Gott - letztlich zu einem Empfangen seiner Liebe und zur Einsicht in umfassendere Zusammenhänge. Zu den geistlichen Übungen, durch die du dich am ehesten Gott nähern kannst, gehören das Lesen der Heiligen Schrift und hervorragender religiöser Bücher, die Betrachtung und das innere Gebet sowie der Empfang der Sakramente. Das Ziel dieses Weges besteht nicht allein in der Erfüllung deiner Selbstverwirklichung, sondern darin, Liebe zu empfangen und Gott wiederzulieben. Viele „geistliche" Wege haben nur die Selbstverwirklichung zum Ziel. Wenn aber der Schöpfer außer Acht gelassen wird und nur eigene Vorteile im Mittelpunkt stehen, handelt es sich um Irrwege. Wenn dies deine Perspektive ist, wirst du dich

selbst, andere Menschen und die gesamte Schöpfung in einem völlig falschen Licht sehen.

Der Sinn der geistlichen Übungen besteht darin, feinfühliger zu werden für die leise Sprache Gottes, offen zu sein für seine Liebe und darin, seinen Willen zu unserem Willen zu machen. Die vom Grund der Schöpfung ausgehenden natürlichen und geistigen Kräfte möchten durch dein Denken, Sprechen und Handeln ungehindert ihren Ausdruck finden. Besonders die Übungen des inneren Gebetes dienen dazu, Hindernisse auszuräumen: Angst, Zweifel, Verhaftetsein, Mittelmäßigkeit, Unruhe, Minderwertigkeitsgefühle, Ich-Sucht, Machtstreben, Antriebslosigkeit, Genusssucht …

Gehst du – im Wissen, dass du erlösungsbedürftig bist – von der rechten inneren Haltung aus, darfst du von Gott alles erwarten.

Erschaffe mir, Gott, ein reines Herz,
und gib mir einen neuen, beständigen Geist!
Verwirf mich nicht von deinem Angesicht,
und nimm deinen Heiligen Geist nicht von mir!
Mach mich wieder froh mit deinem Heil;
mit einem willigen Geist rüste mich aus!
(Psalm 51,12–14)

Psalm 119 gibt eine Lebensregel wieder, aus der du erfährst, was Gottes Wort bedeutet und wie du ihn mit ganzem Herzen lieben kannst. Lebst du nach der Weisung des Herrn, werden Enge und Verkrampfung schwinden, und dein Herz wird weit. Hältst du dich an Gottes Wort, behältst du deine innere Sicherheit und deine Freiheit. Du gewinnst Einsicht in Lebenszusammenhänge und kannst zum Ratgeber für Fragende werden.

Wohl denen, deren Weg ohne Tadel ist,
die leben nach der Weisung des Herrn.
Wohl denen, die seine Vorschriften befolgen
und ihn suchen von ganzem Herzen,
die kein Unrecht tun
und auf seinen Wegen gehen.
(Psalm 119,1–3)

Alle Menschen, die sich durch Betrachtung und inneres Gebet in den Willen Gottes einüben, geben nicht als Beweis des rechten Weges erhebende Gefühle an. Sie berichten von wesentlichen Veränderungen, die zum wahrem Leben führen:

- ◆ Deine Geduld und Ausdauer in bedrückenden Lebenssituationen verstärken sich.
- ◆ Du bist in der Lage, den Willen Gottes bedenkenlos auszuführen.
- ◆ Du lernst, bei Beleidigungen und Unrecht nicht aggressiv, sondern sachlich zu antworten.
- ◆ Mit Schwächen anderer Menschen kannst du liebe-

voll umgehen und bei Unvollkommenheiten übst du Nachsicht. In Zeiten äußerer und innerer Bedrängnis kannst du gelassen sein und auf Gott vertrauen.

- Du spürst eindeutig, wann Schweigen und wann Reden angesagt ist.
- Du öffnest vor Mitleid dein Herz, weißt jedoch auch, wie du dich beizeiten abgrenzen kannst.
- Du besitzt deine Gefühle und deine Sinnlichkeit – und nicht sie dich.
- Sowohl im Glück als auch im Unglück bewahrst du Haltung und deine innere Ausgewogenheit.
- Du handelst zwar spontan – jedoch wohl überlegt und klug.
- Machtstreben und Geltungssucht sind dir fremd.
- Du fällst kein Urteil und redest nicht über andere Menschen.
- Dich selbst siehst du im richtigen Licht und im rechten Verhältnis zu anderen und der Welt.
- Du kannst – wenn es sein muss – verzichten und anderen Menschen das gönnen, was du entbehrst.

Mit Unterstützung und Hilfe der Betrachtung und des inneren Gebetes bist du in der Lage, diese Fortschritte weitaus besser und schneller zu erreichen als durch die stärkste Willensanstrengung.

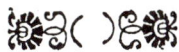

Zweite Rückbesinnung:
Erwarte nichts und verlange keine Offenbarungen

Die Erwartung eines Erfolges hemmt die Betrachtung und erst recht das innere Gebet. Wenn du in diesem Gebet alles in die Hände Gottes legst und nichts mehr für dich zurückhältst, schwinden wie von selbst alle Erwartungen und Hoffnungen auf Einsprechungen, Visionen, Erscheinungen und Offenbarungen. Schleichen sich derartige Wunschvorstellungen dennoch bei dir ein, solltest du dich erneut im Zurücknehmen und in Demut üben. Unsere Vorstellungskraft kann zu einer großen Gefahr werden und uns arg täuschen.

Möchte der Schöpfer dir tiefere Einsichten schenken, wird er einen dir gemäßen Weg finden, dir diese Geheimnisse zu offenbaren. Diese Zuwendung erfährst du so eindeutig und liebevoll, dass du weder daran zweifelst noch Angst zu haben brauchst.

Dritte Rückbesinnung:
Sprich nicht über deine Erfahrungen

Ganz gleich, welcher Art deine Erfahrungen sind: Sprich hierüber nur zu einem dir vertrauten Menschen. Rede zu anderen weder über ausbleibende Erfolge auf deinem geistlichen Weg noch über das, was dir an Gutem durch das innere Gebet geschenkt wird. Du könntest sonst in zweierlei Weise jemanden von seinem Beten abhalten. Durch vorübergehend ausbleibende Erfolge, von denen du berichtest, kann dein Gesprächspartner abgeschreckt werden, so dass er mit der Betrachtung und dem inneren Gebet nicht einmal beginnen möchte. Berichtest du andererseits über gute Erfahrungen, kann er daraus fälschlicherweise nicht nur auf Askese und Enthaltung schließen, sondern auch das Ziel des Betens als so hoch und so entfernt von sich sehen, dass diese Art des geistlichen Weges ihn sogar abstößt.

Veröffentliche daher persönliche Glaubenserfahrungen vorerst nicht - besprich sie jedoch offen mit einem dir vertrauten Menschen, der dich liebevoll unterstützt. *Bernhard von Clairvaux* (12. Jahrhundert), ein im Gebet höchst erfahrener Lehrer, gibt den Rat, folgenden Satz in großen Buchstaben in das Herz zu schreiben:
Mein Geheimnis bewahre ich für mich; mein Geheimnis bleibe bei mir.

Vierte Rückbesinnung:
Bleibe in allem bescheiden
In der Betrachtung und im inneren Gebet sprichst du den Höchsten an, dem du alles verdankst. Da Gott dir nach seinem unergründlichen Ermessen Gaben gibt, sie dir wieder entzieht oder sie dir noch vorenthält, kannst du niemals mit Bestimmtheit sagen, wann dir welche Zuwendungen geschenkt werden. Du kannst

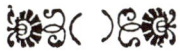

ebenfalls nicht ergründen, wie du bei Gott angesehen bist. Um auch bei großen Gnadenzuwendungen nicht überheblich zu werden, sondern demütig und bescheiden zu bleiben, führe dir des Öfteren deine Fehler und deine Unvollkommenheit vor Augen.

Du kannst und darfst selbstverständlich fliegen, solange dir der Schöpfer Flügel verleiht. Erachte jedoch nichts als selbstverständlich und sei auch damit zufrieden, wenn du vorerst wieder zur Erde zurückkehren musst, um sie zu bestehen. Lerne in Hochachtung vor der Schöpfung und ihrem Schöpfer aus seiner Hand das anzunehmen, was er für dich vorgesehen hat.

Fünfte Rückbesinnung:
Nichts darf dich davon abhalten, die Betrachtung
und das innere Gebet zu pflegen
Wer du auch bist und wo immer du im Leben stehst: Unterlasse es an keinem Tag, dem Herrn eine bestimmte Zeit zur Verfügung zu stellen. Halte in jedem Fall die Zeit ein, die du dir vorgenommen hast. Löse dich von allen Beschäftigungen und Verpflichtungen – so edel und caritativ sie auch sein mögen – um dich für die geistlichen Übungen zurückzuziehen. Nicht nur dein Körper und deine Sinne benötigen Nahrung, Ausgleich, Entlastung und Pflege, sondern in einem ganz besonderen Maße auch deine Seele. Hier sam-

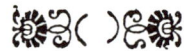

melst du Kräfte, die dein ganzes Leben bestimmen, es zu Höherem erheben und dich tragen, wenn deine eigenen Kräfte versagen.

Bei Überbeanspruchung, in Zeiten der Trauer, bei beruflichen Anstrengungen und bei allen außerordentlichen schwerwiegenden Ereignissen wie auch an Festtagen und in Zeiten besonderer Freude hilft es dir, wenn du dich des Öfteren zum inneren Gebet zurückziehst. Du wirst dein Gleichgewicht kräftigen oder wiederfinden und all das leichter bewältigen, was dich bewegt. Du ziehst deinen vielbeschäftigten und beanspruchten Geist vorübergehend von der Außenwelt zurück und lässt ihn in deinem Inneren bei sich selbst einkehren.

Sechste Rückbesinnung:
Dulde weder Nachlässigkeit auf deinem geistlichen
Weg noch übertreibe etwas
Du musst sehr aufpassen – besonders, wenn du diesen geistlichen Weg allein gehst –, dass du weder dem einen noch dem anderen Extrem verfällst. Nimmst du deine Übungen nicht wichtig und führst sie nachlässig aus, kannst du keine tief greifenden Veränderungen erwarten. Anfangs gehört unabdingbar eine gewisse Disziplin dazu, sich regelmäßig zum Gebet zurückzuziehen. Mit der Zeit jedoch verlangen Körper, Geist und Seele von selbst nach der inneren Ruhe,

die du während des Gebetes erfährst. Halte dich nicht für besonnen und besonders klug, wenn du meinst, die geistlichen Übungen nicht nötig zu haben oder sie nur von Zeit zu Zeit nach „Bedarf" auszuüben. Der Segen liegt in der Regelmäßigkeit, in der Beharrlichkeit und in der Ausdauer.

Die geistlichen Übungen zu übertreiben bedeutet für Körper, Geist und Seele größte Gefahr. Wenn der Schöpfer einmal mit vollen Händen seine Gaben über dir ausgebreitet hat, so verlängere unter keinen Umständen die Zeit deines inneren Gebetes. Ist auch die Erfahrung, die du mit dem Beten machst, noch so erfüllend, so darfst du dich nicht maßlos dem Gebet hingeben und dabei deine täglichen Pflichten vernachlässigen. Deine Natur - vornehmlich deine Psyche und dein Nervensystem - ist einer übermäßigen Entspannung und zu langen Ruhephasen nicht gewachsen. Gehe daher maßvoll, behutsam und liebevoll mit dir um. Übertreibungen der Betrachtung und des inneren Gebetes machen unfähig zum wahren Leben. Es ist daher wichtig, besonders am Anfang deines Weges einen geistlichen Begleiter zur Seite zu haben oder jemanden, dessen Wort dir viel bedeutet.
Thomas von Kempen (15. Jahrhundert) sagt zwar, dass die Unbesonnenheit und die Nachlässigkeit weitaus schwerer zu heilen sind als die Übertreibung - doch seelische Krankheiten, die durch Fanatismus und

übertriebenes Beten verursacht werden, wiegen genauso schwer.

Siebte Rückbesinnung:
Hüte dich vor Überbetonung des inneren Gebetes,
vor Einseitigkeit und Fanatismus

Viele Menschen, die gute wie auch außerordentlich gute Erfahrungen mit dem inneren Gebet gemacht haben, verfallen dem Wahn, in dieser Gebetsart liege alles und allein sie führe zum Heil. Vor lauter Einseitigkeit und Übereifer engt sich ihr Blickwinkel ein und sie beginnen fanatisch zu werden. Dabei vernachlässigen sie ihre täglichen Aufgaben und Pflichten und werden krank.

Du kannst dich nicht nur einseitig auf einen Pfeiler stützen. Dein Lebensgebäude – und dazu gehört auch das Gebäude deines geistlichen Lebens – wird von vielen Elementen und Pfeilern getragen. Um nicht der Gefahr des Einsturzes zu unterliegen, bist du auf die Tragkraft aller angewiesen. Die Betrachtung und das daraus resultierende innere Gebet ist nur ein – wenn auch sehr wesentliches – Element in deinem Leben. Das Fortschreiten besteht zumindest aus zwei einander abwechselnden Phasen: der Ruhe und der Aktivität. Während du das eine Bein nach vorn bewegst, ruht dein Körpergewicht auf dem anderen. Nur durch einen ausgewogenen Wechsel ist Fortschritt möglich. Wie viel verschiedene Elemente müssen dann erst bei deinem geistlichen Fortschritt ins Schwingen kommen!

Richte daher deine Aufmerksamkeit nicht einzig und allein auf das innere Gebet. Versuche durch tieferen Einblick in dein Leben Einsicht zu gewinnen, was für dich zur rechten Zeit das Rechte ist. Bitte um die Gabe der Unterscheidung, damit du aus der Vielfalt der Möglichkeiten das für dich Richtige wählst. Nur durch das Anschwingen einer einzigen Saite kann deine Lebensmelodie nicht erklingen. Auf einer Gitarre mit nur einer Saite ist keine Melodie zu spielen. Sie kommt nur zum Klingen, wenn alle Saiten angeschlagen werden. Wendest du dich nur einem Aspekt deines religiösen Lebens zu, dann kannst du den Vollklang und die Harmonie deines geistlichen Lebens niemals erreichen. Bei einer mechanischen Uhr müssen alle Räder stimmig ineinander greifen, um die Uhr zum Laufen zu bringen und in Gang zu halten. Wenn dagegen nur ein Rad richtig funktionieren würde, zeigten die Zeiger nicht nur eine falsche Zeit an, sondern die Uhr würde stehenbleiben.

Damit dein äußerers und dein inneres Leben sich entfalten können, müssen verschiedene Komponenten folgerichtig und stimmig ineinander greifen. Nimm die Chancen wahr, die sich auch in deinem Leben täglich mehrfach anbieten.

Achte Rückbesinnung:
Setze auf Gott dein Vertrauen

Alles, was zur Förderung deiner geistig-geistlichen Entwicklung und zur Bereitschaft und Fähigkeit, gut zu handeln, gesagt wurde, ist eine Vorbereitung zum Empfang göttlicher Gnade. Setze daher nicht dein Vertrauen einzig und allein auf die vorbereitenden Mittel – die Betrachtung und das innere Gebet – sondern setze dein gesamtes Vertrauen auf Gott selbst.

Mit dem Ergründen und Kennenlernen deiner Selbst und mit der Betrachtung der Werke des Schöpfers und des irdischen und ewigen, göttlichen Lebens Jesu beginnst du immer wieder neu. Dies gilt auch für die Einübung in das innere Gebet, das dich durch tiefes Schweigen in die Nähe Gottes führen möchte. Eine Meisterschaft und Vollkommenheit wie du sie durch das Erlernen eines Handwerks erreichen kannst, wird dir auf dem inneren Weg des Gebetes in dieser Welt und Zeit niemals zuteil. Du kannst die Gnade nicht zu einer Kunst degradieren, die menschlichen Vorschriften und Ansichten unterliegt. Gnade, die du empfängst, ist eine reine Gabe Gottes, eine freie Zuwendung, die von dir nicht bestimmt werden kann. Sie strömt dir aus der unermesslichen Barmherzigkeit Gottes zu – nach seinem Willen und nach seiner göttlichen Vorsehung.

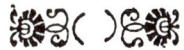

Betrachtung und inneres Gebet sind Bereitung zum Empfang der uns zugedachten Gnade. Von dir aus kannst du Wesentliches dazu beitragen, indem du Ungutes meidest, Hindernisse in dir abbaust und dich immer wieder im Gebet der Hingabe und des Schweigens empfangend öffnest. Du bereitest den Weg und hältst die Tür zu deinem Inneren geöffnet, damit dich die Liebeszuwendungen des Schöpfers erreichen und er in Jesus Christus und im Heiligen Geist in deiner Seele gegenwärtig sein kann.

Ich stehe vor der Tür und klopfe an. Wer meine Stimme hört und die Tür öffnet, bei dem werde ich eintreten und wir werden Mahl halten, ich mit ihm und er mit mir. (Offenbarung 3,20)

Du kannst bereits hier und jetzt notwendige Vorbereitungen für diese Begegnung treffen:

- ◆ Erkenne deine Fähigkeiten und Schwächen. Nimm deine Grenzen wahr und akzeptiere sie.
- ◆ Sei demütig und nicht überheblich oder anmaßend. Triff klare Entscheidungen und sei in allem eindeutig.
- ◆ Erkenne Gott an – den Schöpfer des Himmels und der Erde. Ihm, dem Geber alles Guten, verdankst du auch dein Leben.
- ◆ Suche dir einen geistlichen Weg und gehe ihn konsequent.

- ◆ Verzage nicht, wenn du vorübergehend ein schweres Kreuz zu tragen hast.
- ◆ Vergiss nicht zu danken, wenn du das Kreuz überwunden hast und teilhaben darfst an der lichtvollen Auferstehung Jesu Christi.
- ◆ Setze auf Gott dein Vertrauen.

Petrus von Alcántara

Geb.: 1499 in Alcántara/Spanien
Gest.:18. Oktober 1562 in Arenas

Petrus als Schriftsteller

Viele einflussreiche Persönlichkeiten Spaniens wurden durch Petrus von Alcántara zu einem wahren religiösen Leben geführt. Ein besonders eifriger Schüler war *Don Rodrigo de Chiaves*. Dieser Edelmann hatte grenzenloses Vertrauen zu seinem Lehrer, zu seinem geliebten geistlichen Vater Petrus. Don Rodrigo bat ihn um die rechte Anleitung zur Betrachtung und zum inneren Gebet. Petrus willigte ein und vermittelte seinem Schüler die Art zu beten, die er selbst ausübte. Don Rodrigo machte tiefgreifende Erfahrungen mit diesem Gebet und konnte die Früchte in seinem Alltag ernten. Er war so erfüllt von dem, was er durch Petrus gelehrt bekam und gelernt hatte, dass er seinen Meister inständig bat, diese Anleitung zum Gebet schriftlich niederzulegen und ihm anzuvertrauen. Der Edelmann war bereit, die Veröffentlichung des Buches auf eigene Kosten vorzunehmen.

Petrus hatte die Anliegen seiner Ordensbrüder, etwas schriftlich zu verfassen, stets abgelehnt. Er hielt sich für zu unbedeutend, andere auf diese Weise zu belehren – lieber wollte er bescheiden oder im Hintergrund bleiben und sich nicht vor anderen hervortun. In langen Gebeten bat er um eine Entscheidungshilfe in diesem Konflikt, die ihm auch gegeben wurde. Es wurde ihm klar, dass es der Wille Gottes sei, eine Abhand-

lung über die Betrachtung und das innere Gebet für andere Menschen zu schreiben.

S. PETRVS DE ALCANTARA

Ord. S. Francisci Discalc. ac P. Spiritualis S. TERESIÆ

Als Petrus von Alcántara das Manuskript fertig gestellt hatte, sandte er es mit folgendem Brief an Don Rodrigo de Chiaves:

Mein Herr! Ich hätte es niemals unternommen, dieses kleine Buch zu schreiben, noch weniger hätte ich es zugegeben, dass es durch den Druck veröffentlicht werde, wenn Sie mich nicht überzeugt hätten, wie notwendig für Suchende eine kurze und leicht verstehbare Anleitung zur Betrachtung und zum inneren Gebet sei. Dieses Bedürfnis machte mir diese Schrift zur Pflicht. Ich hoffe, dass ihr Nutzen mehr allgemein sein werde, da der geringe Umfang des Buches es auch dem Unbemittelten möglich machen wird, es anzuschaffen. Es scheint mir, dass es gut ist, Ihrem Wunsche zu entsprechen. Darum habe ich mich bemüht, Ihre so guten Absichten baldigst zu fördern.

Niemand hätte auch nur im Entferntesten geahnt, welch große Verbreitung diese von Don Rodrigo herausgegebene Schrift fand. Petrus von Alcántara nannte sie *Tratado de la oración y meditación.*
Da das Buch überall als wertvoll und hilfreich weiterempfohlen wurde, verbreitete es sich schnell in ganz Spanien. Nicht nur die Franziskanischen Ordensbrüder und diejenigen, die Petrus von Alcántara geistlich begleitete, gestalteten ihr Gebetsleben nach diesem geistlichen Wegweiser, sondern auch viele, die bisher nichts von diesem Lehrer und Autor gehört hatten. Das Buch strahlte – überall wohin es kam – eine kaum zu beschreibende heilsame Wirkung aus. In den meisten Klöstern wurden die Novizen und Novizinnen in

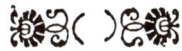

dieser Gebetsschule unterrichtet. Überall wurde das Buch seiner Einfachheit, Kraft und Klarheit wegen hoch geschätzt. Man pries es besonders wegen der geistlichen Tiefe und des geheimnisvollen Reichtums.

Der bekannte Dominikaner *Ludwig von Granada*, selbst geistlicher Schriftsteller, würdigte dieses Werk des Petrus von Alcántara in besonderer Weise. Er erkannte sofort den hohen unschätzbaren Wert dieser Gebetslehre. Gleich, nachdem er es gelesen hatte, schrieb er Petrus einen lobenden Brief und empfahl sich seinem Gebet.

Im dreißigsten Kapitel ihrer Lebensbeschreibung spricht *Teresa von Avila* liebevoll von diesem Buch des Petrus von Alcántara, das erhebliches Aufsehen erregte: *Er ist der Verfasser des Buches über das innerliche Gebet, das er in spanischer Sprache schrieb und das gegenwärtig sehr verbreitet ist. Da er selbst im innerlichen Gebet sehr erfahren war, so konnte er auch für solche, die es üben, eine sehr nützliche Anleitung schreiben.*

Immer, wenn Petrus nach Avila kam, besuchte er zunächst Teresa und besprach sich lange mit ihr. Sodann stattete er allen Klöstern in Avila einen Besuch ab und unterrichtete die Schwestern und Patres in seiner gewohnten Klarheit und Einfachheit in der Betrachtung und im inneren Gebet. Zur Erinnerung und

Vertiefung ihres Gebetslebens hinterließ er ihnen das Buch.

Tratado de la oración y meditación erlebte allein in Spanien mehr als zweihundert Auflagen und wurde in alle europäischen Sprachen übersetzt.

Petrus als Reformer

Petrus von Alcántara war 1515 in den Franziskaner-Orden eingetreten und hatte seit dem Jahr 1538 das Amt des Provinzials der Provinz St. Gabriel inne.

Nach langen inneren Auseinandersetzungen, Überlegungen und anhaltenden Gebeten berief er im Jahr 1540 das Ordenskapitel in das Kloster „St. Michael zu Plasencia" ein. Er erklärte, dass er sich zur Reform des Ordenslebens in der Provinz berufen fühle und zu diesem Zweck bestimmte Satzungen entworfen habe, die er dem Kapitel vorlegen wolle. Kaum hatten die Brüder von einer Reform und von Satzungen gehört, die Petrus zur Begründung einer strengeren Observanz entworfen hatte, äußerten sie bereits entschiedene Abneigung. Sie sprachen von Unmöglichkeiten und gaben deutlich zu verstehen, dass sie nicht gewillt seien, sich Anordnungen und einer Idee zu fügen, die

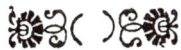

er vielleicht in Augenblicken besonderer Entrückung entworfen habe. Es solle jedem freigestellt bleiben, ob er mehr als seine Pflicht tun wolle. Es sei ungerecht, würde man allen die Übernahme neuer Lasten und eine solche Strenge zumuten.

Petrus konnte jedoch durch eine feurige Rede die langen Diskussionen und weiteren Auseinandersetzungen beenden und die meisten seiner Mitbrüder davon überzeugen, die Reform anzunehmen. Er hatte ihnen erklärt, welch großen Nutzen sie aus der Reform nicht nur für ihr eigenes Seelenheil gewinnen könnten, sondern auch für das vieler Menschen, die verzweifelt am Rand ihres Lebens stünden. Das Kapitel erklärte sich bereit, die neuen Konstitutionen des Petrus von Alcántara anzunehmen.

Bald darauf wurden Vorbereitungen zu neuen Klostergründungen getroffen. Petrus unternahm viele Reisen, um seine Reform im ganzen Land vorzustellen. 1541 wollte er auf dem Generalkapitel zu Mantua sprechen, doch er kam nur bis Barcelona, da ihn ein heftiges Fieber ergriff.

Nach der Zeit seiner Amtsführung als Provinzial verdoppelte er seine Bemühungen, die Reform einzuführen, was ihm letztlich auch gelang. Die Franziskaner, die die strenge Regel des Petrus von Alcántara angenommen hatten, nannten sich Alcántariner. Sie lebten in äußerster Armut in kleinen Klöstern mit winzigen Zellen.

Einige Schwerpunkte aus den Konstitutionen der Alcántariner:

- Jeden Tag werden drei Stunden der Betrachtung und dem inneren Gebet gewidmet. Ebenso ist eine notwendige Zeit für die Arbeit vorgesehen.
- Die Regel des heiligen Franziskus ist in aller Strenge zu beachten.
- Kein Haus soll mehr als acht Zellen haben.
- Alle Brüder müssen barfuß gehen und Habite tragen, die aus gröbstem Stoff gefertigt sind.
- Fleisch, Eier und Fisch dürfen nicht gegessen werden. Und so lange es eine Krankheit nicht nötig macht, ist auch Wein verboten. Speisen aus feinem Mehl sind nicht erlaubt. Ein Vorrat von Obst und Gemüse ist jedem Kloster gestattet.
- Alle Brüder schlafen auf einer bloßen Matratze, auf einer Schilfmatte oder auf einer groben Decke. Nur an feuchten Orten ist ein Bettgestell zu errichten.
- Die alten und kranken Brüder sollen sehr gut und liebevoll gepflegt werden.
- Für den Altargebrauch sollen weder Geschenke von Gold noch von Silber angenommen werden.
- Die Messgewänder müssen schlicht sein.
- Für das Lesen der Heiligen Messe – auch auf besonderen Wunsch – darf weder Geld noch irgendein Gut angenommen werden.

- Die Brüder verzichten auf jegliches Eigentum.
- Am Ende eines jeden Jahres überbringen zwei Brüder dem Stifter oder Wohltäter des Klosters den Schlüssel des Klosters, danken für das zurückliegende Jahr und dafür, dass sie geduldet und beherbergt wurden. Erhalten sie den Schlüssel zurück, dürfen sie sich ein weiteres Jahr in dem fremden Eigentum aufhalten.

Während eines Aufenthaltes in Rom, wohin Petrus von Alcántara im Jahr 1555 barfuß gewandert war, bat er *Papst Julius III.* um die offizielle Genehmigung für seine Klosterreform. Der Papst antwortete auf den Reformgedanken des Petrus, dass es an sich schon schwierig sei, eine Reform durchzusetzen - noch schwieriger sei es jedoch, diese auf Dauer aufrechtzuerhalten. Manche Reformen würden im Ordensleben mit sehr gutem Willen eingeführt, dann im Laufe der Zeit zum allgemeinen Ärgernis aber wieder aufgegeben.

Der Papst war allerdings von der Art, wie Petrus sich gab, wie er antwortete sowie von dessen gesamter Erscheinung und Weisheit derart angetan, dass er ihm die ersehnte Erlaubnis zur Klostergründung gab.

Solange Petrus noch in Rom bleiben musste, um das Breve des Papstes abzuwarten, besuchte er sämtliche Kirchen. Er wurde eingeladen zu predigen und fand überall begeisterten Anklang.

Noch im gleichen Jahr starb Papst Julius III. mit 68 Jahren. Zehn Jahre zuvor hatte er als päpstlicher Legat das Konzil von Trient eröffnet.

In Spanien erhob sich ein heftiger Sturm gegen Petrus von Alcántara. Man bezeichnete ihn als einen Mann, der seinem Orden abtrünnig geworden sei, der sich hervortun wolle und nach Ansehen strebe, der nur in der Absicht die Gelübde gebrochen habe, um nach eigenen Launen zu leben und sich Ordensstifter nennen zu können. Seine Wunder seien nichts anderes als absichtlicher Betrug. Der Hass seiner Feinde kannte keine Grenzen. Unter Priestern, Ordensleuten und Laien verbreiteten sich die abscheulichsten Gerüchte gegen ihn. Petrus wurde sogar tätlich angegriffen und grausam misshandelt. Kein Laut der Klage kam jedoch aus seinem Mund – selbst wenn es seine eigenen Mitbrüder waren, die ihn so heftig verfolgten.

Noch im gleichen Jahr 1555 gründete Petrus von Alcántara das später berühmt gewordene Kloster „Pedroso", das den Ausgangspunkt seiner Reform bildete. In *Don Johannes Velasques*, einem Günstling von Kaiser Karl V., fand Petrus große Unterstützung für den Bau des Klosters. Petrus selbst legte Tag für Tag Hand an, schleppte Steine, mischte den Mörtel und trug von weither das notwendige Bauholz herbei.

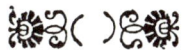

Ohne Kopfbedeckung und ohne Sandalen machte sich Petrus dann im Frühjahr 1559 – drei Jahre vor seinem Tod – zum zweiten Mal auf die Reise nach Rom. Der General der Franziskaner empfing ihn in Rom äußerst liebevoll und bewunderte seinen unermüdlichen Eifer, der Petrus alle Schwierigkeiten und Beschwerden vergessen ließ. Wenige Tage nach seiner Ankunft erhielt Petrus eine Audienz bei *Papst Paul IV.*, der vier Jahre zuvor sein Amt angetreten hatte. Als Vize-Großkaplan war er einige Jahre am spanischen Hof, so dass er die spanische Sprache perfekt beherrschte. Der Papst erkannte in Petrus von Alcántara einen besonders von Gott begnadeten Menschen und machte ihm Mut, sein Anliegen vorzutragen.

Ohne einen Namen zu nennen und ohne die geringste Bitterkeit berichtete Petrus dem Papst, dass er bemüht gewesen sei, in Spanien eine strengere Observanz in den Franziskaner-Orden einzuführen, seine Reform jedoch überall auf Widerstand gestoßen sei und dass man zu allen Mitteln gegriffen habe, sein Werk zu vernichten.
Petrus legte sein gesamtes Bemühen um die Reform und auch die Erfolge in die Hände des Papstes und war sogar bereit, das Werk ohne Widerspruch aufzugeben. Der Papst ließ sich alle Grundzüge der Reform genau vortragen, erkundigte sich nach den Einzelheiten und versprach Petrus von Alcántara ein Schreiben,

durch das er seine Klosterreform bestätigen und unterstützen wolle. Im Juni 1559 – Petrus weilte noch in Rom – wurde ihm das Breve von Papst Paul IV. überreicht. Ungeachtet der drückenden Hitze beschleunigte Petrus seine Heimreise nach Spanien, um schneller sein Ziel zu erreichen: die Reform nun auch öffentlich unter den Schutz des Papstes zu stellen und an seinem begonnenen Werk ungeachtet der verleumdenden Stimmen weiter zu arbeiten.

Bereits zwei Jahre nach seinem Aufenthalt in Rom hatte die Zahl der Brüder, die in den Orden der Alcántariner aufgenommen worden waren, beträchtlich zugenommen, so dass Petrus von Alcántara nun eine Provinz einrichten konnte, zu der neun Klöster gehörten. Er stellte sie unter den Schutz des heiligen Joseph.

Erst kurz vor dem Tod des Petrus von Alcántara wurde im Jahr 1562 durch Papst Pius IV. auch die Ordensregel der Alcántariner genehmigt.

Petrus als geistlicher Begleiter vieler Persönlichkeiten seiner Zeit – besonders der Teresa von Avila

König Johann III. (1502–1557) war seit 1521 König von Portugal. Trotz der Blütezeit, die Portugal durch den Besitz von Indien und Brasilien erlebte, hatte er ein schweres Erbe angetreten. Tausende wanderten in die fernen Kolonien aus und entvölkerten somit das kleine Land. König Johann verstärkte zwar die Krongewalt, doch gelang es ihm nicht, die Schwächung seines Landes aufzuhalten. Selbst die Ansätze freier Geistesbildung verdorrten wieder.

Am Hof von Lissabon sprach man mit Erstaunen von dem großen Petrus von Alcántara. König Johann ließ Petrus wissen, dass er ihn gern kennen lernen und sich mit ihm unterreden wolle. Petrus fragte im Gehorsam seinen Provinzial, der keinen Augenblick zögerte, ihm die Erlaubnis zu erteilen. Als König Johann einen Wagen zum Kloster schickte, um Petrus abholen zu lassen, weigerte sich dieser beharrlich einzusteigen. Er bestand darauf, die lange Reise barfuß zurückzulegen. In Lissabon ging er zunächst in das Franziskaner-Kloster und meldete sich bei dem Guardian. Als Petrus am folgenden Tag in die Nähe des königlichen Palastes kam, ging ihm der König entgegen und überhäufte ihn mit Bekundungen seiner Freude und Hochachtung. In der Hofkapelle führten sie ein langes Gespräch unter vier Augen. Der König ließ den Prinzen und die Infantin rufen, damit Petrus sie segne. Eine Einladung zur königlichen Tafel lehnte Petrus ab.

Der König staunte über den Scharfblick dieses heiligen Franziskaner-Bruders, über seine Kenntnis und seine weisen Voraussagen, über die Schärfe und über die Sicherheit seines gereiften Urteils.

Als die **Infantin Doña Maria** Petrus von Alcántara zum ersten Mal erblickte und sein blasses, mageres, abgezehrtes Gesicht sah, hatte sie außerordentliche Hochachtung vor ihm, fasste Vertrauen und bat darum, bei ihm beichten zu dürfen. Petrus trat nach einigen Tagen seine Rückreise an, denn er sehnte sich –nach den vielen Ereignissen am Hof – in seine stille Einsamkeit zurück. Auf inständiges Bitten von König Johann kam Petrus mehrere Male als geistlicher Berater der königlichen Familie an den Hof nach Lissabon.

Sehr oft ersparte ihm Gott das Opfer, inmitten des hohen Adels bei der Tafel erscheinen zu müssen. Wenn es nicht zu umgehen war, nahm Petrus dort nur wenige Löffel Suppe zu sich, der er Wasser beimischte.

Als Petrus sich zu einem Generalkapitel seines Ordens nach Salamanca begeben hatte, besuchten ihn **viele Adelige und Wissenschaftler** der Stadt. Die Doktoren und Professoren der weltberühmten Universität hielten es für ihre Pflicht, einen Mann in ihrer Stadt zu begrüßen, der bereits in ganz Spanien als Heiliger verehrt wurde. Wie viel Hochachtung und Anerkennung sie ihm auch entgegenbrachten: Petrus blieb unerschütterlich in seiner Demut. Es war für alle umstehenden Theologen und Wissenschaftler ein erhebender und gleichzeitig erschütternder Anblick, Petrus von Alcántara, diesen berühmten Mann, in ihrer Mitte zu sehen: barfuß, in einem Habit, der nicht ärmlicher hätte sein können, mager und mit einem Antlitz, das alle Spuren strenger Askese in sich trug.

1553 fand die erste Begegnung zwischen Petrus von Alcántara und **Johannes von Avila** statt. Dieser große Reform-Prediger und aszetische Schriftsteller wurde im gleichen Jahr wie Petrus geboren. Johannes, der durch seine feurigen Predigten auch „Apostel von Andalusien" genannt wurde, schrieb Petrus einen Brief und bat um persönliches Kennenlernen. Auf einer Reise durch Andalusien besuchte ihn Petrus und erfuhr von Johannes von Avila eine Unterstützung seiner Reform und höchste Anerkennung. Innige Freundschaft verband lebenslänglich diese zwei großen Männer, die sich bei jeder Begegnung stunden-

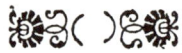

lang in den Geheimnissen der Askese und der mystischen Theologie austauschten. Bei allen wichtigen Entscheidungen, die Petrus zu fällen hatte, befragte er – um sicherzugehen – stets vorher Johannes von Avila.

Zu den Ratsuchenden, die sich an Petrus von Alcántara wandten, gehörte auch der Dominikaner **Ludwig von Granada** (1504–1588). Er war ein bekannter Prediger und geistlicher Schriftsteller. Das zu mystischen Erfahrungen führende Gebet war ihm ein Herzensanliegen. Er lehrte eine von *Erasmus von Rotterdam* geprägte, ganz auf das Gebet zentrierte, verinnerlichte Glaubenshaltung. Sowohl in vielen persönlichen Angelegenheiten als auch in allgemeinen religiösen Fragen wandte er sich an Petrus. So konnte dieser ihm den Rat geben, sich in einer Zeit der inneren Unruhe zurückzuziehen und das Predigen einzustellen, um sich vornehmlich der schriftstellerischen Tätigkeit zu widmen. Ludwig von Granada war erfüllt vom Buch des Petrus über die Betrachtung und das Gebet. Diese vortreffliche Gebetsanleitung bildete für ihn die Grundlage seiner eigenen Werke über das Gebet.

Zu den großen Verehrern des Petrus von Alcántara gehörte auch **Francisco de Borja** (1510–1572), der sich nach dem Tod seiner Frau im Jahr 1546 entschloss, in den Jesuiten-Orden einzutreten. Durch seine Vermittlung wurde zwei Jahre später die päpstliche Bestätigung der Geistlichen Übungen *des Ignatius von Loyola* erreicht. Francisco de Borja war der dritte Ordensgeneral der Jesuiten und Testamentsvollstrecker Kaiser Karl V. Er nannte Petrus von Alcántara „seinen ehrwürdigen Vater in Christo", zu dem er in ständigem Briefkontakt stand. Francesco de Borja unterstützte und förderte die alcántarinische Reform besonders in Portugal.

Karl V. (1500–1558) hatte als letzter universaler Kaiser das höchste Amt der damaligen Zeit inne: In seinem Reich ging die Sonne nicht unter. Er galt als großer Brückenbauer des Christentums über die Zeiten hinweg. Ihm gelang es, sich über die Bedingungen seines Zeitalters zu erheben und über das im Augenblick Notwendige hinauszudenken. Den größten Schicksalsschlag erfuhr der Kaiser, als 1539 in Toledo seine einzig wirkliche Vertraute, die Kaiserin Isabella, mit 36 Jahren starb, nachdem sie einen toten Sohn geboren hatte. Karl V., der lebenslang im Gebet um Erleuchtung und richtige Führung bat, erfuhr auch in diesem Leid Kraft durch seinen christlichen Glauben.

Als Kaiser Karl V. von Petrus von Alcántara gehört und ihn persönlich kennen gelernt hatte, bat er ihn, am Hof von Toledo zu leben, in der ältesten Hauptstadt des gotischen Spaniens – der „Brücke zwischen Orient und Okzident". Petrus kam zwar zu einem Be-

such, doch lehnte er das ihm angetragene Amt, Beichtvater und geistlicher Begleiter des Kaisers zu werden,
mit der Begründung ab, dass er nur für die Einsamkeit
geschaffen sei und für den königlichen Hof nicht
tauge. Der Kaiser musste sich diesem Wunsch beu-
gen, sagte Petrus jedoch seine Unterstützung zu und
bat, er möge für ihn beten. Petrus, der allen Gunst-
und Ehrenbezeugungen strikt aus dem Weg ging,
kam nur noch einmal an den Hof von Kaiser Karl V.
zurück. Der Kaiser war davon überzeugt, dass Gott
ihn zu anderen Dingen berufen habe. Später, als Petrus von Alcántara den Alcázar und Toledo wieder verlassen hatte, sagte Kaiser Karl V.: *Wahrlich, dieser Or-
densgeistliche ist kein Mann von dieser Welt. Er ist
beständig in Gott versenkt, und seine Seele pflegt beständig Umgang mit Ihm.*

Fürstin Doña Johanna war die jüngste Tochter von
Kaiser Karl V. und der Kaiserin Isabella. Bereits mit
vier Jahren verlor sie 1539 ihre Mutter. Mit siebzehn
Jahren heiratete sie den portugiesischen Prinzen Johann, wurde jedoch schon Witwe kurz vor der Geburt
des Sohnes Sebastian (1554–1578). Der Kaiser bat Johanna daher 1554, für ihn und den Bruder Philipp II.
die Regentschaft in Spanien zu übernehmen.

Während ihrer Kindheit in Toledo hatte die Fürstin
Petrus von Alcántara im Alcázar kennen gelernt und

war zeitlebens von ihm tief beeindruckt. Während ihrer fünfjährigen Regierungszeit – der königliche Hof befand sich nun in Madrid – bat sie Petrus von Alcántara nochmals, an den Hof zu kommen. Petrus folgte ihrer Einladung, führte jedoch nur eine geistliche Unterredung mit der Fürstin und kehrte in die Einsamkeit seines Klosters zurück. Trotz nachhaltiger Bitten vermochte auch sie es nicht, seinen Aufenthalt am Hof zu verlängern. Nachdem die Fürstin Doña Johanna im Jahr 1559 ihrem Bruder Philipp II. die Regierung Spaniens übergeben hatte, zog sie sich in das von ihr im selben Jahr gegründete Klarissen-Kloster in Madrid zurück. Als Petrus von Alcántara kurz vor seinem Tod noch einmal in Madrid weilte, besuchte er dieses Kloster und führte ein langes geistliches Gespräch mit der Fürstin.

Während Petrus von Alcántara im Kloster zu Pedroso weilte, erkannte er im Gebet die Leiden, die **Teresa von Avila** durchmachen musste. Er fühlte innerlich den Auftrag, nach Avila zu reisen. Weder ein äußeres Ereignis noch Bitten anderer waren vorausgegangen, als Petrus seine geliebte Einsamkeit verließ und nach Avila ging. Gerade in dieser Zeit hatte Teresa größte innere Kämpfe auszustehen, da ihr niemand Glauben schenkte und sie nicht einmal zu ihrem Beichtvater Vertrauen fassen konnte. Das Herz Teresas war mit übernatürlichen Gnaden erfüllt, die niemand ernst nahm. Man sah in Teresa nichts anderes als eine Fantastin, die sich von gröbsten Täuschungen betören ließ. Trotz aller äußeren Widersprüche, die sie erfuhr, wurzelte die Überzeugung felsenfest in ihrem Herzen, dass Gott selbst es sei, der mit seiner Gnade ihr Herz überflutete. Als Teresa hörte, dass Petrus von Alcántara in der Stadt angekommen sei, war sie umso freudiger dazu bereit, den Heiligen zu treffen. Ihr Beichtvater machte keine Einwendungen und sie selbst hatte sehr oft von Petrus von Alcántara mit der größten Bewunderung reden gehört. In der Kirche von Avila fand die erste Begegnung dieser beiden großen Heiligen statt. Die Teresa begleitende Schwester erkannte sofort aus der Freundlichkeit und Vertrautheit, mit der der Heilige Teresa empfing und begrüßte, dass er bereits einen tiefen Einblick in Teresas Seele gewonnen und den Geist Gottes, der sie bewegte, erkannt hatte.

Petrus gab sich keineswegs damit zufrieden, Teresa zu bestätigen, sie zu trösten und zu beruhigen - er machte es sich darüber hinaus zur Aufgabe, ihren geistlichen Begleiter und alle, die ihre größten Gegner waren, von der Klarheit und Gottesnähe dieser großen Seele zu überzeugen. Der Bischof von Avila, *Don Alvaro de Mendoza*, hatte eine Untersuchung gegen Teresa einleiten lassen, deren Ergebnis gegen sie ausfiel. Der Bischof änderte jedoch seine Meinung, als er hörte, dass Petrus von Alcántara in so eindeutiger

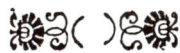

Weise Stellung zu Teresa bezogen hatte und sie zu den Auserwählten Gottes zählte.

Petrus schrieb an viele bekannte Persönlichkeiten, die noch an der Wahrhaftigkeit Teresas zweifelten. Er besaß die Gabe, aus ihren Feinden Freunde zu machen. *Die besonderen Gaben empfängt sie gewöhnlich nach anhaltendem Gebet, oder wenn ihr Herz besonders in Liebe zu Gott brannte, am häufigsten nach dem Empfang der Kommunion. Diese Gnadengaben ermutigen sie zur unverbrüchlichen Treue gegen Gott und zur besonderen Vorsicht gegen die Kunstgriffe des Satans. Eine tiefe Demut ist stets die Frucht dieser Gnade. Der Widerspruch, dem sie auf sehr vielen Seiten begegnet, stört niemals die Ruhe ihres Gemütes, den Frieden ihres Herzens und die innere Freude ihrer Seele. Sie hat den felsenfesten Entschluss gefasst, Gott nicht im mindesten zu beleidigen und nur das zu tun, was sie als das Vollkommenste erkennt.*
Sie verweilt oft Tage in einem außerordentlichen Gnadenzustand und erfüllt alle mit großer Gottverbundenheit. Es ist unbegreiflich, wie groß der Mut und die Unerschrockenheit ist, die ihr Gott gegeben hat, obgleich sie früher eher zaghaft und furchtsam war. Sie ist sehr entschieden in ihren Handlungen und keineswegs skrupulös. Ich kann Zeugnis geben für die unendlich vielen guten Taten, die sie anderen erweist. Sie wandelt ohne Unterlass in der Gegenwart Gottes. Nichts wird ihr geoffenbart, was sich nicht als wahr bewiesen hätte und in der Folgezeit bestätigt wurde.

*Das ist ein vollgültiger Beweis für alle, die sie mit Miss-
trauen betrachten. Ihr Geist ist von wunderbarem Licht erfüllt, das ihr einen unfehlbaren Scharfblick in die Geheimnisse Gottes gibt.*

Seit dem Tag der Unterredung mit Petrus von Alcántara genoss Teresa sowohl innerlich als auch äußerlich
großen Frieden. Die Briefe, die Petrus nach seinem ersten Besuch nach Avila sandte – sie befinden sich
noch heute im „Kloster der Menschwerdung" zu Avila
– brachten Teresa Bestätigung ihres inneren Weges,
unaussprechlichen Trost und erfüllten sie mit neuem
Mut. Bei einem späteren Besuch in Avila sprach Teresa
ihn darauf an, seine Askese doch auf ein geringeres
Maß zu beschränken. Petrus antwortete ihr: *Mein
Kind, man kann sehr viel aushalten, wenn man sich erst
einmal daran gewöhnt hat.*
Teresa fragte ihn dann, was ihm im geistlichen Leben
am schwierigsten vorkomme. Seine Antwort: *Es ist die
Bekämpfung meiner Schlafsucht, die mir neben der Bezäh-
mung meiner Sinne die größten Schwierigkeiten bereitet.*
Nach langem Sträuben gestand er ihr endlich, dass er
in vierzig Jahren während der vierundzwanzig Stunden nie länger als einundeinhalb Stunden geschlafen
habe. Als Teresa ihn nochmals auf die Beherrschung
der sinnlichen Kräfte ansprach, gestand er ihr, er be-
wache seine Augen so streng, dass er zur gleichen Zeit
sehe und nicht sehe.

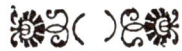

Als Teresa in einem Schreiben die ausgezeichneten Werke des Petrus von Alcántara lobte und die große Unterstützung erwähnte, die er ihr zukommen ließ, wurde ihr geoffenbart, dass Petrus nur noch ein Jahr auf Erden weile und dann in die Herrlichkeit des Himmels aufgenommen werde. In einem Brief teilte sie ihm dann im Herbst 1561 mit, welch kurze Zeit er nur noch auf Erden sein werde. Petrus zögerte nicht, sofort nach Avila zu kommen, um mit Teresa Wesentliches zu bereden und vor seinem Tod ihr Werk noch einmal kräftig zu unterstützen. Teresa dankte dem Heiligen mit freudigem Herzen und war immer mehr von der Wahrheit überzeugt, die sie später sehr oft aussprach – dass es ihr unmöglich gewesen wäre, ihre Reform ohne den Beistand des Petrus von Alcántara durchzuführen.

Teresa von Avila berichtet in ihren Werken über die Begegnung mit Petrus von Alcántara, über ihre Freundschaft, die große Unterstützung, die sie bei ihrer Reform durch ihn erfuhr – und vor allem über die geistliche Hilfe, die ihr in Zeiten größter seelischer Bedrängnis durch Petrus zuteil wurde. (Das letzte Kapitel dieses Buches enthält die persönlichen Worte, die Teresa von Avila über Petrus von Alcántara schreibt.)

Das Leben des Petrus

Petrus wurde im Jahr 1499 in Alcántara geboren, jener berühmten Stadt von Spanisch-Estremadura, die dem bekannten Ritterorden ihren Namen gab. Diese altertümliche Stadt an der portugiesischen Grenze liegt im Westen der Provinz Cáceres. Über das Tajotal führt die monumentale sechsbogige römische Brücke aus mörtellos gefügten Granit-Quadern direkt in die Stadt. Die Brücke, die in den Jahren 98 bis 103 errichtet wurde und in ihrer Mitte einen hohen Triumphbogen für Kaiser Trajan trägt, ist das Wahrzeichen von Alcántara.

Die Eltern des später „Petrus von Alcántara" genannten Heiligen waren der Rechtsgelehrte *Don Pedro Garabito,* der von König Ferdinand II. zum Gouverneur von Alcántara ernannt wurde, und *Doña Maria de Villela von Sanebria.* Sie kam aus adeligem Geschlecht und war sowohl eine kluge als auch gottesfürchtige Frau, die ihren Sohn Juan – Petrus' Name vor dem Ordenseintritt – sehr liebte. Sie lehrte ihn und seine beiden Geschwister frühzeitig die wichtigste aller Künste: die Kunst des Betens. Sobald Juan lesen konnte, war die Lektüre der Heiligen Schrift seine Lieblingsbeschäftigung. Sprach ihn eine Stelle besonders an, übertrug er sie in sein Handbüchlein. Schon als Kind war Juan sehr ernst, dabei jedoch stets freundlich zu anderen und feinfühlig. Er war bekannt für die Klarheit und Schärfe seines Verstandes. Selbst seine Lehrer setzte er durch herausragende Leistungen in lateinischen und philosophischen Studien in Erstaunen. Zwischen den schulischen Aufgaben wurde ihm die Zeit des Gebetes zu einer Zeit innerer Erholung. Seinem Vater war es nicht mehr vergönnt, an den Leistungen und Fortschritten seines Sohnes teilzunehmen. Einige Zeit nach dem Tod des Vaters folgte Doña Maria dem Rat ihrer Verwandten und heiratete *Alfonso Barantes*, einen Edelmann aus Alcántara. Er beaufsichtigte mit großer Sorgfalt und Liebe die Erziehung seines Stiefsohnes. Ihm gelang es, durch Einfühlung und Geschick Juan den leiblichen Vater zu ersetzen.

Als die Zeit gekommen war, schickte Don Alfonso ihn auf die weltberühmte Universität von Salamanca. Juan blieb auch in der Universitätsstadt seinen Grundsätzen treu. Er wählte eine Wohnung in der Nachbarschaft einer Kirche und suchte bekannte Geistliche der Stadt auf, um sich mit ihnen zu unterhalten. Sein erster Studiengang vor der Theologie war der des Kanonischen Rechts. Auch hier setzte er durch sein großes Wissen das Kollegium in Erstaunen. Seinen selbstgewählten Tagesablauf hielt er mit größter Genauigkeit ein: Er stand sehr früh auf und besuchte als erstes die Heilige Messe. Er aß nur das Notwendigste; Wein trank er nicht. Er hatte an sich selbst und anderen Menschen erlebt, wie der Wein das Feuer der Be-

gehrlichkeit anfachte. Wenn Juan sich seinen Mitstudenten näherte, sagten sie: „Der von Alcántara kommt, wechseln wir das Thema." Dieser Ausspruch ist heute noch in Spanien sprichwörtlich.

Nach den Vorlesungen und Seminaren begab sich Juan stets in das Hospital von Salamanca, um Kranke zu betreuen, ihnen Mut zuzusprechen und sie zu trösten. Daraufhin betete er recht lange in Zurückgezogenheit und setzte für mehrere Stunden seine Studien fort. Zur abendlichen Betrachtung gehörte ein Überdenken des Tages und seine Gewissenserforschung. Bei sich selbst versuchte er mit gehöriger Strenge Fehler auszumerzen – anderen gegenüber war er alles andere als streng. Wenn es seine Zeit erlaubte, besuchte er die Gefängnisse der Stadt, half, wo er konnte und sprach mit Geistlichen in den Klöstern von Salamanca. Ablenkungen und Versuchungen, die ein Studentendasein mit sich bringt, hielt er stand.

Ihm war die Kürze des Lebens ebenso bewusst wie die Wichtigkeit der Betrachtung und des inneren Gebetes. Nach reiflicher Prüfung entschied er sich, in ein Kloster einzutreten, jedoch sollte dies ein Kloster sein, das von der Strenge der ursprünglichen Regel noch nicht abgewichen war. Seine Wahl fiel auf das Franziskaner-Kloster *Los Majaretes*, das in der Nähe von Valencia de Alcántara an der portugiesischen Grenze lag. Das Kloster stand auf einer einsamen Anhöhe und lehnte sich an einen steilen Felsen, der das spanische

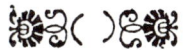

Königreich von Portugal trennte. Juan war 16 Jahre alt.
Der Guardian dieses Klosters, Bruder *Michael Rocca*,
war ein erfahrener Menschenkenner und Mann des
Geistes. Er hörte mit Bewunderung, wie Juan mit glü-
henden Worten um die Aufnahme bat und zögerte
nicht lange. Er sicherte dem Kandidaten die Aufnahme zu. Juan wurde von nun an Petrus genannt.

Petrus bat den Guardian, niemandem etwas von seiner Aufnahme in den Franziskaner-Orden zu sagen,
denn er befürchtete, seine Angehörigen würden alle
Mittel aufwenden, um ihn von diesem Entschluss ab-
zubringen.
Petrus gefiel die Armut des Hauses und die Strenge
des Lebens, die die Brüder in diesem Haus auf sich

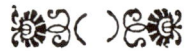

nahmen. Der Guardian, der Petrus mit scharfem Blick beobachtete, bewunderte dessen Ausdauer im Gebet sowie die Hilfsbereitschaft und Freundlichkeit zu den Mitbrüdern. Petrus wurde 1515 in den Franziskaner-Orden aufgenommen.

Am Anfang seines Ordenslebens trug Petrus drei Jahre einen Stein im Mund, um sich an das Stillschweigen zu gewöhnen. Er aß sehr wenig. An Festtagen bestand seine Mahlzeit aus einem Stück harten, schwarzen Brot und halbgekochtem Gemüse, das er mit Wasser, Asche und Wermut zu würzen pflegte. Die vielen inneren Angriffe, die er besonders während der Zeit des Gebetes erfuhr, dienten dazu, seine Ausdauer und seinen Eifer zu bestärken. Er bevorzugte es, im Freien zu beten. Er war davon überzeugt, dass man Gott nur so viel liebe wie man bete. Petrus glaubte, dass es im geistlichen Leben einen Rückschritt bedeutet, wenn man keinen Fortschritt macht. Nur wenige Stunden gönnte er sich Nachtruhe, trug ein abgetragenes Habit, das sein liebstes war, und widmete sich immer wieder der Betrachtung und dem inneren Gebet. Er war Meister darin, seine hohen Geistesgaben vor anderen Mitbrüdern zu verbergen. Es freute ihn, wenn er für einfältig gehalten wurde und manchmal dieserhalb einen heftigen Verweis erhielt. Man traf ihn immer fröhlich und heiter an. Doch hatte er mit starken Versuchungen zu kämpfen, die ihm oft das Klosterle-

ben äußerst schwer machten. Es waren vor allem die Schläfrigkeit und seine Sexualität. Er war nicht sicher, ob sein eher schwächlicher Körper auf die Dauer die so strenge Lebensweise ertragen könne. Von sich selbst verlangte er viel. Er betete um Durchhaltevermögen und körperliche Kraft. Beides wurde ihm zuteil.

Als 1516 das Probejahr hinter ihm lag, bereitete Petrus von Alcántara sich durch strenge Exerzitien und Stillschweigen auf die Gelübde vor. Eine Zeit lang war ihm das Amt des Sakristans übertragen, das ihm viel Freude bereitete, da es ihn für längere Zeit täglich in der Kirche beschäftigte und vielfältige Veranlassung zur Betrachtung gab. Als Pförtner wusste er für die Hilfsbedürftigen immer einen guten und praktischen Rat – manchmal auch eine notwendige Belehrung. Er bewirkte in diesem so bescheidenen Kreis viel Gutes, über das er jedoch niemals sprach.

Nach einigen Jahren wurde Petrus gebeten, in das „Kloster des Heiligen Franziskus" in der Nähe von Belius umzusiedeln. Oft wurde er ausgesandt, um in der Nachbarschaft um Almosen zu bitten. Obgleich er äußerlich unter Menschen war, blieb er innerlich stets in der Einsamkeit. Er gab sich ganz der Betrachtung hin, wenn er an einen abgelegenen Platz kam. Hier musste er nicht befürchten, Zeugen seines Gebetes zu haben.

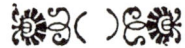

Sein Ruf verbreitete sich und viele Menschen strömten zum Kloster, um seinen Segen als Bürgschaft für ihr zeitliches und ewiges Heil zu erhalten.

Obwohl Petrus von Alcántara noch nicht die Priesterweihe empfangen hatte, bat ihn das im Jahr 1519 einberufene Ordenskapitel, in Badajoz ein neues Franziskaner-Kloster zu gründen und ihm als Guardian vorzustehen. Petrus bezog mit seinen Mitbrüdern die alte, verfallene „Einsiedelei zu den Heiligen Märtyrern" und begann Kirche und Kloster zu bauen. Der Guardian ging mit bestem Beispiel voran und beteiligte sich bis zur körperlichen Erschöpfung an den Bauarbeiten. Einfacher war es für ihn zu gehorchen als anzuleiten – doch Petrus bewährte sich in einzigartiger Weise als Oberer wie auch als einfacher Bruder. Er gab niemals zu etwas den Auftrag, was er früher nicht selbst ausgeführt hatte. Seine Mitbrüder erhielten alle nur denkbaren Beweise der Aufmerksamkeit: Er brachte ihnen Erfrischungen, und im Winter wusch er ihnen sogar die Füße mit warmem Wasser. Alles tat er mit herzgewinnender Liebe. Zu Ehren des Evangelisten Johannes hatte Petrus im Klostergarten eine kleine Zelle gebaut. Da diese von dichtem Gebüsch umgeben war, konnte er sich hier vor den Augen der Menschen verbergen. Hier konnte er seine Betrachtungen und das innere Gebet üben, innigste Vereinigung mit dem Willen Gottes erleben, seine Bußübungen durchführen, Visionen empfangen und in die

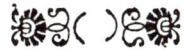

Zukunft schauen. Am liebsten verbrachte er die Nacht unter freiem Himmel, um die Sterne und das Firmament zu betrachten. Er erlebte die gesamte Schöpfung als eine zu Gott führende Treppe.

Als 1522 – Petrus war bereits drei Jahre Guardian – Bruder *Franziskus Fregonal* zum Provinzial der Ordensprovinz Estremadura ernannt wurde, zu der auch das Kloster zu Badajoz gehörte, bat er Petrus von Alcántara, sich auf den Empfang der Priesterweihe vorzubereiten. Petrus zögerte, das Angebot anzunehmen, da er sich einer so hohen Auszeichnung nicht für würdig hielt. Als Diakon glaubte er für sich das Entsprechende erreicht zu haben. Doch im Gehorsam und in Erinnerung an seine Gelübde als Franziskaner folgte er diesem Ruf. Im Jahr 1524 wurde Petrus mit fünfundzwanzig Jahren zum Priester geweiht. Der Empfang dieser Gnade führte zu einem Wendepunkt. Seine erste Heilige Messe war nicht nur für die Anwesenden ergreifend ... sein Gesicht leuchtete.

Die Oberen beauftragten Petrus, öffentlich zu predigen. Petrus sah darin einen Auftrag Gottes und folgte. Seine Worte und seine Predigten zeigten logische Klarheit, theologisches Wissen, eine genaue Kenntnis der Heiligen Schrift und ein tiefes Eindringen in die Geheimnisse der Mystik. Die mächtig erschütternden Worte, die nur bei eigener Überzeugung möglich sind, ergriffen immer wieder seine Zuhörer.

Im Jahr 1525 wurde Petrus als Guardian in das „Kloster unserer Lieben Frau von den Engeln" versetzt – in der Nähe von Robredillo. Dieses Kloster lag in einer Einöde. Doch die Einsamkeit kam Petrus gerade entgegen.

Einige Zeit später wurde er Guardian des Franziskaner-Klosters von Plasencia. Petrus ließ sich durch die vielen Aufgaben seines Amtes auch außerhalb des Klosters nicht daran hindern, Gutes zu tun. Er war Fürbitter, Helfer, Tröster, Ratgeber, Prediger und Friedensstifter. Und immer hatte er ein offenes Herz für die Armen, für die am Rande Stehenden und Unterdrückten. Wo immer er war: Es folgten ihm viele Leute, die ihn hören, ihn berühren und Heil von ihm wollten. Viele seiner Voraussagen erfüllten sich; seine prophetische Gabe half vielen Menschen, große Krisen zu überwinden.

Das Geheimnis des Kreuzes sichtbar zu machen, war ihm ein großes und besonderes Anliegen. So stellte Petrus von Alcántara viele Holzkreuze auf – an Straßen- und Wegkreuzungen, auf Hügeln und auch auf höheren Bergen. Manchmal geschah es unter Lebensgefahr, doch ließ er sich von diesen Hindernisse nicht von seiner Mission abhalten. Alle Umstehenden bestätigten, dass der Heilige über übermäßige Kraft verfügte, wenn er schwere Kreuze am Boden verankerte, so, als ob sie nicht schwerer als Schilfrohr seien. Petrus führte die Kreuzweg-Andacht ein und verbreitete sie.

Er redete nicht viel. Wenn er jedoch über das Heil der menschlichen Seele sprechen konnte, fand er die glühendsten Worte. Oft saß er bis nachts im Beichtstuhl, ohne die geringste Nahrung zu sich zu nehmen. Nicht selten sagte er denjenigen, die in ein Kloster eintreten wollten, es sei für sie besser, im Weltlichen Gutes zu tun und zu heiraten. Viele verharrten allerdings noch einige Zeit bei ihrer Meinung, gaben sie jedoch bald auf und mussten einsehen, dass Petrus das Innerste ihrer Seele richtig erkannt hatte.

Die Liebe zu Gott war glühend. Petrus versuchte, Ekstasen vor anderen Menschen zu verbergen. Seine gelebte Armut war überzeugend. Durch ihn und in seiner Gegenwart geschahen Wunder – Ereignisse, die der menschliche Verstand nicht begreifen kann. Petrus predigte vornehmlich den Armen und denen, die glaubten, für Gott keine Zeit übrig zu haben. In seinen Predigten bezog er sich besonders auf das Alte Testament, die Propheten und die Weisheitsbücher. Eine wunderbare Überzeugungskraft ging von ihm aus. Er versuchte sich in den Augen der Menschen lächerlich und verächtlich zu machen, um nicht als Heiliger angesehen zu werden. So hielt er sich zum Beispiel auf öffentlichen Plätzen bei den Kehrrichthaufen auf und tat so, als suche er etwas mit allergrößter Sorgfalt. Der Wunsch jedoch, für einen Narren gehalten oder wenigstens als Tor verlacht zu werden, ging nicht in Er-

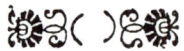

füllung. Selbst die umstehenden Menschen erkannten deutlich seine Absicht und bewunderten ihn mehr als zuvor. Petrus schmerzte jedes Lob. Als schwerste Buße empfand er es, sich geehrt zu sehen.

Um den Ehrenbezeugungen, die im höchst lästig waren, auszuweichen, versuchte er, stets in der Nacht in den Städten anzukommen, die er besuchen wollte. Am liebsten übernachtete er in einer einsam gelegenen Bauernhütte.

Als Petrus von Alcántara im Jahr 1538 auf dem Generalkapitel zu Alburquerque zum Provinzial der Provinz St. Gabriel gewählt wurde, bat er inständig, einen reiferen Mann für dieses hohe Amt zu wählen. Letztlich nahm er die Wahl im Gehorsam an. Gleich darauf begann er mit der Hauptaufgabe eines Provinzials: dem Besuch aller Klöster, um interne und externe Angelegenheiten zu klären und bei Unstimmigkeiten Frieden zu stiften. So liebevoll und nachsichtig er auch immer war: Es gab einen Fehler, den er nicht leicht verzieh – und streng bestrafte – den Mangel an Nächstenliebe oder deren Verletzung. Für das geistliche Wohl der Konvente tat er das Äußerste – um das zeitliche Wohl kümmerte er sich weniger. Petrus liebte besonders die Kinder und wurde von ihnen geliebt. Im Kloster Pedroso gründete er eine Schule, die auch von den Kindern besucht werden konnte, deren Eltern arm waren.

Trotz des asketischen Lebens musste sich Petrus von Alcántara immer wieder mit seiner Manneskraft auseinandersetzen. Sexuelle Vorstellungen und Versuchungen überfielen ihn. Man sollte glauben, dass Petrus diese nach Erfüllung drängenden Kräfte durch seine strenge Lebensweise längst bewältigt oder sublimiert habe. Sehr oft – um nicht dem sexuellen Verlangen nachzugeben – brachte er sogar sein Leben in Gefahr, indem er selbst mitten im Winter in einem halb zugefrorenen Bach badete. Er war davon überzeugt, auf diese Weise das Feuer der Begierde dauerhaft zu ersticken. Teresa von Avila schreibt über Petrus – allerdings nach seinem Tod: *Weibliche Personen sah er viele Jahre gar nicht an. Er war aber auch, als ich ihn kennen lernte, schon alt und so abgemagert, dass er aussah, als wäre er aus Baumwurzeln zusammengeflochten.*

Die Begegnung und die Gespräche mit den höchsten Persönlichkeiten hinderten Petrus niemals daran, seine gewohnten Gebetszeiten einzuhalten oder abzukürzen. Seine innere Ruhe war gleichbleibend – ob er sich bei Hofe befand oder in der einsamen Zelle seines Klosters. In seinen vielen Briefen ermahnte er immer wieder zum Gebet:
Das Gebet ist die Nahrung der Liebe, die Stärkung des Glaubens, die Festigung der Hoffnung und Freude für das Herz. Es hilft, die Wahrheit zu entdecken, Versuchungen zu überwinden, den Schmerz in den Griff zu bekommen,

die Vorsätze zu erneuern und die Mittelmäßigkeit zu überwinden. Das Gebet verzehrt den Rost der Sünde und entflammt das Feuer der Liebe. Das Gebet vermag den Himmel zu öffnen.

Das beste Gebet ist dasjenige, bei dem sich die Seele nicht bewusst ist, dass sie betet. Das Leben des Petrus von Alcántara war ein Leben des Geistes und des Gebetes. Gott war das Ziel seines Lebens, seiner Gedanken, Worte und Werke. Viele Zeugen berichten, der Herr habe seinetwegen zeitweise die Wirkung der Naturgesetze aufgehoben. Die hohe wissenschaftliche Bildung und Weisheit des Petrus stand außer Zweifel. Die Mystik, die er lehrte, baute sich auf den Ideen des *Bonaventura* auf. Die Leichtigkeit, mit der er in die Tiefe der Wissenschaft, vor allem aber auch der Seelen, drang, war erstaunlich. Petrus besaß die Gabe, Menschen zu neuen guten Vorsätzen zu bewegen. Er löste die schwierigsten Probleme mit durchdringender Klarheit und Schärfe des Geistes. Wenn man ihm mitteilte, welche Bemühungen in Gang gesetzt wurden, um sein Werk zu gefährden oder gar zu stürzen, pflegte er ruhig zu entgegnen: *Meine Brüder, es ist eure Pflicht, mit Stillschweigen und freudiger Geduld euren Gegnern zu antworten. Zeigt es in eurer fröhlichen Miene, wie glücklich ihr seid, dem heiligen Vater Franziskus folgen zu dürfen, der unsere Strenge freilich nicht ausdrücklich geboten, aber durch sein eigenes Beispiel dringend empfohlen hat.*

Petrus von Alcántara war zweiundsechzig Jahre alt, als er seinen Tod nahen fühlte. Sein bereits geschwächter Körper musste unter schlimmen Krankheiten leiden. Diese waren nicht zuletzt Folgen der strengen Lebensweise, die sich Petrus zeitlebens selbst auferlegt hatte. Die Brüder hingen mit großer Liebe an Petrus. Umso mehr betrübte sie daher sein Aussehen, das keine lange Lebensdauer mehr versprach. Der Gedanke an seinen Verlust und an die Folgen, die entstehen würden, erfüllte sie mit großer Traurigkeit. Die Krankheit war bereits so bedenklich, dass die Ärzte eine Besserung für unmöglich hielten. Er war so schwach, dass er sich nur mit Hilfe der Brüder auf den Beinen halten konnte. Als Petrus ihnen mitteilte, er wolle noch einmal nach Avila reisen, um Teresa zu sehen, erschraken sie sehr. Die Ärzte rieten dringend davon ab und sagten, die Reise würde seinen Tod beschleunigen. Sein Eifer für Teresas Werk schien ihn jedoch mit neuen Kräften zu erfüllen. Er legte den Weg auf einem Maultier reitend zurück und kam wohlbehalten in Avila an. Seine Mitbrüder fragten ihn, woher er die Kraft nehme, um diese gewaltigen Strapazen zu überstehen. Er sagte:

Seid euch stets der Gegenwart Gottes bewusst. Macht es wie die Fische. Wenn sich ein Sturm erhebt und der Wind die Wellen hochpeitscht, bleibt der Fisch gewiss nicht an der Oberfläche des Wassers. Er taucht in die silberne Tiefe hinab und findet dort Ruhe. Macht es wie der Fisch: Wenn ihr spürt, dass sich ein Tumult erhebt, vertieft euch sogleich in die Betrachtung, bergt euch in den Armen Christi, und ihr werdet gegen jede Anfechtung der Welt und der dunklen Kräfte geschützt sein.

Da alle wussten, dass der Tod ihnen bald den verehrten Meister entreißen würde, prägten sie jedes seiner Worte tief in ihr Herz ein und beobachteten jeden seiner Schritte. Eine gute Nachricht Teresas – Petrus war schwer krank in das Franziskaner-Kloster von Arenas weitergereist – erfüllten die letzten Tage des Heiligen mit großer Freude und Dankbarkeit: Die unbeschuhten Karmelitinnen hatten ein weiteres Kloster gegründet und waren bereits dort eingezogen.

Heftiges Fieber zwang Petrus auf das Krankenlager. Vor allen, die in seiner Zelle anwesend waren, betete er:

Mein guter, unendlich guter Gott, du bist die Quelle der Liebe. Wann wirst du mich aufnehmen, wann werde ich in dieser Welt aufgelöst und bei dir sein? Wann werde ich endlich von der Furcht befreit sein, dich zu verlieren? Wann wirst du alle Hindernisse hinwegräumen, die mich hindern, zu dir zu kommen, um niemals mehr von dir getrennt zu werden?

Obwohl die Schmerzen an seinem ganzen Körper zunahmen, verließ ihn die Heiterkeit der Seele, die sich in seinem Gesicht widerspiegelte, keinen Augenblick. Man hörte kein Wort der Ungeduld oder Klage aus seinem Mund – nicht einmal eine Äußerung, dass er leide. Er hörte jeden an, der mit ihm sprechen wollte, gab Rat und heilsame Ermahnungen.

Meine Brüder, überlasst der Erde, was der Erde gehört. Beweint nicht meinen Verlust. Es ist jetzt die Zeit gekommen, dass Gott an mir seine unsägliche Barmherzigkeit übe. Ich hoffe, dass ich euer im Himmel nie vergessen werde, auf Erden bin ich nutzlos geworden.

Als man ihm am Abend des 17. Oktober 1562 die Sterbesakramente reichen wollte, sagte er dem Priester, Bruder Arias, der sich zur Eile gedrängt fühlte: *Geht, nehmt ein Abendessen zu euch und schlaft ruhig. Ich erwarte euch dann morgen gegen zwei Uhr. Dann gebt mir die letzte Ölung, denn um vier Uhr werde ich sterben.*

Am nächsten Tag, dem Fest des Evangelisten Lukas, verbrachte Petrus einige Stunden im inneren Gebet und empfing die Sterbesakramente. Die Mitbrüder des Klosters von Arenas – Petrus hatte darum gebeten, hier beerdigt zu werden – standen um sein Bett und beteten. Petrus, der unverwandt seine Augen auf das Kreuz gerichtet hielt, erhob sich, zog seinen Habit aus, übergab ihn dem Guardian, kniete nieder und bedankte sich bei den Brüdern für die viele Mühe, die sie sich seinetwegen während der Krankheit gemacht hatten. Er bat sodann den Guardian um den schlechtesten Habit, in dem er beerdigt werden wollte. *Meine*

Brüder, sagte er zu ihnen mit leiser Stimme, *seht ihr nicht, wer außer uns noch in diesem Zimmer ist?*

In tiefem Frieden und in dieser geheiligten Atmosphäre gab Petrus von Alcántara ohne Todeskampf seine Seele in die Hände Gottes zurück. Es war der 18. Oktober 1562 um vier Uhr nachmittags. Sein Antlitz war strahlend und seine Augen glänzten. Trotz aller Bemühungen hatte man seine Augen nicht zu schließen vermocht.

Seine Reform war sehr erfolgreich: Der Orden der Alcántariner wuchs auf mehr als 7.000 Mitglieder an und verbreitete sich in Europa, China, auf den Philippinen und in Amerika.
Sein Hauptwerk *Tratado de la oración y meditación* beruht nicht auf wissenschaftlicher Theologie, sondern auf seiner eigenen Gebetserfahrung. Dieses Werk trug dazu bei, sehr viele Menschen – nicht nur Franziskaner – wieder zum tiefen Gebet zurückzuführen.

Deß Heiligen vnd
Hocherleuchten P. PETRI de AL-
NTARA S. Francisci Ordens von
Strenger Observantz Betrachtungen
vnd gründtliche vnderweisung recht vnd
...chtbarlich zu betten vnd betrachten
auß dem Lateinischē Exemplar verteütscht
durch
P. F. Ludovicum Kellen, selbigen Ordens Priester vndt Guardian zu Bonn.

Cölln,
Bey Wilhelm Friessem.
1678.

Teresa von Avila über Petrus von Alcántara

(Aus: Sämtliche Schriften der hl. Teresa von Jesu. VI Bände)

Einer von ihnen (den Gelehrten) wies mich auf ein gewisses Buch des heiligen Bruders Petrus von Alcántara hin, den ich so nenne, weil er nach meiner Ansicht wirklich ein Heiliger ist; ihm würde ich auch beistimmen, weil ich weiß, dass er Verständnis in diesen Dingen besitzt. Als wir aber in dem Buche nachlasen, fand sich, dass der heilige Mann dasselbe sagt, was auch ich sage. Wenn auch seine Worte nicht die gleichen sind, so ist doch daraus ersichtlich, dass er nur dann das Nachdenken mit dem Verstande einzustellen anrät, wenn die Liebe bereits entflammt ist. (V, 77)

Eine solche Freude mag wohl der hl. Franziskus empfunden haben, als er einst laut jubelnd über die Fluren ging und zu den ihm begegnenden Räubern sagte, er sei der Herold des großen Königs. Desgleichen andere Heilige, die in Einöden sich begaben, um, wie der hl. Franziskus, das Lob ihres Gottes zu verkünden. Ich habe selbst einen Heiligen gekannt - nach seinem Leben zu urteilen, muss ich ihn für einen solchen halten - Pater Petrus von Alcántara ist sein Name, der das Gleiche tat. Das Volk, das ihn zuweilen hörte, hielt ihn

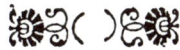

zwar für einen Toren, aber eine glückliche Torheit, meine Schwestern. Möchte sie nur Gott uns allen schenken! (V, 162)

Ich konnte mich nur durch Gleichnisse ausdrücken, um mich verständlich zu machen; aber für diese Art von Visionen scheint mir keines recht zu passen. Sie gehört zu den erhabensten, die es gibt, wie mir später ein heiliger, im geistlichen Leben sehr erfahrener Mann, Bruder Petrus von Alcántara mit Namen, sagte, von dem ich noch ausführlicher erzählen werde. (I, 251)

Um ebendieselbe Zeit ließ es der Herr zu, dass der heilige Bruder Petrus von Alcántara, den jene Dame noch nie gesehen hatte, auf mein Bitten in ihr Haus kam. Dieser große Freund der Armut, der durch vieljährige Übung deren großen Reichtum wohl erkannte, bestärkte mich sehr in meinem Vorhaben und empfahl mir, die Sache mit Hintansetzung aller Bedenken ernstlich zu betreiben. Da er mir als ein durch lange Erfahrung unterrichteter Mann am besten raten konnte, so entschloss ich mich, seinem Gutachten und wohlgemeinten Rate zu folgen und andere nicht mehr zu befragen. (I, 348)

Endlich gefiel es dem Herrn, mein Leiden zum großen Teil und für damals sogar gänzlich wegzuneh-

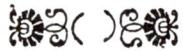

men; denn er führte in die hiesige Stadt den ehrwürdigen Bruder Petrus von Alcántara, von dem und dessen Bußleben ich schon einiges erzählt habe. Diesem füge ich noch bei, dass er, wie man mir versicherte, zwanzig Jahre hindurch beständig ein Bußkleid von Blech getragen hat. Er ist auch der Verfasser einiger Büchlein über das innerliche Gebet, die er in spanischer Sprache schrieb und die gegenwärtig sehr verbreitet sind. Da er selbst im innerlichen Gebete sehr erfahren war, so konnte er auch für solche, die es üben, eine sehr nützliche Anleitung schreiben. Er beobachtete die ursprüngliche Regel des glückseligen, heiligen Franziskus in ihrer ganzen Strenge und übte außerdem noch andere Strengheiten, von denen ich bereits erzählt habe. Als nun die früher schon erwähnte Witwe und Dienerin Gottes, meine Freundin, die Ankunft des ausgezeichneten Mannes erfahren hatte, erwirkte sie mir ohne mein Wissen von meinem Provinzial die Erlaubnis, mich acht Tage lang in ihrem Hause aufhalten zu dürfen, damit ich mit diesem Diener Gottes besser verkehren könnte …

Im Hause dieser Witwe also sowie auch in einigen Kirchen habe ich oft mit dem genannten großen Diener Gottes gesprochen, als er zum ersten Male hier war. Später habe ich noch zu verschiedenen Zeiten viel mit ihm verkehrt. Ich gab ihm kurz, aber mit möglichster Klarheit Aufschluss über mein Leben und meine Gebetsweise; denn dies war überhaupt immer meine Art,

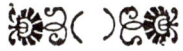

dass ich mit jenen, denen ich die Angelegenheiten meiner Seele offenbare, in aller Klarheit und Wahrheit umging. Immer war es mein Wunsch, dass ihnen mein Innerstes bis auf die ersten Regungen bekannt sein möchte; und wenn mir irgendetwas noch zweifelhaft oder verdächtig war, brachte ich Gründe und Beweise gegen mich selbst vor. So enthüllte ich auch jetzt dem Manne Gottes ohne Doppelsinn und Verschleierung meine Seele. Ich sah gleich, dass er mich aus seiner eigenen Erfahrung verstand, und dies war alles, was ich nötig hatte; denn damals verstand ich noch nicht, so wie jetzt, die mir von Gott erteilten Gnaden, um mich darüber aussprechen zu können. Dieses Verständnis und diese Gabe hat mir Seine Majestät erst später verliehen. Es musste also jemand diese Gnaden aus eigener Erfahrung kennen, um mich ganz zu verstehen und mich darüber aufzuklären.

Dieser heilige Mann gab mir sehr wichtige Aufklärungen. Ich konnte nämlich, wenigstens bis dahin, nicht begreifen, wie es auch andere als bloß einbildliche Visionen geben könne, obwohl mir schien, dass solche doch möglich wären. Aber auch die Visionen, die ich mit den Augen der Seele schaute, schienen mir unbegreiflich. Ich glaubte, wie schon gesagt, nur jene Visionen seien zu achten, die man mit leiblichen Augen sieht; solche aber hatte ich nicht. Der Mann Gottes nun gab mir in allem Licht und Aufklärung. Auch sagte er mir, ich sollte mir keinen Kummer mehr machen, sondern Gott loben und überzeugt sein, dass sein Geist es sei, der in mir wirke.

Außer den Glaubenswahrheiten gebe es keine gewissere Wahrheit und nichts, was ich so fest glauben könne wie dieses. Er fand großen Trost an mir, zeigte sich sehr wohlwollend und gütig gegen mich, nahm sich auch in der Folge sehr meiner an und teilte mir seine eigenen Angelegenheiten mit. Der Kontakt mit mir gewährte ihm viel Freude, weil er zu dem, was er selbst bereits ins Werk gesetzt hatte, ein so entschiedenes Verlangen, das der Herr mir einflößte, und einen so großen Mut an mir wahrnahm. Denn sobald der Herr eine Seele zu einer so hohen Stufe erhebt, kennt sie keine größere Freude und keinen größeren Trost, als wenn sie jemand findet, von dem sie glaubt, der Herr habe ihm gleichfalls die ersten Gnaden dieser Gebetsstufe verliehen.

Nach meinem Dafürhalten werde ich nämlich damals noch nicht viel weiter als bis zu diesen Erstlingsgnaden gekommen sein, und wollte Gott, ich wäre wenigstens jetzt in ihrem Besitze. Er hatte großes Mitleid mit mir und sagte, dass das, was ich ausgestanden, nämlich der Widerspruch von Guten und Frommen, eines der größten Leiden auf Erden sei. Ich würde indessen noch vieles auszustehen haben, weil ich eines geistlichen Begleiters bedürfe, der mich verstehe, in der ganzen Stadt aber kein solcher sei. Übrigens wolle er mit meinem Beichtvater und mit einem von denen reden,

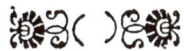

die mir am meisten Leiden verursachten ... Der heilige Mann, Petrus von Alcántara, tat, wie er mir versprochen; er redete mit beiden und trug ihnen Gründe vor, um sie von der Echtheit der mir von Gott verliehenen Gnaden zu überzeugen, und um sie zu bewegen, mich fernerhin nicht mehr zu beunruhigen ...

Wir beide, Bruder Petrus von Alcántara und ich, kamen darüber überein, dass ich ihm forthin schreiben sollte, was sich mit mir weiter zutragen werde, und wir einander eifrig Gott empfehlen würden. So groß war die Demut dieses Mannes, dass er auf das Gebet meiner elenden Person etwas hielt; dies beschämte mich sehr. Als er mich verließ, war er sehr getröstet und erfreut durch die Versicherung, dass ohne Zweifel der Geist Gottes in mir wirke und ich meine Gebetsweise furchtlos fortsetzen könne; wenn ein Zweifel komme, sollte ich ihn, wie er sagte, dem Beichtvater offenbaren und der größeren Sicherheit halber ihm alles mitteilen; damit könnte ich zufrieden sein. (I, 283–286)

Noch ein anderes großes Leid will ich hier anführen. Ich meinte, alle über das innerliche Gebet handelnden Bücher, die ich gelesen, gut verstanden zu haben, und glaubte, der Herr habe mich bereits so weit gefördert, dass ich ihrer nicht mehr bedürfe; darum las ich auch nicht mehr darin, sondern nahm nur noch die Lebensbeschreibungen der Heiligen zur Hand. Weil ich sah, dass ich ihnen im Dienste Gottes noch so sehr nachstand, so glaubte ich, es würde mir eine solche Lesung zur Aneiferung nützlich sein. Da kam mir der Gedanke, schon eine so hohe Stufe des Gebetes erreicht zu haben, als ein großer Mangel an Demut vor; und weil ich doch nicht anders denken konnte, so verursachte mir dies eine große Qual, bis gelehrte Männer und insbesondere der ehrwürdige Bruder Petrus von Alcántara mir sagten, ich sollte darüber unbekümmert sein. (I, 292)

Sehr bereitwillig ging der Provinzial, ein Freund aller klösterlichen Vollkommenheit, auf den Vorschlag der Dame ein und versprach ihr jeden notwendigen Beistand. Er wolle, sagte er, das Kloster unter seine Jurisdiktion nehmen. Beide besprachen sich auch über das Einkommen, das das Kloster für dreizehn Nonnen haben sollte; denn aus vielen Gründen wollten wir, dass diese Zahl niemals überschritten werde. Bevor wir aber die Sache ernstlich betrieben, schrieben wir dem heiligen Bruder Petrus von Alcántara alles, was geschehen war. Dieser riet uns, das fromme Werk nicht zu unterlassen, und teilte uns über alles seine Meinung mit. (I, 317–318)

Nachdem ich jene Stadt verlassen hatte, setzte ich meine Reise freudig fort und war sehr entschlossen, alles bereitwillig zu ertragen, wie es dem Herrn gefallen würde. Am nämlichen Abend, an dem ich in mei-

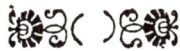

nem Wohnorte ankam, traf auch das Breve mit der Vollmacht zur Errichtung des Klosters ein. Mein Staunen war groß, und auch die anderen, die wussten, wie sehr mich der Herr zur Rückreise gedrängt hatte, verwunderten sich, als wir erkannten, wie notwendig meine Anwesenheit war und wie mich der Herr gerade zu rechter Zeit zurückgeführt. Ich traf nämlich hier den Bischof, den heiligen Bruder Petrus von Alcántara und den frommen Edelmann, in dessen Haus der heilige Mann Einkehr genommen hatte; denn die Diener Gottes fanden dort immer Schutz und Herberge.

Beide bewogen den Bischof, das Kloster unter seine Jurisdiktion zu nehmen. Weil es nun auf die Armut gegründet werden sollte, so war dies keine geringe Gunstbezeugung; aber der Bischof war Personen, bei denen er solche Bereitwilligkeit im Dienst Gottes fand, so zugetan, dass er sofort sich einverstanden erklärte, das Kloster unter seinen Schutz zu nehmen. Da der heilige Greis Petrus von Alcántara das Unternehmen gut hieß und sich bei mehreren Personen dafür verwendete, uns zu unterstützen, so war es im Grunde er, der alles bewirkte. Wäre ich, wie schon gesagt, nicht eben zu dieser günstigen Zeit gekommen, so weiß ich nicht, wie das Unternehmen hätte gelingen können; denn der heilige Mann blieb nicht lange - kaum acht Tage, wie ich meine - hier, und zudem war er sehr krank. Bald darauf nahm ihn der Herr zu sich. Seine Majestät schien ihn gerade bis zur Vollendung dieses

Werkes aufbewahrt zu haben; denn er war schon lange sehr leidend, wenn ich nicht irre, seit mehr als zwei Jahren. (I, 354-355)

Besonders für weibliche Personen ist die Besprechung mit dem Beichtvater eine Sache von großer Wichtigkeit. Denn diesen pflegt Gott häufiger solche Gnaden mitzuteilen als den Männern. Dies habe ich von dem heiligen Bruder Petrus von Alcántara gehört und selbst schon wahrgenommen. Jener sagte, dass weibliche Personen auf dem Weg des Gebetes weiter kommen als männliche; und er führte vortreffliche Gründe dafür an, die ich aber hier nicht zu sagen brauche; sie sprechen alle zu Gunsten der Frauen. (I, 415)

Ach, welch ein vortreffliches Nachbild Christi hat uns Gott jetzt hinweggenommen an dem seligen Bruder Petrus von Alcántara. Die Welt kann eine so große Vollkommenheit nicht mehr ertragen. Da sagt man, die Gesundheit sei jetzt schwächer, und die Zeiten seien jetzt nicht mehr wie ehedem. Dieser heilige Mann hat ja zu unseren Zeiten gelebt! Aber sein Geist war stark wie der Geist der Männer in vergangenen Zeiten, darum hatte er die Welt unter den Füßen. Wenn man auch nicht barfuß geht und keine so strenge Buße übt wie er, so gibt es, wie ich anderswo schon gesagt habe, doch sonst noch viele Mittel, durch die man die Welt unter die Füße bringen kann und die der Herr uns lehrt, wenn er sieht, dass wir den Mut dazu haben. O welch großen Mut hat Seine Majestät dem Heiligen verliehen, von dem ich eben rede, dass er siebenundvierzig Jahre lang eine so strenge Buße übte, wie dies allgemein bekannt ist. Nur einiges, was meines Wissens die volle Wahrheit ist, will ich davon erzählen; er selbst hat es mir und noch einer anderen Person, vor der er wenig Hehl hatte, mitgeteilt. Mir machte er diese Mitteilungen wegen der großen Liebe, die er zu mir trug; denn es hatte dem Herrn gefallen, mir diesen Mann zu geben, damit er mich verteidige und ermutige zu einer Zeit, als ich es so sehr bedurfte, wie ich dies teils schon erwähnt habe, teils noch erwähnen werde.

Soviel ich mich erinnere, sagte er mir, dass er schon seit vierzig Jahren täglich nicht mehr als anderthalb Stunden geschlafen habe. Diese Art von Buße habe ihm anfangs die meisten Schwierigkeiten gemacht. Um den Schlaf zu überwinden, sei er immer auf den Knien gelegen oder aufrecht gestanden. Schlief er aber, so saß er und lehnte das Haupt an ein an der Wand befestigtes kleines Brett. Liegend konnte er gar nicht schlafen, wenn er auch gewollt hätte, weil bekanntlich seine Zelle nur fünfthalb Schuh lang war. In allen diesen Jahren hat er sein Haupt nie mit der Kapuze bedeckt, wie heiß auch die Sonne schien oder wie stark es auch regnete. An den Füßen trug er gar nichts. Seine ganze Kleidung bestand aus einem Habite von grobem Wollenzeug, unter dem er auf dem bloßen Leibe nichts anderes trug, sowie aus einem Mantel von dem nämlichen Zeuge. Der Habit war so eng, als es nur immer sein konnte. War es sehr kalt, so legte er, wie er mir sagte, den Mantel ab, öffnete die Türe und das Fensterchen seiner Zelle, um dann, wenn er den Mantel wieder anlegte und die Türe schloss, den Leib zu erquicken und besser geschützt ruhen zu können. Sehr häufig aß er erst über den dritten Tag. Als ich mich darüber verwunderte, sagte er, dass dies, wenn man sich einmal daran gewöhnt habe, leicht möglich sei. Ein Gefährte von ihm erzählte mir, es sei schon vorgekommen, dass er acht Tage lang keine Speise zu sich genommen habe. Wahrscheinlich befand er sich diese ganze Zeit hindurch im beständigen Gebete, denn er hatte, wie ich selbst einmal Zeuge davon war, große Entzückungen und gewaltige Antriebe der Liebe Gottes.

Seine Armut war eine außerordentliche, ebenso seine Abtötung schon von Jugend an. In Bezug auf Letztere sagte er mir, dass er in einem Kloster seines Ordens drei Jahre lang gewesen sei und keinen der Brüder anders als an der Stimme gekannt habe; denn er hob die Augen nie empor, so dass er nicht einmal die Orte zu finden wusste, wohin er zu gehen hatte; er ging nur den anderen Brüdern nach. Dieselbe Eingezogenheit beobachtete er auf Reisen. Weibliche Personen sah er viele Jahre gar nicht an. Jetzt, sagte er mir, lasse es ihn

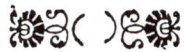

ganz gleichgültig, ob er sie ansehe oder nicht. Er war aber auch, als ich ihn kennen lernte, schon alt und so abgemagert, dass er aussah, als wäre er aus Baumwurzeln zusammengeflochten. Bei all dieser Heiligkeit war er dennoch sehr freundlich, obwohl er, wenn er nicht gefragt wurde, nur wenig sprach. Der Verkehr mit ihm gestaltete sich sehr angenehm, da er sehr geistreich war.

Noch manches andere möchte ich von ihm sagen, aber ich fürchte – und dies war schon bei meiner bisherigen Schilderung der Fall – Euer Gnaden möchten mir vorhalten, was mich denn dies angehe. Darum erwähnte ich nur noch, dass sein Tod wie sein Leben war. Seinen Brüdern predigend und sie ermahnend starb er. Als er sich seinem Ende schon nahe sah, sprach er den Psalm 122: *Ich freue mich, wenn man mir sagt: „Zum Haus des Herrn wollen wir pilgern“,* und gab kniend seinen Geist auf.

Dem Herrn hat es gefallen, dass er mir nach seinem Tode noch mehr nützte als in seinem Leben, da er mir in vielen Dingen guten Rat erteilte. Oft sah ich ihn in einer überaus großen Glorie. Als er mir das erste Mal erschien, sagte er zu mir: *O glückselige Buße, die mir einen so großen Lohn verdiente!* und noch manches andere mehr. Ein Jahr vor seinem Tode, als er fern von mir weilte, war er mir auch schon erschienen. Ich erkannte damals, dass er bald sterben werde, und teilte ihm dies nach dem einige Meilen von hier gelegenen

Orte seines Aufenthaltes mit. Als er den Geist aufgab, erschien er mir wieder und sagte, er gehe jetzt in die ewige Ruhe ein. Ich wollte es nicht glauben, sagte es aber doch einigen Personen. Acht Tage darauf kam wirklich die Nachricht, dass er gestorben sei, oder besser gesagt, dass er angefangen habe, ewig zu leben. So hat also dies strenge Leben mit dem Gewinn einer so großen Herrlichkeit geendet. Mir scheint, dass ich jetzt weit mehr Trost von ihm empfange, als da er noch auf Erden lebte. Einmal sprach der Herr zu mir: Niemand werde ihn im Namen dieses Mannes um etwas bitten, das er nicht gewähren werde. Diese Verheißung habe ich in vielen Anliegen, in denen ich seine Fürbitte beim Herrn anrief, erfüllt gesehen. Der Herr sei in Ewigkeit gepriesen! Amen. (I, 257–260)

In der nämlichen Nacht erschien mir auch der heilige Bruder Petrus von Alcántara, der bereits gestorben war. Vor seinem Tode hatte er mir geschrieben, er kenne den großen Widerspruch und die Verfolgung, die wir leiden, und er freue sich darüber, dass diese Stiftung so heftigen Widerstand finde; denn die große Anstrengung des bösen Feindes, das Werk zu vereiteln, sei ein Zeichen, dass dem Herrn in dem neuen Kloster sehr eifrig werde gedient werden; ich sollte mich aber durchaus nicht darauf einlassen, dass es Einkünfte bekomme. Letzteres schrieb er in seinem Briefe zwei oder drei Mal und setzte noch bei, dass,

wenn ich seiner Meinung folge, alles nach meinem
Wunsche ausfallen werde.

Schon zwei Mal nach seinem Tode hatte ich ihn geschaut und war Zeuge seiner großen Glorie; darum erregte seine abermalige Erscheinung in mir keine
Furcht, sondern große Freude. Immer erschien er mir
in verklärtem Leibe voll der höchsten Glorie, die sich
auch mir in hohem Grade mitteilte, wenn ich ihn sah.
Ich erinnere mich, dass er mir bei seiner ersten Erscheinung, als er mir die große Freude schilderte, die
er nun genieße, unter anderem sagte: *O glückselige*

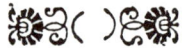

Buße, die mir einen solchen Lohn erworben hat! Weil ich aber hierüber schon mehreres mitgeteilt zu haben glaube, so bemerke ich hier nur noch, dass er sich diesmal sehr ernst zeigte und mir weiter nichts sagte, als dass ich durchaus keine Einkünfte annehmen sollte. Auch stellte er die Frage, warum ich seinem Rate nicht folgen wollte. Nach diesen Worten verschwand er. (I, 367–368)

Nur das eine sei hier noch bemerkt, dass ich unter allen Seelen, die mir erschienen sind, nur drei gesehen habe, die dem Fegfeuer ganz entkommen sind: nämlich die des eben erwähnten Paters, die des heiligen Bruders Petrus von Alcántara und die des zuvor schon erwähnten Paters aus dem Dominikaner-Orden. Es gefiel dem Herrn, mich die Stufe der Glorie schauen zu lassen, zu der einige Seelen gelangten, und mir den Platz zu zeigen, den sie einnehmen. Der Unterschied zwischen der Glorie der einen und jener der anderen ist sehr groß. (I, 396–397)

Die Priorin trage dafür Sorge, dass gute Bücher vorhanden seien, wie „Kartäuser", die „Blüte der Heiligen", die „Verachtung der Welt", das „Oratorium der Ordensleute", die Bücher des Paters Ludwig von Granada oder des Paters Petrus von Alcántara, denn solche Nahrung ist der Seele gewissermaßen ebenso notwendig wie die Speise dem Leibe! (VI, 221–222)

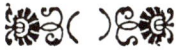

Zeittafel

1479-1516	Ferdinand II. von Aragon
1498	Der Portugiese Vasco da Gama entdeckt den Seeweg nach Indien.
1499	Petrus (Juan) wird in Alcántara in der spanischen Provinz Estremadura geboren. Seine Mutter ist Doña Maria de Villela von Sanabria, sein Vater der Rechtsgelehrte und Gouverneur von Alcántara, Don Pedro Garabito.
1513-15	Studium an der Universität von Salamanca
1515-82	Teresa von Avila
1515	Petrus von Alcántara tritt in den Franziskaner-Orden in Santa Maria de Los Majaretes ein – in der Nähe von Valencia de Alcántara an der portugiesischen Grenze.
1516	Petrus legt die feierlichen Kloster-Gelübde ab. Übernahme der spanischen Herrschaft durch Karl I. (1519 als Karl V. römisch-deutscher Kaiser). Errichtung der zentralisierten spanischen Königsherrschaft.
1517	Beginn der Reformation durch Martin Luther
1519	Petrus gründet ein Franziskaner-Kloster der strengen Observanz in Badajoz und wird dort Guardian.
1523	Im Alter von 24 Jahren wird er Diakon.
1524	Die Priesterweihe empfängt er ein Jahr später.
1525-32	Petrus ist Guardian in verschiedenen Franziskaner-Klöstern.
1527-91	Luis de Léon, spanischer Lyriker und Mystiker
1532-38	Petrus von Alcántara lebt zurückgezogen in der Einsiedelei von La Lapa.
1534	Ignatius von Loyola gründet den Jesuitenorden.

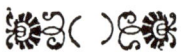

1538	Mit 39 Jahren wird Petrus auf dem Generalkapitel zu Alburquerque zum Provinzial der Provinz St. Gabriel ernannt.
1540	Mit Billigung des Kapitels im St. Michael-Kloster von Plasencia verschärft er die Klosterregeln.
1542	Seine Kloster-Reform beginnt Wirkungen zu zeigen.
1542-91	Johannes vom Kreuz
1545-63	Konzil von Trient
1552	Petrus von Alcántara wird in Salamanca in besonderer Weise von den Professoren der Universität geehrt. Er wird in das Generalkapitel von Salamanca aufgenommen.
1553	Erste Begegnung mit dem großen Prediger und aszetischen Schriftsteller Johannes von Avila in Andalusien
1554	Petrus gibt sein Hauptwerk „Tratado de la óracion y meditación" heraus. Dieses Buch erlebte mehr als zweihundert Auflagen und wurde in alle europäischen Sprachen übersetzt.
1554-61	Freundschaft mit Francisco de Borja, der in dieser Zeit Generalkommissar der Jesuiten in Spanien ist
1555	Während eines Aufenthaltes in Rom, wohin er barfuß gewandert war, holt Petrus von Alcántara von Papst Julius III. nachträglich die offizielle Genehmigung für seine Kloster-Reform ein. Er gründet das später berühmt gewordene Kloster „Pedroso", den eigentlichen Ausgangspunkt seiner Reform, die sich in ganz Spanien und Portugal ausbreitet.
1556	Petrus wird Generalkommissar der Reform-Klöster von Spanien. Abdankung von Kaiser Karl V. Tod des Ignatius von Loyola
1556-98	Philipp II., König von Spanien
1558	Tod von Kaiser Karl V. in Yuste (Estremadura)

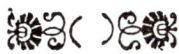

1559	Während seiner zweiten Rom-Reise trifft Petrus Papst Paul IV., der durch ein Schreiben die Kloster-Reform nochmals bestätigt und unterstützt.
1560	Petrus von Alcántara begegnet Teresa von Avila. Er wird ihr wichtigster Ratgeber, fördert ihre Reform-Gedanken und bestätigt die Echtheit ihrer Visionen.
1561	Seine Kustodie wird zur Provinz erhoben, zu der neun Klöster gehören. Ludwig von Granada schreibt sein Hauptwerk „Memorial de la Vida Cristiana". Teresa von Avila sagt Petrus von Alcántara seinen nahen Tod voraus.
1562	Petrus ermutigt in einem Brief vom 14. April Teresa von Avila, ihr erstes Reform-Kloster in Avila zu gründen. Das geschieht am 24. August des gleichen Jahres. Am 18. Oktober gegen 16 Uhr stirbt Petrus von Alcántara mit 63 Jahren im Franziskaner-Kloster von Arenas, in der Provinz Avila.
1563	Papst Pius IV. genehmigt die Regel der Alcántariner.
1601	Einsetzung der Untersuchungskommission zur Seligsprechung in Arenas.
1622	Petrus wird durch Papst Gregor XV. seliggesprochen und zum Gelehrten und Meister der Mystischen Theologie ernannt.
1669	Petrus wird durch Papst Clemens IX. heiliggesprochen. Hierzu werden 551 Zeugen gehört.
1676	Die Gebeine des Heiligen werden in die neu errichtete Andreas-Kapelle in Arenas umgebettet.
1789	Karl III. lässt über der Andreas-Kapelle die eigentliche Grabkapelle für Petrus von Alcántara errichten.
1862	Petrus von Alcántara wird zum Patron Brasiliens und zum Patron des Bistums Coría ernannt.

| 1897 | Die Alcántariner werden bei der Vereinheitlichung des Gesamt-Ordens den (braunen) Franziskanern eingegliedert. |
| 1962 | Petrus wird zum Patron des Bistums Estremadura ernannt. |

Literatur

Primär-Literatur

Petrus von Alcántara: Tratado de la oración y meditación. Instruction oder Underweisung wol zu meditiren: mitmehr andere geistliche Lehr und andächtige Betrachtungen. Erstlich in hispan. Spraach eingestalt durch Petrum von Alcántara und jetzt in teutsche Spraach übergesatzt. Mit angehencktem Tractätlein Hieronymi von Ferrar und Geistliche Zuchel des Hern Marxen von Kinder: von den Gelöbten der Closter oder geistlicher Personen. Wolters, 1605. 328 S.

–: Petrus Alcantarae De meditatione et oratione libellus areus / primum Hispanise conscr., nunc vero a Antonio Dulcken Latine redd. – Coloniae: Crithius, 1607. 249 S., Originaltitel: Tratado de la oración y meditación.

–: Seraphische Lehrschuel der geistlichen Übungen ... des heiligen Peteri von Alcántara/Petrus de Alcántara. Ins Deutsche übersetzt von Fortunatum Hueber. München 1670.

–: Des Heil. und Hocherl. Petri de Alcántara ... Gruendliche Unterweisung recht und furchtbarlich zu Betten und zu Betrachten, ... übersetzt durch P. Ludovicum Kellen ... Mit beygefügtem Leben des obgemelten Heiligen, wie es die Hl. Theresia in ihrem selbsteigenen Leben ... beschrieben. Collen: Huisch 1759. 252 S.

–: Des hocherleuchteten heiligen Petrus von Alcántara Goldenes Büchlein über das innere Gebet oder die Betrachtung. Übersetzt und herausgegeben von einem katholischen Weltpriester. Münster 1840. Katholischer Bücher Verlag (J. H. Deiters).

-: Das „goldene Büchlein" des heiligen Petrus von Alkántara über die Betrachtung und das innerliche Gebet. Aus dem Spanischen übersetzt und herausgegeben von P. Philibert Seeböck O.F.M., Würzburg 1900.

-: A Golden Treatise on Mental Prayer. Edited by G.S. Hollings, S.S.J.E. Reedited by the Franciscan Archive. Publ. by A.R. Mowbray & Co. Ltd. 1904.

-: Tratado de la oración y meditación. Madrid 1956.

-: San Pedro Alcántara. In: The Franciscan Archive. http://home.ici.net/customer/panther/francis/index2.html

Sekundär-Literatur

R.P. Ubald d'Alencon: Traité de l'Oraison et de la Meditation, par saint Pierre d'Alcántara. Paris 1923.

Alonso de Madrid: Himmlische Gold-Grub. Das ist Gantz besondere, jedoch warhaffte Weiß Gott recht zu dienen;Durch welche man zur Liebe Gottes ohnfehlbar gelangen, und seine Ubungen zu Gold machen kann. Herausgegeben von Philipp Langpartner. Augsburg 1729.

Aurelius Augustinus: Zweiundzwanzig Bücher über den Gottesstaat. Drei Bände. Bibliothek der Kirchenväter. Kempten und München 1911, 1914, 1916.

-: Bekenntnisse und Gottesstaat. Ausgewählt von Joseph Bernhart. Stuttgart [7]1965.

-: Vorträge über das Evangelium des Hl. Johannes. 3 Bände. Bibliothek der Kirchenväter. Kempten und München 1913 und 1914.

R. Bäumer: Petrus von Alcántara. In: Lexikon für Theologie und Kirche. Freiburg [2]1986,330–331.

Irene Behn: Spanische Mystik. Darstellung und Deutung. Düsseldorf 1957, 88–112.

Walther L. Bernecker: Religion in Spanien. Darstellung und Daten zu Geschichte und Gegenwart. Gütersloh 1995.

-: Spanische Geschichte. Vom 15. Jahrhundert bis zur Gegenwart. München 1999.

Bernhard von Clairvaux: Sämtliche Werke. Lateinisch/Deutsch. Herausgegeben von Gerhard B. Winkler. Innsbruck 1990, 1992, 1993 ff.

W. Bieders: Die Vorstellung von der Höllenfahrt Christi. Zürich 1949.

Bonaventura: Alleingespräch über die vier Geistlichen Übungen. Herausgegeben und übersetzt von Josef Hosse. München 1958.

E. Christian: Pierre D'Alcántara. Paris 1959.

J. Chuzeville: Les mystiques espagnols. Paris 1952.

José Paolo Cordero: El extremeno santo. Cáceres 1969.

Cyrillonas: Hymnus über die Fußwaschung. In: Bibliothek der Kirchenväter. Band 6: Ausgewählte Schriften der syrischen Dichter. Kempten und München 1913, 25–30.

Marcelin Defourneaux: Spanien im goldenen Zeitalter. Kultur und Gesellschaft einer Weltmacht. Stuttgart 1986.

C. Eugène: Saint Pierre d'Alcántara. Paris 1959.

O. Ferrara: Alexander VI. Mit einem Nachwort von Reinhold Schneider. Übersetzt aus dem Spanischen von A. K. Debrunner. Zürich 1957.

Pius Bonifatius Gams: Die Kirchengeschichte von Spanien. 3 Bände. Regensburg 1862–79.

Pater Gerlach und Oktavian Schmucki: Petrus von Alcántara. In: Lexikon der Christlichen Ikonographie. Achter Band. Freiburg 1976, 174–175.

Gregor der Grosse: Dialog IV, 42. Kapitel bis 47. Kapitel. In: Vier Bücher, Dialoge. Bibliothek der Kirchenväter. München 1933, 248–257.

Ferdinand Gregorovius: Papst Alexander VI. und seine Zeit. Berlin 1942.

Abbé Paul Guerin: Saint Pierre d'Alcántara, par un Tertiaire. Paris 1860.

–: Les Petits Bollandistes: Vie des Saints. Paris 1882.

Hartmut Heine: Geschichte Spaniens in der frühen Neuzeit: 1400–1800. München 1984.

Eusebius Hieronymus: Brief an Heliodor. Nachruf auf Nepotian. In: Bibliothek der Kirchenväter. Band 18: Eusebius Hieronymus. Ausgewählte Briefe. III. Band. München 1937, 29–56.

Fortunatus Hueber: Newes Wunder-Liecht und weltberühmter Himmelsglantz ... im Leben ... deß großen Heiligen Petri von Alcántara. München 1670.

Hubert Jedin: Spanische Spiritualität. In: Handbuch der Kirchenge-schichte. Band IV., Freiburg 1985, 585.

Johannes von Avila: Gesamtausgabe. Deutsch herausgegeben von F.J. Schermer. 7 Bände. Regensburg 1856–81.

Johannes Chrysostomus: Homilie auf den Namen Abraham. In: Texte der Kirchenväter. Band IV. München 1964, 398–399.

Kieran Kavanaugh: Spanien im 16. Jahrhundert: Karmel und andere Bewegungen. In: Geschichte der christlichen Spiritualität. III. Band: Die Zeit nach der Reform bis zur Gegenwart. Herausgegeben von Louis Dupré und Don E. Saliers. Würzburg 1997, 93–103.

Laurentius a Divo Paulo: Portentum poenitentiae sive vita Sancti Petri de Alcántara. Romae 1669.

Robert Lemm: Die Spanische Inquisition. Geschichte und Legende. München 1996.

Lexikon der Namen und Heiligen: Herausgegeben von Otto Wimmer und Hartmann Melzer. Bearbeitet und ergänzt von Josef Gelmi. Innsbruck-Wien [6]1988, 653.

Ludwig von Granada: Gebet und Betrachtung. Übersetzt von Jakob Ek-ker, Freiburg 1912.

–: Libro de la Oración y Meditación. Salamanca 1554.

–: La Guia de Pecadores. Salamanca 1567. Deutsch: Die Lenkerin der Sünder. Paderborn 1906.

Mariano Acebal Luján: Pierre D'Alcántara. In: Dictionnaire de Spiritua-lité. Tome XII. Deuxième Partie. Paris 1986, 1489–1495.

Arcángel Barrado Manzano: San Pedro de Alcántara (1499–1562). Estudio documentado y crítico de su vida. 1965 o.O.

Pedro de Alcántara Martínez OFM: San Pedro de Alcántara. En Ano Cristiano. Tomo IV. Ed. Católica (BAC 186). Madrid 1960, 152–160.

P. Michel-Ange: Los sources d'une vie de St. Pierre d'Alcántara. In: Étu-des Franciscaines, 49 (1937), 92–105, 189–212.

R. P. Rene de Nantes: Saint Pierre d'Alcántara et sainte Thérése, dans les Etudes Franciscaines. Paris 1903.

Origenes: Gegen Celsus. In: Bibliothek der Kirchenväter. Band 53, II. Teil, VII 55. München 1927.

E. Allison Peers: A Handbook to the Life and Times of St. Theresa and St. John of the Cross. London 1954.

–: Studies of the Spanish Mystics. London ²1951.

Stéphane Joseph Piat: Le maître de la mystique saint Pierre d'Alcántara. Paris 1959, 119f., 135.

–: Il maestro della mistica S. Pietro d'Alcántara. Bari 1963.

Proklus von Konstantinopel: Sermo 6, n. 1. In: Patrologia Graeca. Herausgegeben von J. P. Migne. Band 65, 721. Paris 1857–66.

Pedro De Rivadeneira: Vida de San Pedro de Alcántara. Madrid 1880.

Klaus-Bernward Springer: Petrus von Alcántara. In: Biographisch-Bibliographisches Kirchenlexikon. Begr. und hrsg. von Friedrich Wilhelm Bautz. Fortgeführt von Traugott Bautz. VII. Band. Herzberg 1994, 324–326.

Symeon Metaphrastes: Menologion (Leben der Heiligen). In: Patrologia Graeca. Herausgegeben von J. P. Migne. Paris 1857–66, 114.

Ernst Schering: Mystik und Tat. Therese von Jesus, Johannes vom Kreuz und die Selbstbehauptung der Mystik. München 1959.

C. Schmidt: Der Descensus ad inferos in der alten Kirche. TU 3. Reihe, 13. Band. Leipzig-Berlin 1919, 453–576.

Reinhold Schneider: Las Casas vor Karl V. Szenen aus der Konquistadorenzeit. Leipzig und Wiesbaden 1979.

–: Philipp der Zweite oder Religion und Macht. Frankfurt und Hamburg 1955.

Luise Schorn-Schütte: Karl V. Kaiser zwischen Mittelalter und Neuzeit. München 2000.

Ignaz Alphons Stelzig: Das Leben des heiligen Petrus von Alcántara. Regensburg 1857.

Theresia von Jesu: Sämtliche Schriften der hl. Theresia von Jesu. Übersetzt und herausgegeben von Aloysius Alkofer OCD. 6 Bände. München 1931–1941.

Thomas von Aquin: Johannes-Kommentar. In: Gesamtausgabe der Werke. Parma 1852–73. Nachdruck: New York 1948–50, Nr. 2373–2378.

Thomas von Kempen: Die Nachfolge Christi. Deutsche Übersetzung von Paul Mons. Regensburg ²1982.

–: Nachfolge Christi. Aus dem Lateinischen übertragen von Emmeram Leitl. Regensburg ²1951.

–: Vier Bücher von der Nachfolge Christi. Görres' Übersetzung. Leipzig 1871.

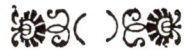

J. Trinidad: Guia ilustrada del Santuario de San Pedro de Alcántara de la ciudad de Arenas de San Pedro. Segovia 1949.

Royall Tyler: Kaiser Karl V. Mit einem Vorwort von Carl J. Burckhardt. Stuttgart ²1960.

Gerhard Wehr: Europäische Mystik. Zur Einführung. Hamburg 1995.

Weisung der Väter. Apophthegmata Patrum. Eingeleitet und übersetzt von Bonifaz Miller. Freiburg 1965.

Otto Zimmermann: Lehrbuch der Aszetik. Freiburg 1932, 10. 116f. 144. 212. 287. 372. 447.

Bildnachweis

S. 3:
Die Brücke von Alcántara von der stromabwärts fließenden Seite. Lithographie von Serra Casals. Mitte 19. Jahrhundert. Aus: M. Del Carmen Rodriguez Pulgar: El Puente Romano de Alcántara. Cáceres 1992, 69.

S. 17:
Einweihung der restaurierten Brücke von Alcántara am 3. Februar 1860. Lithographie von M. Clifford.

S. 28, 198, 212, 263:
Wappen der Brücke über dem Portal des heutigen Rathauses von Alcántara. 16. Jahrhundert.

S. 98, 200, 229, 278:
Wappen der Brücke über dem Eingang der heutigen Bibliothek von Alcántara. 1550.

S. 107, 203, 236:
Wappen der Brücke aus einer Inschrift über der Fassade des früheren Gefängnisses von Alcántara. 1694.

S. 191, 205, 243:
Wappen der Brücke über der Fassade des heutigen Rathauses von Alcántara. 1677.

Seiten 195, 207, 248:
Siegel eines Ratsherrn von Alcántara aus dem Jahr 1534. Archiv der Diözese Cáceres.

S. 279:
Petrus von Alcántara im Gebet. Kupferstich von Petrus Bellere. Antwerpen 1669. Museo Francescano: MF Stampe VR 48. Istituto Storico dei Cappuccini. Roma-Bravetta.

S. 281:
S. Petrus De Alcantara Ord. S. Francisci Discalc. ac P. Spiritualis S. Teresie. Kupferstich von C. Neel und A. Goetiere. Flandern. 17. Jahrhundert. Aus: R.P. Stéphane Joseph Piat, OFM: Le Maître de la Mystique. S. Pierre D'Alcántara. Paris 1959, 137.

S. 305:
Medaillon „St. Franziskus und Petrus von Alcántara". 17. Jahrhundert. Aus: R.P. Stéphane Joseph Piat, OFM: Le Maître de la Mystique. S. Pierre D'Alcántara. Paris 1959, 104.

S. 319:
Kupferstich zur Titelseite der deutschen Ausgabe „Traktat über das Gebet und die Meditation". Cölln 1670.

S. 333:
Petrus von Alcántara erscheint Teresa von Avila. Kupferstich von Philip Dannoot, 17. Jahrhundert. Museo Francescano MF Stampe VR 23. Istituto Storico dei Cappuccini. Roma-Bravetta.